战略管理

·第2版·

齐丽云　霍达　张旭◎编著

SECOND EDITION

STRATEGIC MANAGEMENT

清华大学出版社
北京

内 容 简 介

本书立足于工商管理案例教学的特色，同时吸收国内外战略管理理论的研究成果，结合编者长期的教学实践经验，对企业内外部环境分析、战略选择与实施等战略管理实践中备受关注的问题进行了全面的介绍和阐述。本书跨越了整个商业和管理领域，旨在分析和探讨企业如何在变化的环境中取得成功——它所经营的行业和竞争环境，它的长期方向和战略，它的资源和竞争能力，以及它的成功前景。

强调操作实践性和应用导向性是本书的一大特色，书中有大量来自不同企业的鲜活案例，通过大量经典的案例分析与讨论思考，深入浅出地对企业战略管理理论进行分析与解释，使读者在思考、参与和分析问题的过程中了解、掌握企业战略管理理论发展的主要脉络、战略管理分析的主要方法和工具，具备基本的战略管理分析能力。

本书可作为工商管理专业本科生、研究生教材和企业培训用书，亦可供相关领域的科学研究人员及企业经营管理人员阅读和参考。

本书封面贴有清华大学出版社防伪标签，无标签者不得销售。
版权所有，侵权必究。举报: 010-62782989, beiqinquan@tup.tsinghua.edu.cn。

图书在版编目(CIP)数据

战略管理/齐丽云,霍达,张旭编著. —2版. —北京:清华大学出版社,2023.6
新时代经济管理特色教材
ISBN 978-7-302-63806-3

Ⅰ.①战… Ⅱ.①齐… ②霍… ③张… Ⅲ.①企业战略－战略管理－教材 Ⅳ.①F272.1

中国国家版本馆CIP数据核字(2023)第105788号

责任编辑：张　伟
封面设计：孙至付
责任校对：王荣静
责任印制：曹婉颖

出版发行：清华大学出版社
网　　址：http://www.tup.com.cn, http://www.wqbook.com
地　　址：北京清华大学学研大厦A座　　邮　编：100084
社 总 机：010-83470000　　邮　购：010-62786544
投稿与读者服务：010-62776969, c-service@tup.tsinghua.edu.cn
质量反馈：010-62772015, zhiliang@tup.tsinghua.edu.cn
课件下载：http://www.tup.com.cn, 010-83470332
印 装 者：大厂回族自治县彩虹印刷有限公司
经　　销：全国新华书店
开　　本：185mm×260mm　　印　张：15　　字　数：345千字
版　　次：2010年6月第1版　　2023年8月第2版　　印　次：2023年8月第1次印刷
定　　价：49.00元

产品编号：100197-01

前言

战略管理是对一个企业或组织在一定时期的全局的、长远的发展方向、目标、任务和政策,以及资源调配作出的决策和管理艺术。战略并不是"空的东西",也不是"虚无",而是直接左右企业能否持续发展和持续盈利的最重要的决策参照系。战略管理则是依据企业的战略规划,对企业的战略实施加以监督、分析与控制,特别是对企业的资源配置与事业方向加以约束,最终促使企业顺利达成企业目标的过程管理。

战略管理也是为国内外工商管理专业本科生及研究生开设的一门具有高度整合性的专业核心课程。战略管理课程将经济学、管理学、会计学、应用统计学、营销管理、运营管理、财务管理以及人力资源管理等课程的相关知识加以整合,综合运用于研究和解决企业带有全局性、长远性的方向和范围问题,为企业高层管理者拟定企业未来发展方向的分析与决策思路提供参考依据。

本书吸收了国内外战略管理理论的研究成果,结合编者长期的理论研究和教学实践经验,并汲取了有经验的教学同仁的许多观点和宝贵意见,力图在书中全面地介绍战略管理的基本思想、基本原理和基本方法,抓住在现代科技飞速发展条件下的战略管理思想的发展趋势。战略管理是一门科学性和艺术性相结合的学科,要使学生既能牢牢掌握理论,又能在实践中灵活应用,即达到"既授之以鱼,又授之以渔"的目的,在编写过程中我们除了对理论进行清楚的阐述和讲解外,还充分体现了案例教学的价值和优势,力争在培养学生创新思维、增强学生解决实际问题能力、造就优秀管理人才等方面提供帮助。

本书的编写特色主要体现在以下几点:首先,在每章内容前安排了本章学习要点,有助于学生对该章节内容进行大致的了解和初步的认识,且每章开篇都有短而精彩的案例作为引导。其次,在每章的相关理论介绍和阐述中,引入情景故事和扩展阅读供学生学习,以加深学生对知识的理解。最后,在每章的结束部分安排了能够反映战略管理实践中所面临的具体问题的讨论案例,帮助学生进一步掌握相关理论,培养学生解决实践问题的能力。

本书由从事高校教学和科研工作多年、有着丰富的战略管理教学经验的教师和研究生合著,由齐丽云副教授统稿。其中,张旭编写了第1章和第2章,齐丽云编写了第3~8章,霍达编写了第9~10章。同时,吕正纲、曹舒畅、刘旸、王佳威、钱琼、韩嘉伟、陈雨婷、全珂瑶、韩唐子怡参与了教材编写过程中案例的收集、整理以及排版工作。

限于编者的学识水平，书中疏漏之处在所难免，恳请各位同仁及读者指正，在此表示感谢。对书中所引用的相关案例的作者表示感谢！

编　者

2023 年 1 月

目录

第1章 战略管理概述 ... 1
1.1 战略与战略管理 ... 1
1.2 企业战略管理的过程和层次 ... 6
1.3 战略管理理论研究概述 ... 10
1.4 企业战略管理的常见问题和误区 ... 17
本章小结 ... 20
即测即练 ... 20

第2章 企业的愿景与使命、伦理与社会责任 ... 21
2.1 企业愿景与企业使命 ... 21
2.2 商业伦理 ... 25
2.3 伦理战略 ... 28
2.4 企业社会责任和可持续发展 ... 29
本章小结 ... 33
即测即练 ... 34

第3章 外部环境分析 ... 35
3.1 宏观环境分析 ... 35
3.2 产业环境分析——波特五力分析模型 ... 47
3.3 竞争环境分析 ... 54
3.4 外部环境分析工具 ... 60
本章小结 ... 66
即测即练 ... 66

第4章 内部环境分析 ... 67
4.1 企业当前的战略态势 ... 67
4.2 企业资源与能力 ... 70
4.3 资源与能力分析 ... 78
4.4 内部环境分析工具 ... 83
本章小结 ... 88
即测即练 ... 88

第 5 章　五种通用的竞争战略 …… 89

- 5.1　低成本战略 …… 89
- 5.2　广泛差异化战略 …… 94
- 5.3　聚焦战略 …… 98
- 5.4　最优成本战略 …… 101
- 5.5　五种通用竞争战略的特征比较 …… 102
- 本章小结 …… 103
- 即测即练 …… 104

第 6 章　公司层战略——企业发展战略 …… 105

- 6.1　密集型发展战略 …… 106
- 6.2　一体化发展战略 …… 114
- 6.3　多元化发展战略 …… 121
- 6.4　成长型发展战略 …… 127
- 6.5　稳定型发展战略 …… 135
- 6.6　紧缩型发展战略 …… 140
- 本章小结 …… 145
- 即测即练 …… 146

第 7 章　战略选择 …… 147

- 7.1　战略选择的基本原则与方案形成 …… 147
- 7.2　战略选择的影响因素 …… 151
- 7.3　战略选择的工具与方法 …… 153
- 本章小结 …… 162
- 即测即练 …… 163

第 8 章　战略实施与控制 …… 164

- 8.1　战略实施的阶梯理论 …… 164
- 8.2　战略实施与组织结构 …… 166
- 8.3　战略实施与资源配置 …… 175
- 8.4　战略实施与战略领导 …… 180
- 8.5　战略实施的控制与评估 …… 187
- 本章小结 …… 198
- 即测即练 …… 199

第 9 章　战略转型 …… 200

- 9.1　战略转型的内涵 …… 200

9.2 战略转型的特征与类型 …………………………………………………… 203
9.3 战略转型动因及风险 ………………………………………………………… 205
9.4 战略转型的实施 ……………………………………………………………… 209
本章小结 …………………………………………………………………………… 214
即测即练 …………………………………………………………………………… 215

第 10 章 国际化战略 …………………………………………………………… 216

10.1 全球竞争与国际化战略 …………………………………………………… 216
10.2 国际化战略的主要收益 …………………………………………………… 219
10.3 国际化战略的选择 ………………………………………………………… 221
10.4 国际市场的进入模式 ……………………………………………………… 224
10.5 国际化战略面临的风险和挑战 …………………………………………… 227
本章小结 …………………………………………………………………………… 228
即测即练 …………………………………………………………………………… 229

参考文献 ………………………………………………………………………… 230

第1章 战略管理概述

本章学习要点

1. 理解战略的含义及性质。
2. 理解战略管理的含义及性质。
3. 明确战略管理的过程和层次。
4. 了解战略管理理论研究概况。

开篇案例

1.1 战略与战略管理

"战略"几乎应用于生活中的每一个角落,人们在谈论竞技比赛时会用到它,在评论外交关系、国际战事时会用到它,甚至在谈论个人的职业生涯、职业规划时也会自然地用到"战略"这个词语。当然,我们必须承认"战略"这一词还是最广泛地应用于企业管理中。

1.1.1 战略的含义

管理学大师彼得·德鲁克(Peter Drucker)早在1954年就间接提出了战略的概念。他认为,一个企业应该回答以下两个问题:我们的企业是什么?它应该是什么?从而为战略下了一个比较含蓄、范围较小的定义。在战略管理理论与实践发展过程中,战略与战略管理的含义发生了很大的变化,内容也在逐渐丰富和完善。值得注意的是:由于战略管理还是一门发展中的学科,因此我们可以看到有关战略与战略管理的定义也不尽相同。

扩展阅读1.1 福特汽车的未来战略

1. 早期关于战略含义的研究

"战略"源于军事,英语中的 strategy 一词源于希腊语 strategos,意为"将军"。而最早在商业领域引入"战略"一词的学者是纽曼(von Neumann)和摩根斯顿(Morgenstern)。他们在早期所著的《博弈理论与经济行为》(1947)一书中将战略定义为"一个企业根据其所处的特定情形而选择的一系列活动"。其后,彼得·德鲁克于1954年在其所著的《管理实践》中提出,战略就是管理者找出企业所拥有的资源并在此基础上决定企业应当做什么。

在学术界被普遍认可的为企业战略下定义的第一个人是阿尔弗雷德·D.钱德勒(Alfred D. Chandler)。他在其《战略与结构》(1962)一书中,将战略定义为"确定企业基本长期目标、选择行动途径和为实现这些目标进行资源分配"。伊格尔·安索夫(Igor Ansoff)于1965年出版了《公司战略:面向增长与发展的经营政策的分析方法》,在这一书中,他提出了一个具有分析性和行动导向的战略定义,他认为战略是一条贯穿于企业活动与产品/市场之间的"连线"。这个连线由四个部分组成:产品/市场范围(企业提供的产品与企业在其中经营的市场)、增长向量(企业打算进入的产品/市场的变化)、竞争优势(在每一个产品/市场中企业较之竞争者具有较强地位的那些独特优势),以及协同(将企业的不同部分有机结合起来以取得单个部分不能实现的方法)。

20世纪80年代,哈佛大学教授迈克尔·波特(Michael Porter)在产业经济学理论的基础上,对竞争战略提出了更具有建设意义的观点,他在《竞争战略》(1980)中将战略定义为"公司为之奋斗的一些终点(目标)与公司为达到它们而寻求的方法(政策)的结合物"。这一观点为他带来了很多荣耀,但是后来他又受到很多的批评。纵观早期这些有关战略的定义,我们不难发现,这些观点的共同点就是暗含了一种"理性模式"的假设,其思想基础在本质上与"泰勒主义"①一脉相承,而更深层次的思想基础恐怕要追溯到西方占统治地位的"理性主义"哲学。随着"泰勒主义"在西方国家的衰落和一大批学者对成功企业与战略管理的大量实证研究,许多人对这种理性的、单向线性的战略观点提出质疑,形成了"新的战略观念丛林"。

2. 20世纪80年代以后关于战略含义的研究

20世纪80年代以后,战略管理日益引起企业和学者的关注,理论有了很大的发展。加拿大麦吉尔大学的明兹伯格(Henry Mintzberg)教授在对以往的战略理论进行梳理和深入研究的基础上,将人们对战略的各种定义概括为5P。明兹伯格认为,人们在谈论战略时都是在谈论5P中的某一个或是几个含义。战略的含义是多重的,既要仔细体会每一种含义,又要有整体观念。

---

① 泰勒主义是美国工程师弗雷德里克·温斯洛·泰罗(Frederick Winslow Taylor,1856—1915)创造的一套测定时间和研究动作的工作方法,19世纪末20世纪初始在美国以及西欧国家流行。其基本内容和原则是:科学分析人在劳动中的机械动作,研究出最经济且生产效率最高的所谓"标准操作方法",严格地挑选和训练工人,按照劳动特点提出对工人的要求,定出生产规程及劳动定额;实行差别工资制,不同标准使用不同工资率,达到标准者奖,未达到标准者罚,实行职能式管理,建立职能工长制,按科学管理原理指挥生产,实行"倒补原则",将权力尽可能分散到下层管理人员,管理人员和工人分工合作。

(1) 战略是一种计划(plan)。它是一种有意识、有预计的行动程序,是一种处理某种局势的方针。把战略作为一种计划对待,是强调战略是一种实现特定目标而进行的有意识的活动。它是组织领导人为组织确定的方向,以及为此而进行的一系列活动。根据这个定义,战略具有两个基本属性:一是战略是在企业开展经营活动之前制定的,二是战略是有意识、有目地开发的。明兹伯格还引用了彼得·德鲁克的话:"战略是一种统一的、综合的、一体化的计划,用来实现企业的基本目标。"

(2) 战略是一种计谋(ploy)。这主要是指通过规划企业的战略或是战略意图,向对手宣布本企业的竞争意愿和决心,以及即将采取的相应的竞争性行动,以期形成对竞争对手的威胁。此时,战略强调的不是竞争性行动本身,而是要阻止竞争对手正在准备中、有可能对本企业造成关键打击的那些战略性行为。战略的这一理解和运用在军事上就称为"威慑性战略",如大型军事演习。战略的计谋概念直接表现出对手之间的竞争关系,即通过采用包括威胁在内的各种手段来取得竞争优势。

(3) 战略是一种模式(pattern)。明兹伯格引用了钱德勒在其《战略与结构》一书中的观点:战略是企业为了实现战略目标进行的重要决策、采取的途径和行动以及为实现目标对企业主要资源进行分配的一种模式。这种定义将战略体现为一系列的行为。这就是说,无论企业是否对战略有所考虑,只要有具体的经营行为,就有战略。战略作为一种计划与作为一种模式的两种定义是相互独立的。在实践中,计划往往可能在最后没有得到实施,计划的战略或设计的战略就变成了没有实现的战略。战略是一种模式的概念将战略视为行动的结果,这种行动可能事先并没有计划,但最后却形成了,因此成了已实现的战略。在已设计的战略与已实现的战略之间是准备实施的战略,这是指那些已经设计出来、即将实现的战略,而突发形成的战略则是指那些预先没有计划、自发产生的战略。

(4) 战略是一种定位(position)。明兹伯格指出,战略可以包括产品及过程、顾客及市场、企业的社会责任与自我利益等任何活动及行为。而最重要的是,战略应该能够使一个组织在环境中正确地确定自己的位置,从而使上述各项行为在正确的定位之下进行。这种意义上的战略,成为企业与环境之间的纽带。根据这一概念,战略首先要确定企业应该进入的经营业务领域。其次,战略需要确定在选定的业务领域内进行竞争或运作的方式。最后,通过战略的实施,组织能处于恰当的位置,保证自身的生存和发展。把战略作为一种定位来考虑,也包括通过正确配置企业资源,形成企业特有竞争优势的考虑。

(5) 战略是一种观念(perspective)。这种定义强调的是企业高层管理人员,特别是企业董事会成员的整体个性对组织特性形成的影响,以及组织特性差别对企业存在的目的、企业的社会形象和发展远景的影响。战略是一种观念。首先,它存在于战略者的头脑中,是战略者的独特性和想象力的体现。其次,战略的观念被组织成员所共享,构成组织文化的一部分,影响组织成员的意图和行动。战略过程的有效性取决于战略观念的共享程度以及共同的战略观念转化为共同行动的程度。根据战略观念的概念,组织在其观念范围内发展和定位的改变比较容易实现,而超出观念允许范围的改变则困难得多。因此,战略"观念"的概念提出了战略变革的界限,超过这一界限的战略变革的困难程度和对组织的影响不亚于一场重大的革命。

1.1.2 战略的性质

纵观所有关于战略的研究,到目前为止尚且没有被一致认可的定义能够把战略的各个方面都包含在内。但是,关于战略的性质,人们还是在以下方面达成了共识。

(1) 战略影响着企业的整体发展,战略决策对于企业整体事业的影响至关重要。

(2) 战略设计企业的活动领域,包括从事什么业务、活动的地理范围空间等。

(3) 战略设计企业的环境,考虑战略的一个基本前提是企业与环境的不可分离性,企业应用战略来应对变化的环境。

(4) 战略包括内容和过程两个方面,战略研究包括采取的行动(或称之为战略内容)和已经决定了的行动与实施的过程。

(5) 战略的组成部分十分复杂,因为变化给企业带来了新奇的条件组合,战略的组成部分是非结构化的、非程序化的、非常规的和非重复的。

(6) 战略并不是完全深思熟虑的,学者们认同有意图的、浮现的和已实现的战略彼此之间是不相同的。

(7) 战略存在于不同的层次,企业通常有公司总体战略(我们将从事什么业务)和业务战略(在每一项业务中我们将如何竞争)。

(8) 战略包含不同的思考过程,有概念性的思考,也有分析性的思考。一些学者强调分析的重要性,但是大多数人认为战略决策的核心是由企业领导们的概念性思考决定的。

1.1.3 企业战略管理的含义

关于企业战略管理的含义有很多不同的表述。"企业战略管理"最初是由安索夫在1976年出版的《从战略规划到战略管理》一书中提出的。他认为,企业的战略管理是指将企业的日常业务决策和长期决策相结合而形成的一系列经营管理业务。而斯坦纳在1982年出版的《企业政策与战略》一书中则认为,企业战略管理是确定企业使命,根据企业外部环境和内部经营要素确定企业的目标,保证目标的正确落实并使企业使命最终得以实现的一个动态过程。

综合众多学者以往研究,比较权威且得到学术界普遍认可的战略管理含义可以归为两种学术观念。

一种是把战略管理定义为:企业确定其使命,根据外部环境和内部条件设定企业的战略目标,为保证目标的正确落实和实现进行谋划,并依靠企业内部能力将谋划和决策付诸实施,以及在实施过程中进行控制的一个动态管理过程。战略管理是一种崭新的管理思想和管理方式。这种管理方式的特点是指导企业全部活动,全部管理活动的重点在于制定战略和实施战略。而制定战略和实施战略的关键在于对企业外部环境的变化进行分析,对企业内部条件和要素进行审核,并以此为前提确定企业的战略目标。战略管理的任务,在于通过战略制定、战略实施和日常管理,在保持这种动态平衡的条件下,实现企业的战略目标。

另一种就是把战略管理看作一种过程,一种对战略的管理过程,包括战略制定、战略实施、战略评价等主要部分。战略制定包括确定企业任务、识别企业外部机会与威胁、识别企业较之竞争者的长处与短处、建立长期目标、开发供选择的多种战略方案,以及选择特定的实施战略。战略实施要求企业制定年度目标、制定政策、激励员工和配置资源,以便使制定的战略贯彻执行。战略评价用来评价战略效果,以便采取改革措施。除了战略制定、战略实施和战略评价三项与过程相联系的战略管理内容之外,战略管理还应当包括对企业文化、权力与政治等其他重要内容的管理。另外,值得注意的是战略管理过程并不意味着"战略制定—战略实施—战略评价"是一个线性过程。大量的实践证明,一个成功的战略管理是三个部分相互作用、相互衔接的过程。

1.1.4 战略管理的性质

1. 战略管理是整合性的管理理论

以往的管理理论,如生产管理理论、财务管理理论、市场营销管理理论等职能管理理论,是从企业局部的角度来探讨管理问题的。应当承认这种解剖式的理论创建和发展方式,给管理理论的发展以及深入了解某一方面的管理问题提供了丰富的要素,但它带来的弊端是显而易见的:被分解的管理理论如何解决企业整体性的问题?在实际的管理活动中,企业是不能分割的,它是由具有执行若干个不同功能的部分所组成的一个统一体,在社会进步和经济发展中作为一个整体而发挥着作用。如何将企业的各个职能部门协调一致,有机地结合起来运作,就需要企业战略管理理论发挥作用。企业战略管理理论从企业整体的、全局的角度出发,综合运用职能管理理论,处理涉及企业整体的管理问题,使企业的管理工作达到整体最优的水平。

2. 战略管理是高层次的管理理论

从管理理论的层次来看,战略管理理论是高层次的管理理论。按照内容所涉及的范围和影响的程度,人们将管理理论分成三个不同的层次:一是管理基础理论。它是管理中带有共性的基础理论、基本原则和基本技术,主要包括管理数学、管理经济学、管理心理学、管理原理和原则、管理组织学以及管理思想等。二是职能管理理论。它是将管理基础与特定的管理职能相结合,以提高组织职能部门的效率,主要包括生产管理、市场营销管理、财务管理、人力资源管理、研究与开发管理等。三是战略管理理论。它是管理理论的最高层次,不仅以管理基础和职能管理为基础,还融合了政治学、法学、社会学、经济学等方面的知识。因此,战略管理理论是管理理论中的顶级理论。

3. 战略管理是企业高层管理人员最重要的活动和技能

美国学者罗伯特·L.卡茨(Robert L. Katz)将企业管理工作对管理者的能力要求划分为三个方面:一是技术能力,即操作能力,是一个人运用一定的技术来完成某项任务的能力,包括方法、程序和技术。二是人际能力,是一个人与他人共事、共同完成工作任务的能力,包括领导、激励、排解纠纷和培植协作精神等。三是思维能力,即战略能力,包括将企业看成一个整体,洞察企业与外部环境之间的关系,以及理解整个企业的各个部分应如何互相协调来生产公司的产品或提供服务的能力。处于企业中不同管理层次的管理人员,对他们上述三个能力的要求是不同的。基层管理者所需要的能力主要是技术能力和人际能力,中层管理的有效性主要依赖于人际能力和思维能力,而高层管理者所需要的能力主要是思维能力和战略能力,这是保证他们工作有效性的最主要因素。对于企业高层管理者来说,最重要的活动和技能是制定战略和推进战略管理,以保证企业整体的有效性。

4. 战略管理的目的是提高企业对外部环境的适应性,使企业得到可持续发展

企业的生存和发展在很大程度上受其外部环境因素的影响。企业的外部环境既复杂多样又动荡多变,如何在这种复杂多变的环境中生存并持续地发展,是战略管理的任务和目的。战略管理要求企业高层管理人员在制定、实施企业战略的各个阶段,都要清楚地了解有哪些外部因素影响企业,影响的方向、性质和程度如何,以便及时调整企业现行的战略以适应外部环境的变化,做到以变应变,不断提高企业的适应能力。这就要求企业战略必须是具有弹性的,应随着环境的变化而及时作出调整。因此,战略管理的目的是促使企业提高对外部环境的适应能力,使其能够生存并可持续发展。

1.2　企业战略管理的过程和层次

简单地说,战略管理是对"企业的战略"进行管理,即战略管理涵盖了管理的基本职能。总体上讲,战略管理分为战略制定(计划职能)、战略实施(组织、领导、人事职能)及战略实施和评价(控制职能)三个阶段。战略管理的过程虽然不是一种程序化的活动,但是战略管理可以按照一定的程序进行。此外,战略管理是具有层次性的,它包括企业战略、经营战略和职能战略三个层次的管理。

1.2.1　企业战略管理的过程

前面我们把战略定义为对全局的筹划和谋略,它实际上反映的是对重大问题的决策结果,以及组织将要采取的重要行动方案。而战略管理则是一种过程,不仅决定组织将要采取的战略,还涉及这一战略的选择过程以及如何加以评价和实施。换句话来说,企业战略的制定、评价和实施过程需要一定的技术和技巧,由于战略涉及组织的长远方向和更大的决策影响范围,因而所需要的技术也更加复杂,这正是战略管理所需要解决的问题。

扩展阅读1.2　麦当劳:实施管理控制

一般来说,战略管理的过程包含三个关键环节:战略分析——了解组织所处的环境和相对的竞争地位;战略选择——对行为过程的模拟、评价和选择;战略实施和评价——采取怎样的措施使战略发挥作用,如图1.1所示。

1. 战略分析

战略分析要了解组织所处的环境正在发生哪些变化,这些变化将给组织带来哪些影响,是给组织带来更多的发展机会,还是给组织带来更多的威胁。对企业来说,上述环境不仅包括宏观环境,如经济、政治和技术等,还包括行业环境结构的特点、变化趋势等。战略分析还要了解组织所处的相对地位,具体有哪些资源以及战略能力,以此决定组织能够

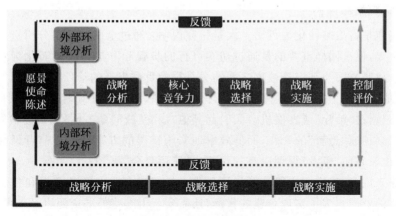

图 1.1　战略管理过程

采取怎样的战略。此外,战略分析还需要了解与组织有关的个人和团体的价值观及期望是什么,对组织的愿望和要求是什么,在战略制定、评价和实施过程中会有哪些反应,这些反应又会对组织行为产生怎样的影响和制约。

2. 战略选择

通过战略分析,管理人员对企业所处的外部环境、行业结构、企业自身的资源状况和能力以及利益相关者的期望和权利已经有了比较清楚的了解,接下来的任务是为企业选择一个合适的战略。战略选择是一个复杂的决策过程,它涉及产品和服务的开发方向,进入哪种类型的市场,以怎样的方式进入市场等。在产品系列和服务方向确定以后,还要决定是通过内部开发还是通过外部收购来拓展这些业务。在做这些决策时,管理人员应该尽可能多地列出可供选择的方案,不要只考虑那些比较明显的方案,因为战略涉及的因素非常之多,而且这些因素的影响往往并不是那么明显。因此,在战略选择过程中形成多种战略方案是一个首要的环节,它是战略选择确定的基础和前提。

提出战略方案以后,管理人员应该根据一定的标准对它们进行评估,以决定哪种方案最有助于实现组织的目标。确切地说,首先要明确哪些方案能支持和加强企业的实力,并且能够克服企业的弱点;哪些方案能完全利用外部环境变化所带来的机会,而同时又使企业面临的威胁最小或者是完全消失。事实上,战略评估过程不仅要保证所选战略的适用性,而且需要具有可行性和可接受性。前者意味着组织的资源和能力能够满足战略的要求,同时外界环境的干扰和阻碍是在可接受的限度内。后者意味着所选择的战略不致伤害利益相关者的利益,或者虽然有这些障碍,但是企业能够通过一定的方式克服它们。

战略选择的最后步骤是在具有适用性、可行性和可接受性的方案中选择一种或几种战略。在后一种情况下,最好为这些战略排出一个优先级,同时明确它们的适用条件。在这一过程中需要明确的是:战略选择并不是一个完全理性的过程和纯逻辑的行为,它实际上是一个管理测评问题。在另外一些情况下,它可能是不同利益集团讨价还价的产物和不同观点的折中。实际上,即使没有人为因素的影响,由于信息的不完整性,所选择的战略也不一定是最佳战略。因此,战略选择本质上是一个对各种方案比较和权衡,从而决定较满意方案的过程。

3. 战略实施和评价

战略实施是将战略转化为行动。大量研究说明：通过全面的战略分析选择一个好的战略固然重要,但是同样重要的是通过切实可行的步骤和方法将战略转化为具体的可执行的行动。战略方案与其实施效率之间的关系很像重病患者的治疗方案与其"疗效"间的关系,有效地实施一个正确的战略将得到理想的结果,而效率过低则只能在较长的时间达到目标,甚至错过"治疗"或发展机会而引起其他"病变"或问题。同样,快速地实施一个错误的战略只会加速"患者"的死亡,而低效率地实施错误的方案虽然比前者延缓了"病情"的恶化,但也没有使"患者"得到应有的治疗,最终还是会"死"去。

对企业来说,战略实施主要涉及以下问题：如何在企业内部各部门和各层次间分配及使用现有的资源。为了实现企业的目标,还需要获得哪些外部资源以及如何使用,是在各部门之间平均分配还是重点支持某些项目。为了实现既定的战略目标,需要对组织机构做哪些调整,这种调整对各部门和有关人员产生怎样的影响,他们是支持还是反对这种变革。为了保证目标和任务的完成,管理人员需要掌握管理组织变革的技术和方法。

1.2.2　企业战略管理的层次

扩展阅读1.3　海尔：优势企业经营战略

企业的战略,不仅要确定企业的整体目标以及实现这些目标的方法,而且要确定企业内的每一个层次、每一类业务以及每个部门的目标及其实现方法。因此,企业的战略一般可以分为三个层次,即企业战略、经营(事业部)战略和职能战略。企业战略由企业的高层领导者制定,经营战略由企业内部的各个事业部或经营单位制定,职能战略是由各个职能部门制定的。这样对企业战略进行层次划分可以既保持企业的方向,又保证企业战略的统一和整体性,使对企业资源的调动能够最大限度地符合企业长期发展目标的要求,还能适应分权管理的要求、提高企业活动的灵活性,使决策更好地适应市场。企业战略管理的层次如图1.2所示。

图1.2　企业战略管理的层次

1. 企业战略

企业战略即企业的总体战略,是企业的战略总纲,是企业总体的、最高层次的战略,是企业最高管理层指导和控制企业一切行为的最高行动纲领。企业总体战略包括发展战略、稳定战略和组合战略等。其中最重要的是发展战略,因为在发展战略中需要决定企业向什么方向发展,是在原行业中进行产品或市场的扩张,还是通过一体化、多样化进入新的经营领域。还要决定用什么方式发展：要在内部创业、并购、合资等发展方式中作出战略选择。企业总体战略需要作出的重要决策有：企业整体业务组合和核心业务的决策、战略业务单元(strategic business unit,SBU)及其资源分配的决策、建立战略控制机构的决策。

这里值得注意的是,企业战略与企业形态有密切的关系。当企业的组织形态相对简单,经营业务和目标相对单一时,企业战略就是企业主要经营业务的战略,也就是经营(事业部)战略。当组织形态为了适应环境而趋向复杂化时,企业的总体战略也就相应复杂化。另外,战略是企业根据所处的环境变化的需要而提出来的,它对组织形态也有一定作用,会要求企业组织形态在一定时期作出相应的调整。

2. 经营(事业部)战略

事业部层战略也就是我们常说的竞争战略,它寻求回答这样的问题:在企业战略确定的前提下,我们在每一个事业领域里应当如何进行竞争?经营战略主要包括的战略决策有:确定业务的实现目标、业务的发展方向以及本业务活动与企业内其他业务活动的关系,包括需要与企业内其他业务共享的资源种类和活动方向。确定业务的涵盖范围。确定业务的核心活动方向、基本竞争战略种类以及获得和控制价值的方式。确定业务内各项职能活动对该业务的作用,协调统一业务中各职能战略之间的发展。确定业务内资源的分配和平衡方式,建立对业务内各项资源使用效果的控制和评价机制。制定实现业务发展目标的计划,并确定计划期和计划执行人等。

对于只经营一种事业的小企业,或是不从事多元化经营的大型组织,事业部层战略与公司层战略是一回事。对于拥有多种事业的组织,每一个经营部门会有自己的战略,这种战略规定该经营单位提供的产品或服务以及向哪些顾客提供产品或服务等。当一个组织从事多种不同的事业时,建立战略事业单位更便于计划和控制。战略事业单位代表一种单一的事业或是相关的事业组织,每一个事业单位应当有自己独特的使命和竞争对手,这使得每一个战略事业单位有自己独立于组织内其他事业单位的战略。

3. 职能战略

职能战略又称职能部门战略,是为了贯彻、实施和支持公司战略与经营战略而在企业特定的职能管理领域制定的战略。职能战略一般可分为营销战略、人力资源战略、财务战略、生产战略、研发战略等。职能战略直接处理各个职能领域之内的问题,如提高市场及营销系统的效率、改善客服的质量及程度、提高特定产品或服务的市场占有率等。职能层战略主要需要解决的问题有:经营战略对各个职能的具体要求、各职能活动之间的关系,从而发掘企业的核心竞争力、职能活动的组织安排、确定某些重点扶植的活动及项目、确定职能的发展方向和资源分配。

总之,企业战略、经营(事业部)战略和职能战略构成了一个企业的战略层次,它们之间相互作用、紧密联系。企业要获得成功,必须将三者有机结合起来。对于跨行业、多样化经营的大型企业来说,三个战略层次十分清晰,共同构成了企业的战略体系。三个战略层次的制定与实现过程实际上是各级管理层充分协调、密切配合的结果。对于中小型企业而言,它们往往相当于一个大型企业的经营单位,战略层次往往不明显,所以经营战略对它们来说十分重要。对于单一经营的大企业而言,前两个层次的战略往往是一样的,两种战略的决策权都集中在董事会和最高管理者手中。

1.3 战略管理理论研究概述

在管理学界中,最基本的概念问题往往是争议最大的焦点,战略管理也不例外。什么是战略?迄今为止还没有一个公认的定义。事实上,任何具有现实意义的概念都是基于问题的解决而提出的。1957年出版的《经营中的领导能力》[菲利普·塞兹尼克(Philip Selznick)]和1962年出版的《战略与结构》(阿尔弗雷德·D.钱德勒)这两本书把战略思想引入企业管理的范畴时,全世界的工商企业正面临越来越复杂的环境,越来越激烈的竞争,越来越大的市场范围,越来越快的社会、经济、文化和技术变化。如何对未来的市场环境变化作出正确的判断?如何调整企业的经营行为,以应对这种未来的变化?从而领先对手,获得竞争优势?如何从各种社会与商业关系中发掘别人没有发掘的价值,创造出别人没有采用过的盈利模式?这都成为企业非常关注的战略问题。从这点来看,如何从一个更长远的视角,帮助企业保持与环境的和谐,在社会分工大系统中将自身的优势充分发挥出来,或系统地、有计划地培育企业在某一方面的竞争优势,实现企业价值的更大化,这就是战略这一令人着迷的概念的最终使命。尽管目的一致,但达成这一目的的具体战略形态却引发了学者们的众多争议,从而也就形成了不同的学派。

1.3.1 战略管理理论学派

企业战略管理理论经过了几十年的发展,出现了许多不同的观点和主张,也形成了许多不同的理论学派。综合起来,迄今的战略管理理论可以分为十大学派,它们分别是:设计学派、计划学派、定位学派、企业家学派、认知学派、学习学派、权力学派、文化学派、环境学派、结构学派。这十大学派分别从不同的角度反映了战略形成的客观规律,对战略管理理论作出了贡献,它们相互补充,共同构成了完整的战略管理理论体系。

1. 设计学派

设计学派的起源可以追溯到两本有影响力的著作:加州伯克利大学菲利普·塞兹尼克1957年出版的《经营中的领导能力》和麻省理工学院阿尔弗雷德·D.钱德勒1962年出版的《战略与结构》。尤其是塞兹尼克,他引入了"特色竞争力"的概念,探讨了整合组织"内部状态"与"外部期望"的必要性,认为应制定"深入组织社会结构的战略",后来被称为"推行战略"。随后,钱德勒建立了该学派有关经营战略以及经营战略与结构相互关联的思想。系统地讲,这一学派的观点始出于塞兹尼克、发展于钱德勒,后由安德鲁斯(Andrews)作出了精确的界定。

设计学派认为,战略的形成应该是一个有意识、深思熟虑的思维过程,必须有充分的理由才能采取行动。有效的战略产生于严谨的人类思维过程,只有管理人员尽可能深思熟虑地制定战略,他才能真正了解自己在做什么。从这个意义上来讲,战略制定是一项后天学习来的技能,而不是与生俱来的技巧,它必须通过正式的学习才能获得。设计学派还认为,企业战略的形成必须由企业高层经理负责。简单地说,设计学派就是设计战略制定的模型,内部能力和外部环境的匹配。"确定匹配"是设计学派的座右铭。

设计学派将企业的战略管理分为战略制定和战略实施两个部分。战略制定的主要内容为分析企业在能力上的优势和劣势，分析企业所处环境能提供的机会和威胁，从而得出企业的发展方向。并由此建立了著名的 SWOT(优势、劣势、机会、威胁)战略分析模型。战略实施的主要内容为调整组织结构和相应的指挥沟通关系等。

2. 计划学派

计划学派是与设计学派同时期出现的一个战略理论学派。该学派最有影响力的著作是《公司战略》，出版于 1965 年，由伊格尔·安索夫所著。但是，计划学派与设计学派的最终命运却是截然不同的。尽管在 20 世纪 70 年代，计划学派对战略管理实践活动的影响力已经逐渐增强，但是该学派发展停滞却又严重损害了这种影响力。计划学派提出的战略制定过程模型与设计学派基本是一致的，只是更加强调步骤上的正规性，更强调战略制定的分解和组合过程。计划学派主张战略产生于一个受控制的、有意识的正式规划过程，该规划过程被分解为清晰的步骤，每个步骤都采取核查清单进行详细的描述，并由分析技术来支持。

根据计划学派的要求，战略需要从层次上分解为企业战略、经营战略和职能战略，各个层次的战略在目标和进程上也相应进行分解。战略制定首先由组织领导人提出对组织使命和愿景的看法，并对专业战略设计人员提出的战略方案进行选择，对战略实施结果负最终的责任。战略方案的提出及后续的计划则是专门职能性计划人员的工作。该学派还认为，由正式的过程得出的战略应当明确制定出来，以便通过细致的目标、预算和计划得到贯彻。

3. 定位学派

战略定位观在 20 世纪 70 年代就出现了。到了 20 世纪 80 年代，一股来自经济学界的强风席卷了整个战略管理领域，致使一些说明性学派的大部分传统文献被挤入角落，受到了一定程度的轻视。尽管定位学派沿袭了计划学派和设计学派的大部分前提条件以及基本模式，但是它也从另外两个方面增加了一些内容。从形式上，定位学派强调了战略制定过程和战略内容本身的重复性。从性质上，定位学派特别重视战略内容，从原来的这一领域单纯注重内容扩展到了实际调查。20 世纪 90 年代中期，由于全球经济结构、产业结构和市场结构的突变，战略定位观成为主导的战略观。

对战略定位观有突出贡献的人是迈克尔·波特。他于 1980 年出版了《竞争战略》一书，明确提出企业在考虑战略时必须将企业与自身所处的环境相联系，而行业是企业经营最直接的环境，每个行业的结构又决定了企业的竞争范围，从而决定了企业的利润水平。定位学派中最为突出的是一个简单的，但是又具有革命性的观点，即只有少数的关键战略在某一既定行业受到重视并符合要求，这些战略可以用来防御现存的和潜在的竞争对手。定位学派把这种逻辑运用到各个行业当中，最终得出基本的总体战略，并称之为通用战略。定位学派还认为，战略形成过程就是基于分析计算基础之上对这些通用战略的选择。在战略形成过程中，分析家起主要作用，他们将计算结果送交控制选择过程的管理人员。战略产生于这一深思熟虑的形成过程，随后被清晰地表达出来并予以实施。

4. 企业家学派

企业家学派是描述学派中的一种重要学派，其观点与以往的学派有很大的不同。这一学派不仅将战略形成过程绝对地集中在个别领导人身上，而且强调某些与生俱来的心理状态和过程，如直觉、判断、智慧、经验和洞察力。这一学派提倡将有关战略的观点看作一种与形象和方向感相关的看法，即远见。然而这里的战略观点并不是像其他学派所讨论的那样，是集体的或文化的结晶，而是个人的、领导者构思的产物。因此，在这一学派看来，组织对领导者个人的命令比较敏感，组织要服从于他或她的领导。这种组织环境即使不是完全有利于领导者的，也是处于他或她可以比较自由地进行指挥的范围之内的，至少是可以将组织带入安全的活动范围内的。

企业家学派认为，具备战略洞察力的企业家是企业成功的关键。因此，其研究的侧重点是企业高层管理者，它认为战略形成过程是一个直觉思维和寻找灵感的过程。企业家学派的最大特征在于倡导领导的积极性和战略直觉。它一方面将战略制定视为个人直觉，另一方面认为不存在规范的战略制定过程，这使得战略从精妙设计、周密计划和准确定位等观念转变为某种隐约可见的"愿景"。该学派认为，战略是存在于个别领导人头脑中关于企业长期发展的意识，是这些领导人对企业未来的认识。战略制定过程带有不完全自觉的特性，需要依靠领导者个人的经验和直觉。企业领导人对战略制定和执行进行严密的个人控制，通过个人行动和介入使两者紧密结合为一个整体。领导人的战略意识和直觉具有很强的灵活性。这一学派还认为，战略远见是可以发展变化的。企业家的战略既是深思熟虑的，又是随机应变的，具体表现在远见的整体感觉上是深思熟虑的，在展开远见的具体细节上是随机应变的。

5. 认知学派

如果我们想了解战略愿景以及其他环境下的战略形成过程，那么我们最好深入研究战略家的思想。这就是认知学派的工作：在人类认识科学的范围内，特别是借鉴认识心理学领域的研究成果，发现战略形成过程的含义。认知学派强调，战略形成是发生在战略家心理的认知过程，该学派的研究集中在有关认知心理的四个方面：知觉、概念形成、重新定义和认知方法。认知学派试图从战略角度来研究管理者的类型，从认识过程了解决策方式，从而了解战略制定的过程。

认知学派认为，战略制定过程是战略制定者的认知过程，这个过程存在于战略者的头脑之中。战略实际上是人脑的直觉和概念，由于环境的复杂性限制了战略者的认知能力，同时战略者能获得的信息非常有限，信息还存在被扭曲的可能。由于战略者往往不处于企业基本活动的第一线，所以战略的变化往往会被延误。因为战略对个人认知具有依赖性，所以不同战略者之间在战略风格上存在较大的差异。认知学派的研究表示，设计学派、计划学派和定位学派研究假设的静态战略制定过程，不适用于实际战略制定中所处的复杂和变化的环境。

6. 学习学派

从某种意义上来讲，查理·E.林德布罗姆（C. E. Lindblom）于1959年发表的一篇具有争议的文章《"蒙混过关"的科学》是学习学派的开始。林德布罗姆认为政策的制定在政府中并不是一个单纯、有序、可控制的过程,而是一个非常麻烦的过程。在这一过程中,政策的制定者试图应付一个对他们而言过于复杂的世界。随后,相关的出版物应运而生,但真正成为学习学派新起点的是詹姆斯·布雷恩·奎因(James Brian Quinn)于1980年出版的《应变战略:逻辑渐进主义》一书,比较具有影响力的还有彼得·M.圣吉(Peter M. Senge)于1990年出版的《第五项修炼:学习型组织的艺术与实践》。学习学派与以往学派的不同之处在于,它认为战略是通过渐进学习自然选择形成的,可以在组织上下出现,并且战略的形成与贯彻是交织在一起的。

学习学派认为,组织环境具有的复杂和难以预测的特性,经常伴随着对战略而言不可或缺的知识库的传播,同时排斥有意识的控制。战略的制定首先必须采取不断学习的过程形式,在这一过程中,战略制定和战略实施的界限变得不可辨别。学习学派突出的学习过程,对处于非常复杂环境下的企业尤其重要。在这些企业中,制定战略所需要的知识广泛分布于组织内的各个部门,不可能集中在某一个中心,甚至对企业的优势和劣势的确定也需要通过逐渐的学习来完成。另外,当企业缺乏集中制定战略的权力中心时,战略制定就不得不成为一个集体学习的过程。有时,企业的高层经理能够制定出战略,但是需要经过集体的同意才能使战略得以执行,这个集体同意的过程是集体协调,即集体学习的过程。

7. 权力学派

学习学派,特别是在奎因和林德布罗姆的作品中,已经将权力和政治引入这一讨论之中。而与之相比,先前的学派对权力则显得有些忽视。权力学派已经摘去了所有的面纱,予以权力充分重视,并且由于把战略形成看作一个受到权力影响的过程而独具特色,强调将权力和政治手段应用于战略谈判以利于获得特殊利益。

权力学派把整个战略制定过程视为权力作用的过程。权力关系包围着组织,这些组织也会灌输权力关系,因此我们必须区分权力学派的两大观点:微观权力观和宏观权力观。微观权力观把企业组织的战略制定看作一种实质上的政治活动,是组织内部各种正式和非正式利益团体利用权力、施加影响,通过说明、讨价还价,有时甚至是直接对抗,最终在各权力派别之间达成一致的过程。宏观权力观则把组织看作一个整体并运用其力量作用于其他各种相关的利益团体,包括竞争者、同盟者、合作者以及涉及企业战略利益的网络关系。因此,权力学派认为,战略制定不仅要注意行业环境、竞争力量等经济因素,而且要注意利益团体、权力分享等政治因素。权力学派理论特别适用于处于重大变革时期的大型成熟企业和采取直线职能制或是事业部制的企业。由于内部权力分布和力量对比发生了变化,各种潜在的矛盾和冲突都暴露出来。同样,权力在企业处于停滞封闭时也表现得较为明显。这时,各种力量在政治上互不协调,从而造成对战略变革的阻力。另外,在环境变化无常,企业无法制定出明确的战略时,权力活动表现得较为活跃。

8. 文化学派

由于日本公司的成功,文化在20世纪80年代"被发现"存在于管理之中。日本公司的运营方式似乎与美国公司不同,而与此同时它们又公然模仿着美国的技术。所有指针都指向了日本文化,特别是在日本大公司中文化的作用是如何表现的。为了解释这一现象,出现了大量的美国文献,紧接着又出现了各种各样的顾问介入其中,以加强对文化的研究。但这些并没有增进我们对战略的理解,而是后来出现的战略管理中文化学派的主流研究活动很大程度上增进了我们对于战略的理解。

文化学派认为,战略形成是建立在组织成员共同信念和理解的基础上的社会交互过程。个人通过文化适应过程或社会化过程来获得这些信念,这个过程虽然有时也通过较为正规的教导来强化,但大多数情况是潜移默化的而非语言文字的。文化学派的主要观点有:战略制定过程是集体行为过程,建立在由组织成员共同拥有的信仰和价值观之上。战略采取了观念的形式,以组织成员的意愿为基础,表现为有意识的行为方式。由于存在共同的信仰,组织内的协调和控制基本上是规范的。文化鼓励维持现有的战略,反对进行战略变革,即使是战略的变化,也不一定会超出或违背企业的总体战略观点和现存文化。文化学派的观点在解释许多企业在同等条件下的经营行为和经营业绩存在很大的差异方面,具有很强的说服力。一些企业之所以能够在激烈的市场竞争中立于不败之地,并获得长足发展,可以归结为企业文化的作用。

9. 环境学派

环境学派将注意力转移到了组织外部,重点研究组织所处外部环境对战略制定的影响。在该学派的研究中,组织和领导成为被动成分,战略成为组织受环境影响的被动反应。环境是战略形成过程中的中心角色,而不仅仅是一种影响因素。组织必须适应这些环境力量,否则会被"淘汰"。在这一学派之中,有两种不同的发展方向:一种称为"权变理论",它侧重于研究企业在特定的环境条件下和面临有限的战略选择时所作出的预期反应。权变理论要求企业必须发挥主观能动性,因为企业可以在一定的环境条件下,对环境的变化采取相应的对策以影响和作用于环境,争取企业经营的主动权。另一种称为"规制理论",它强调企业必须适应环境,因为企业所处的环境往往是企业难以把握和控制的,因而企业战略的制定必须充分考虑环境的变化,了解和掌握环境变化的特点。只有如此,企业才能在适应环境的过程中找到自己的生存空间,并获得进一步的发展。

10. 结构学派

结构学派综合了其他学派的内容,同时也运用了自己的一个独特视角。每个学派都有自己的时间、自己的位置。所以,结构学派与所有其他学派的一个根本区别就是:它提供了一种调和的可能,一种对其他学派进行综合的方式。

结构学派有两个主要的方面:一方面把组织和组织周围环境的状态描述为结构,另一方面则把战略形成过程描述为转变。如果说结构是一种存在的状态,那么战略制定就是从一个状态转变为另一个状态的转变过程。结构学派的代表人物是钱德勒,他在1962年出版的《战略与结构》中提出了企业战略和结构发展的四个阶段:资源集聚阶段、资源使用的合理化阶段、连续发展阶段和对扩张资源的使用合理化阶段。对采取直线职能制的企业而言,这四个连续的阶段体现了企业扩张和纵向一体化战略。对采取事业部制的企业来说,这四个发展阶段就是多样化战略的发挥阶段。在结构和战略的关系上,钱德勒认为结构总是追随战略的,即企业应该根据战略的特性和需要来设计自己的组织结构形式,并随着战略的变化而及时调整。由于企业的环境在不断变化,企业的目标和战略不可能始终保持不变。战略的变化必须带动组织内各项结构关系的变化,因此组织变革是不可避免的。

1.3.2 战略管理研究现状

战略管理凭借自身的重要性已经发展成为一门学术科目,就像市场营销和财务管理那样。目前战略管理这个领域也已经拥有了自己的学术期刊、"俱乐部"和学术会议。自1980年以来,有关战略管理的文献已经有很多了,并且在以惊人的速度增加。目前,战略管理理论研究已经较为全面、科学、系统,成果丰富。通过理论指导实践,再通过企业实践进行反馈,研究更具实效性,研究领域也进一步深化,一些典型企业的战略管理实例也催生新的战略管理理论和方法,使战略管理成为企业经营管理的有效方法,实现了理论与实践的有机结合。

20世纪90年代以前的企业战略管理理论,大多建立在对抗竞争的基础上,侧重于讨论竞争和竞争优势。进入21世纪,随着信息化和全球化的发展,全球众多企业面临的竞争环境更加易于变化和难以预测,影响企业竞争的变量急剧增加且各变量的变化明显加快,从而导致企业竞争优势的可保持性较低,企业需要在动荡的环境中不断创造新优势,以维持长足的生存与发展。在此背景下,企业的动态能力、网络组织结构、战略联盟、战略创新等开始成为企业战略管理研究的新焦点,一些新的理论也应运而生。

1. 动态能力理论

动态能力是企业为适应快速变化的外部环境而创建集成与再配置组织内部和外部能力的能力。动态能力理论强调了在过去的战略理论中未能受到重视的两个方面:①动态的概念是指企业重塑竞争力以使其与变化的经营环境保持一致;②能力强调的是战略管理在适当地使用整合和再造企业内外部的资源和能力以满足环境变化需要。动态能力理论框架包含三个关键性要素,即组织过程、位置和路径,并在这三个关键要素基础上来构建企业的动态能力战略框架。动态能力是获得竞争优势的关键之一,也是战略管理绩效的关键,其与商业模式、战略相互依存,通过对组织设计的影响,商业模式会影响企业的动态能力,而反过来,动态能力也有助于塑造企业在商业模式设计方面的熟练程度。

2. 商业生态系统理论

一个经济群体由相互作用的组织和个体组成,经过一段时间的发展,群体内的组织和个体共同发展,发挥出各自的能力和作用,甚至倾向于某一个或多个中心组织指引的发展顺势发展自身,这一理论就是商业生态系统理论。在以商品和服务为中心的经济群体中,包括企业的一系列微观关系,既有垂直关系,包括供应商、消费者、代理机构等,又有水平关系,包括竞争者、其他产业的企业、政府、高校、科研机构等,还包括诸如政治环境、社会环境、文化环境、科技环境、自然环境等影响企业生存与发展的宏观要素。它们在这个商业生态系统中,扮演着不同的角色,各司其职,但又相互依赖,形成命运共同体;承载着不同的利益驱动,但又相互共存,资源共享;承担着不同的社会责任,但又相互维持,创造经济、环境等综合效益,最终共同维持整个商业生态系统的延续和发展。

每个企业都是生态系统网络中的一环,企业的发展及管理模式是植根在企业生态环境之中的。一定的生态环境需要有与其相适应的企业和管理模式，在商业生态系统中，企业战略的制定与传统战略有很大不同。企业在制定战略时，更要考虑到具有相互合作关系的企业生态系统，以及企业生态系统的发展和企业在其中的地位。在这个意义上，竞争不再被看作主要发生在企业与企业之间的竞争，而是在企业生态系统之间以及在系统内取得领导和中心地位的竞争。商业生态系统理论是从一个全新的视角来看待企业之间的竞争。

3. 战略网络理论

战略网络理论是将企业网络与传统战略理论相结合而形成的一种战略管理理论，其定义为在有独特性但又相互联系的营利性组织之间的长期的、有目的的组织安排。该理论强调战略网络是企业竞争优势之源，企业通过网络内部的组织来获取和维持竞争优势。战略网络组织是介于市场组织和层级组织之间的一种中间组织模式，是一种平等、独立的合作协调关系。战略网络思想是近年来对传统企业战略管理视角的完善性拓展。

4. 边缘竞争理论

边缘竞争理论是在企业如何不断获得竞争优势的全新认识的基础上形成的一种新的战略理论，其基本思想是企业应该不断通过变革管理来构建和调整企业的竞争优势，根据一系列不相关的竞争力来彻底地改造企业优势，保持企业在无序和有序之间的微妙平衡。边缘竞争战略把"如何制定战略目标"和"如何实现战略目标"两个方面的内容紧密联系起来，不断寻找新的战略目标以及实现战略目标的方法。边缘竞争理论强调了变革管理对于企业发展的重要意义，这主要表现在三个方面：一是对变革作出反应；二是对变革作出预测；三是领导变革，即走在变革的前面，甚至是改变竞争的游戏规则。边缘竞争战略的成功实施需要相应的组织结构的支持，这种组织结构的特点是在固定式结构和松散式结构间寻求最佳的结合方式。

1.3.3 战略管理研究的发展趋势

学者们的战略管理理论各有所长，又各有所短。在时代进步和全球化趋势日益深入的背景下，科技、经济的飞速发展使得企业战略管理所面临的内外部环境不断发生显著的变化，未来的战略管理研究也将随之发生很大的转变。

1. 战略管理研究内容多样化

首先，战略管理所研究的对象逐渐向着多企业甚至是多产业的方向发展和转变。战略联盟是产业价值链相互交错而衍生出来的产物。伴随着知识经济时代的不断深入，生产和研发之间的沟通与联系得到加强，不同企业之间的相互影响越来越重要，传统的产业组织关系发生重大变化，战略管理的内容也会根据企业未来的发展作出适当的调整。其次，未来战略管理理论的研究内容更具融合性，不但以企业自身能力、资源优势、竞争优势、竞合关系、战略构架为主要研究内容，同时也会融合企业的发展愿景、学习型组织的构建、文化重塑、知识整合、创新管理的内容，这些都是影响组织战略实施能效的关键因素。

2. 理论基础进一步拓宽

战略管理研究逐渐呈现出多学科相通相融的特点。斯达巴克曾指出，一切与组织相关的研究成果都可以运用到战略管理研究领域。随着企业战略管理面临的内外部环境不确定因素不断增加,越来越多不同学科的内容进入战略管理学者的视野。在经济学、管理学基础上,战略管理的研究将不断吸收来自其他学科的理论观点,在某些特定领域实现与公共关系学、社会心理学、商业伦理学、生态学等学科的理论交叉与理论融合。此外,在战略理论研究中,非线性发展特点将更为显著,在战略理论的规划和实践中会更加得到重视。

3. 研究方法实现多元整合

战略管理研究方法日趋多元化,而且不同方法相互整合,多元导向更加清晰。一方面,经济实体在外部环境的变化中会遇到更多挑战,这就使战略管理理论研究不能拘泥于管理本身,而是和周边学科建立起密切联系,借鉴其他学科的研究方法,演化形成适用于战略管理研究的新工具。另一方面,战略管理理论应该更加侧重于应对环境的变化,从不确定性中寻找规律,强化理论研究的实践价值,研究过程更具动态发展特色。通过对不同环境下的战略方案的实施,优化博弈环境,从而实现方法上的突破,运用新型分析工具实现与周边学科的整合,从而建立起多元化的方法研究体系。

4. 战略管理研究本土适应化

战略管理理论需要从管理实践中获得绩效反馈,不同的理论、文化下的企业,其核心战略管理方式均有所不同。特别是对于我国战略管理理论的研究和实践人员,一方面要研究国际领先理论的发展脉络;另一方面将理论成果本土化、与本土思想相结合。最终形成一整套理论方法,充分发挥战略主体的主动性与创造性,力求获得与飞速理论发展相匹配的企业实践结果。

1.4 企业战略管理的常见问题和误区

党的二十大报告通过回顾我们党和国家的历史,制定出了我国未来发展的战略蓝图。习近平总书记说:"以史为鉴、开创未来。"[①]从历史中吸取经验教训,才能制定正确的战略规划,开创美好未来。因此,成功的战略规划制定及实施必然是要基于历史上的经验和教训。很多企业在战略规划上存在很多的误区,导致企业发展受限或者缺乏抗击风险的能力,缺少可持续竞争能力。通过总结,企业战略规划常见误区主要有以下几点。

1.4.1 流浪汉现象

流浪汉现象是指没有战略的企业就像流浪汉一样无家可归。当一家企业像流浪汉一样,不知道应往哪里走时,企业命运是极其危险的,因为它通常会走到不想去的地方。一家没有方向意识和连贯一致经营战略的公司,在激烈竞争的市场中,必将被淘汰。这样的企业存在以下两种现象。

(1) 缺乏企业战略,经营企业喜欢"脚踏溜冰鞋","溜"到哪儿算哪儿。

(2) 因为烦冗的事务性工作而成为"大忙人",以至于无暇顾及企业任务、方向及战略。

---

① 在庆祝中国共产党成立100周年大会上的讲话。

1.4.2　追星族现象

追星族现象是指有些企业战略的制定不是建立在对企业外部机会、威胁和内部优势、弱点的全面、科学分析与论证基础之上,而是喜欢走"东施效颦"的"捷径"。看到别的行业、别的企业的战略获得成功,便盲目跟风。其主要有两种现象:一种是在企业进入新产业问题上,缺乏独立判断,热衷于"跟紧大势,人云亦云";另一种是无论企业内外部发生了多大的变化,企业首选的方案仍是仿效自己过去的经营战略。

这两种现象会产生十分严重的后果。当环境的竞争要求企业战略发生变化时,企业往往不能跟随变化,必将导致企业败于竞争对手,这已成为一些企业经营失败的重要根源。

1.4.3　计划、战术代替战略现象

计划、战术代替战略现象是指许多企业没有认识到战略与计划的区别,采用制定计划的方法指导战略制定行为,起不到应有的效果。用计划工作代替战略工作很难形成创新性的战略,战略计划工作存在三个谬误:预测的谬误、分离的谬误和公式化的谬误。

计划的制定是在预测的基础上进行的,而现实情况中,尽管某些重复的、稳定的类型是可以预测的,但是,对不连续的事件,如技术创新、价格等的预测,却几乎是不可能的。既然现实发展很难按照预测的进行,固定不变的计划就很难适应未来的情况。

1.4.4　个人意志代替战略现象

个人意志代替战略现象是指许多企业并没有建立起真正符合企业发展需要的、科学的、系统的战略制定系统。仅依靠领导人的个人能力和意志进行管理的企业,往往不能对企业自身和外部环境进行缜密的分析与预测,使得领导人的直觉和判断失去了理性分析的支持,导致战略的盲目性。同时,由于在战略制定中缺乏有效的制约机制,也往往导致战略失去稳定性,变动过于频繁。

1.4.5　赶鸭子上架现象

赶鸭子上架现象来源于战略实施与资源匮乏的矛盾:企业往往要到战略实施时,才更加真切地意识到对实施新战略所需要的人才和技能的估计是如此不足。

有些企业简单地认为,只要有足够的资金,企业便"无所不能",企业扩张就可"心想事成"。尤其是在经过一段高速成长期,企业有了相当的资金积累,准备进行"二次创业",实施跨行业经营战略之时,由于目标的"远大"、战略的"宏伟",企业一时难以网罗足够的人才,于是便出现近年来企业普遍存在的现象——"赶鸭子上架":将管理能力、技术水平明显不够的人员,推上实施新战略的重要岗位。不仅经营管理者如此,技术研究、产品开发、市场营销、财务管理、信息管理等重要部门的业务人员,往往也是"赶鸭子上架"。

有了正确的经营思路,还要有具有相应能力的管理者及员工,才能实现公司的战略意

图,否则在执行过程中会偏离方向,不仅无法实现战略目标,反而很可能会给企业造成重大损失。

1.4.6　见异思迁现象

提到见异思迁现象就不得不提到短期利益与长期利益的矛盾,经营者在制定战略时思想坚定而专注,但没过多久他们就"见异思迁"了。企业往往经不住市场上不断涌现的"利润增长点"的诱惑,热衷于"哪里热闹哪里赶",忽而房地产,忽而证券,忽而生物制药,忽而保健品,忽而环保,忽而网络,不能一如既往地执行既定的战略。

见异思迁现象会导致不良后果:原先的战略被抛至脑后,企业被短期利益所左右,企业经营变成"游击战","打一枪换个地方",结果企业却"在运动中消灭了自己"。

企业战略一旦付诸实施,企业就必须立足长远,把资源集中在既定的战略上,培养核心竞争力,开发核心产品。唯有如此,企业才能获得长期利益,真正做大、做强。

1.4.7　事后诸葛亮现象

不管制定企业战略时考虑得多么全面、周详,由于市场环境瞬息万变,你总会感到"变化大于计划"。因此,适时地、客观地、高效地对正在实施的战略进行评价,并据此采取相应行动,无疑是企业实现既定目标的必要条件。

不少企业习惯于到年末,甚至是只有到发生重大问题时,才考虑进行战略评价。近几年,国内企业比较流行在经营出现严重挫折以后,才回过头来审视企业战略,总结出"几大反思""几大忏悔"等。

其实,企业战略出现危机并非一朝一夕的事,往往都有一段"潜伏期"。在"潜伏期"的早期阶段,企业经营者也大都有所察觉,但由于尚未出现严重偏差,不易引起经营者的重视。由于未能及时进行战略评价,找出问题所在并采取相应的纠正措施,当企业外部或内部出现某种"诱因"时,战略危机总爆发就在所难免了。

1.4.8　见树不见林现象

在纷繁复杂的市场环境中,敏锐的洞察力和前瞻力是企业生存发展的基本前提。"见树不见林现象"是企业发展中常见的失误。企业常见的做法主要有两方面:一方面,企业在进行战略评价时,容易片面强调短期的财务指标,如投资收益率、股本收益率、销售增长率、市场份额等,忽视长期发展指标。绝大多数财务指标都是短期指标,如此一来,企业长期发展目标势必得不到保障,短时期的"绩优"后迅速迷失方向。另一方面,企业在进行战略评价时,容易忽视质量指标。很多数量指标会因使用的会计方法不同而得出不同的结果,因此,质量指标在战略评价中就显得非常重要,如缺勤率、调动率、生产质量、生产效率、员工满意度等都是影响绩效的重要因素。

结尾案例

本章小结

(1) 学者们对于战略和战略管理的理解虽然不同,但对于战略管理在企业管理中重要性的认识是一致的。

(2) 企业战略管理是整合性、高层次的管理理论,是企业高层管理人员最重要的活动和技能,其目的是提高企业对外部环境的适应性,使企业得到可持续发展。企业战略管理的过程包括战略分析、战略选择、战略实施和评价这三个环节。战略管理的层次包括企业战略、经营(事业部)战略和职能战略。

(3) 迄今的战略管理理论可以分为十大学派,不同学派分别从不同的角度反映了战略形成的客观规律,对战略管理理论作出了贡献。它们相互补充,共同构成了完整的战略管理理论体系。

(4) 战略管理理论研究虽然已经取得了很大的发展,但是企业战略管理仍旧存在一定的误区和问题。未来的战略管理研究将注重研究内容多样化、拓宽理论基础、研究方法多元整合、本土适应化等方面。

即测即练

第 2 章 企业的愿景与使命、伦理与社会责任

本章学习要点

1. 详细阐述企业愿景与使命的含义。
2. 明确企业愿景与使命的区别和联系、作用及要素。
3. 详细阐述商业伦理的含义。
4. 明确商业伦理的作用、准则与特征。
5. 了解伦理战略。
6. 了解企业社会责任和可持续发展。

开篇案例

2.1 企业愿景与企业使命

2.1.1 愿景与使命的概念

1. 企业愿景

愿景就是内心深处的一种愿望、期盼。每个员工都会对企业的未来有一个图像式、期盼式的描述,如果企业能够勾画出今后发展的宏图,明确企业的目标,激发员工热情并形成一种共识,就会使共同愿景成为指引企业方向、汇集力量、推动企业发展的巨大动力。我们想成为什么?这是企业拟定愿景的基础。

扩展阅读 2.1 一些企业的愿景阐述

2. 企业使命

关于企业使命的思想是建立在彼得·德鲁克 20 世纪 70 年代所提出的一些原则的基础上的。德鲁克认为,问"我们的业务是什么?"就等于问"我们的任务是什么?"以此作为

企业区别于其他类似企业对经营目标的叙述。使命陈述是对企业存在理由的宣言,它回答了"我们的业务是什么?"这一关键问题,明确的使命陈述对于有效地树立目标和制定战略具有重要的意义。

企业使命是要说明企业的根本性质与存在的理由,说明企业的宗旨、哲学、信念、原则,根据企业服务对象的性质揭示企业长远的前景,为企业战略目标的确定与战略制定提供依据。

2.1.2 愿景与使命的区别与联系

1. 愿景与使命的区别

愿景回答了"企业是什么(或'将成为什么')"的问题,告诉人们,企业将做成什么样子,是对企业未来发展的一种期望和描述。愿景是企业在大海远航的灯塔,只有清晰地描述企业的愿景,社会公众、公司员工、合作伙伴才能对企业有更为清晰的认识。一个美好的愿景能够激发人们内心的感召力,激发人们强大的凝聚力和向心力。企业使命是企业存在的理由和价值,即回答"为谁创造价值"以及"创造什么样的价值"的问题。简单说,使命就是必须做的事、一定要完成的任务。由于企业的使命一般涉及多方利益,因此,各方利益的主次轻重必须在使命陈述中明确。如果不明确,当各方利益发生冲突时,就会无所适从。

2. 愿景与使命的联系

构筑愿景是企业发展战略规划的重要支撑点,是企业做强、做大的不竭动力。企业既不能将愿景当作使命,也不能将使命当作愿景,更不能将二者截然分割开来。企业愿景是一种意愿表达,它概括了企业未来的目标、使命和核心价值,是一种企业为之奋斗的意愿、企业最终希望实现的图景。它就像灯塔一样为企业指明方向,是企业的灵魂。企业的共同愿景包括每个人的小愿望、团体的小愿望和组织的大愿望,这样构成了一个愿景体系。企业愿景具有很高的价值。第一,指引方向;第二,唤起希望;第三,增进合作;第四,激发力量。正确的企业愿景是一种精神的归宿,是员工的一种力量源泉。企业愿景是以企业使命为基础的,企业愿景同时又是企业战略的纲领性文件。在企业战略制定的过程中,确定企业使命时往往会把企业愿景一起确定下来。而在确定企业愿景时,又不可避免地会首先阐明企业的使命。

愿景与使命的关系具体如图2.1所示。

图 2.1 愿景与使命的关系

2.1.3 企业愿景与使命的作用

企业愿景与使命对于一个企业来说是必不可少和不容忽视的,它们的作用主要体现在以下几个方面。

1. 明确企业的发展方向

企业愿景与使命说明了企业目前是怎样的一个组织、区别于其他企业的显著特征是什么。明确企业的发展方向可帮助企业界定战略的边界,排除某些严重偏离企业发展方向、前景不明的投资领域,从而做到目标明确、力量集中,保证企业内各部门经营目标一致。

企业愿景与使命反映了企业领导人的企业观,这种企业观反映了企业经营的哲学、理念及价值观,它不仅受企业外部环境等客观因素的影响,更会受到企业高层领导人的政策水平、科学知识、实践经验、思想方法、工作作风等主观因素的影响。

2. 协调企业的内部矛盾

考虑到各个利益主体对企业愿景与使命有不同的要求,例如,公众比较关心企业的社会责任,股东比较关心自己的投资回报,政府主要关心税收与公平竞争,地方社团更为关心安全与稳定就业,职工则比较关心福利及晋升机会,因此,各利益主体就可能在企业愿景与使命的表述上产生分歧与矛盾。一个良好的企业愿景与使命的表述,应当在不同程度上满足不同利益相关者的需求,注意协调好他们之间的关系。

在定义企业愿景与使命时要强调企业长期目标的认同,努力减少对具体问题的争议。要将人们的注意力集中于共同的企业长远目标上,求同存异,减少各利益主体的矛盾、冲突。

3. 帮助企业建立客户导向的思想

良好的企业愿景与使命应该能反映用户的期望。企业经营的出发点就是要发现并努力满足用户的需要,这是企业在进行愿景与使命陈述时的根本指导思想。所以,在确定企业愿景与使命时,必须识别企业的产品和服务对用户而言所具有的效用。企业想要生产什么不重要,对企业未来成功最重要的是用户想买什么、珍视什么,而用户所购买或认为有价值的绝不是产品或服务本身,而是产品和服务中的效用,即产品或服务所能提供给用户的满足。要弄清楚企业提供产品与服务只是一种手段,目的是满足社会和用户的需求,一定要弄清手段与目的的关系。例如,美国电话电报公司将企业的使命定义在通信上而不是电话上,石油公司将企业的使命定义在能源上而不是石油上。

2.1.4 企业愿景与使命的要素

1. 企业愿景的要素

(1) 社会责任。企业成立需要考虑经济利益,但是企业的愿景必须考虑社会责任。比如,阿里健康的企业愿景是:让大数据(big data)助力医疗,用互联网改变健康,为10亿人提供公平、普惠、可触及的医药健康服务。

扩展阅读 2.2　不要给我东西

（2）企业发展。企业愿景的内容需要与企业的未来发展紧密相连。比如，万科的企业愿景是成为中国房地产行业持续领跑者。

（3）激励员工。员工是企业的重要组成部分，也是需要考虑到的因素之一。比如，中南置地公司的企业愿景是：成为为客户谋价值、为员工谋幸福、为奋斗者谋事业、为合作伙伴谋共赢、为股东谋效益、为公司谋发展、为社会做贡献的品牌企业，铸就百年基业！其中"为员工谋幸福"在中南置业愿景中位居第二。

（4）顾客价值。仅达成社会责任和企业发展是不够的，企业在实现愿景的过程中，需要的不仅仅是内部员工的共同努力，还有赢得客户、市场、合作伙伴以及股东的支持，认识到顾客价值也是非常关键的一点。比如，宝马的企业愿景是：在广阔的时空中，以最新的科学技术、最先进的观念，满足顾客的最大愿望。

2. 企业使命的要素

（1）顾客。顾客是重要的利益相关者。比如，利盟国际有限公司的企业使命是：为了赢得顾客忠诚，公司要倾听他们的意见，预测他们的需求，并采取行动创造他们心中的价值。

（2）产品或服务。企业必须向消费者提供良好的产品或者服务。标准石油印第安纳公司的业务是：探测和开发原油、天然气和液态天然气；利用这些原料加工对社会有用的高质量产品；分销和销售这些产品；以合理的价格为消费者提供值得信赖的相应服务。

（3）市场。确定市场，满足市场需求才能让公司得到发展。比如，光明食品的企业使命是：成为上海特大型城市主副食品供应的底板，安全、优质、健康食品的标杆，世界有影响力的跨国食品产业集团。

（4）关注生存、发展与盈利能力。生存、发展与盈利能力是不可避免的重要因素。比如，奥山集团的企业使命是：通过提供持续超越客户期望的产品与超值服务，成为行业新领军。

（5）理念。理念是指人类以自己的语言形式来诠释现象——事与物时，所归纳或总结的思想、观念、概念与法则。玫琳凯的全球哲学建立在这样一条金科玉律之上：分享与关怀。基于这种理念，人们将愉快地贡献他们的时间、知识和经验。

（6）自我认知。自我认知指的是对自己的洞察和理解，包括自我观察以及自我评价，对自己各种状态如思维和意向等方面的观察，对自己的想法、期望行为及个人能力和性格特征的判断与评估。比如，小米集团的企业使命是：始终坚持做"感动人心、价格厚道"的好产品，让全球每个人都能享受科技带来的美好生活。

（7）关注公众形象。公众形象是企业要面临的第二形象，公司应该关注社会责任，注意对环境的保护以树立积极、正面的公众形象。比如，上海汽车的使命是：引领绿色科技，逐梦精彩出行。

（8）关注员工。员工是企业富有生机与活力的重要一环。比如，猪八戒网的使命是：让天下获得满意服务，让员工拥有满意人生。

企业使命的特征具体如图 2.2 所示。

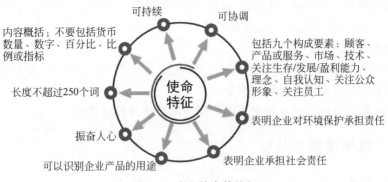

图 2.2 企业使命的特征

2.2 商业伦理

2.2.1 商业伦理的内涵与作用

1. 商业伦理的内涵

伦理关系到行为的对错标准。商业伦理（business ethics）是将伦理原则和标准用于商业组织的行动与决策及其员工的行为。商业伦理准则与一般道德准则并没有本质的差别。为什么商业行为必须根据社会的是非标准来判断，而不是根据一套只适用于商业情境的特殊伦理标准来判断？如果不诚实是非伦理和不道德的，那么在商业活动中对顾客、供应商、员工、股东、竞争者以及政府的失信行为，也同样是非伦理和不道德的。如果不故意伤害他人是伦理的要求，那么从伦理角度来看，公司有义务迅速召回有缺陷或不安全的产品，不管召回成本如何；如果一个社会认为贿赂是不道德的，那么公司员工不应该为了赢得政府合同而向政府官员行贿，或者为了获得或保持生意而向顾客提供好处。简言之，商业伦理行为需要遵守关于正确或错误行为的公认准则。

扩展阅读 2.3　支付宝账单事件

从管理人员的观点看，合乎商业伦理的决策是通情达理、有代表性、利益相关者能够接受的决策，因为它对利益相关者、该组织或社会有帮助。相反，不合乎商业伦理的决策，是管理者宁愿掩饰起来或者对他人隐瞒的决策，因为它使某个公司或者某个人以牺牲社会或其他利益相关者的利益为代价来获利。例如，正是通过向重要的利益相关者，如股东、债券持有者以及雇员等，掩饰该公司的真实情况，安然公司的一些高层管理人员才得以推动该公司的股票价值高于原本的价值，使这些经理得以抛出他们持有的安然公司股票而从中获利。本节考察商业伦理与战略问题，并找出一些有助于经理们作出合乎商业伦理的决策的指导原则。

2. 商业伦理的作用

商业伦理的作用并不在于讲授多少正确与错误的区别，而是向人们提供处理错综复杂的道德问题的工具——提供他们用来识别和思考战略决策的道德原则。我们大多数人都有良好的分辨正确与错误的意识。可是,虽然大多数经理在他们的私人生活中能够认真遵守这种道德原则,但是一些经理却没能把这些道德原则应用于他们的职业生涯,偶尔还造成了灾难性的后果。

商业决策的确具有伦理的成分。因此,商业伦理的任务是要弄清关键的两点。

(1) 商务决策具有商业伦理的成分。

(2) 管理者必须先权衡战略决策的伦理问题再选择行动过程。

2.2.2 伦理准则与特征

1. 伦理准则

当执行战略的过程是基于伦理准则时,其有效性会增强。遵守伦理的公司鼓励并使公司各个层次的员工能够进行伦理判断。另外,如果在组织内产生了不符合伦理的行为,它们会像传染病一样快速传播。为了正确地引导员工的判断和行为,制定公司战略时必须考虑伦理准则,使之成为组织文化整体的一个部分。事实上,研究表明,一个基于价值观的文化能最有效地确保员工符合公司伦理要求。当公司没有伦理要求时,管理机会主义会使经理人采取符合他们最高利益的行为。换句话说,经理人会利用他们的职位优势并由此作出有利于自己却损害所有者(股东)利益的决定。

公司有必要雇用有伦理观念的战略领导者——那些将伦理准则作为公司长期远景的一部分的领导者。他们喜欢做正确的事,并且对于他们来说,为人诚实、可信和正直是非常重要的。不断表现出这些品质的战略领导者,在与他人一起建立符合伦理准则的组织文化时,会不断地对员工产生激励。

战略领导者可以发展的与伦理有关的组织文化行动包括以下几方面。

(1) 树立目标来描述公司的道德标准(如发展和公布一种行为准则),并使这种目标在公司内部得到沟通。

(2) 以全公司的员工和利益相关者(如顾客和供应商)的情报与意见为基础,不断修改和更新公司的行为准则。

(3) 发布行为准则给所有的利益相关者,以通知他们公司的道德标准和准则。

(4) 发展和实施可实现公司道德标准的方法与程序(如实施符合标准的内部审计惯例)。

(5) 创造和使用清晰的奖酬系统来鼓励勇敢的行为(如奖励那些通过正式渠道和程序举报的人)。

(6) 创造一种人们重视自尊的工作环境,如果这些行为同时被采用并互相支持的话,其有效性就会加强。

2. 伦理特征

要把握商业伦理的特征,首先应该明确伦理的一般特征。《商业伦理学》一书中指出商业伦理具有如下特征。

(1) 主观性和客观性的辩证统一。伦理作为人们认识的产物是由人们提出来的,而且只有化作人们的内心信念,深入人们的意识之中,才能指导人们的行为,产生实际的作用,这是伦理的主观性。同时,伦理的客观性表现在:人们之所以需要用伦理来调整相互的关系,是因为人们调整相互的关系必须以一定关系的存在为前提,而这些关系的存在,归根结底是社会物质生活条件决定的。

(2) 现实性和理想性的辩证统一。伦理的理想性是指伦理不是对现实的消极反映,而是在人们的社会实践基础上,对现实的自觉的、能动的反映。伦理的现实性,是指它从客观的现实中概括出来,反过来又指导现实生活,成为人们实际遵循的行为准则。

(3) 在阶级社会中,伦理有鲜明的阶级性,同时又存在某些全民性的因素。伦理的阶级性表现在:不同的阶级都是在自己实际所处的经济地位中形成本阶级特有的道德原则和规范,并以此作为评价人们行为善恶的标准;不同阶级的伦理道德都各自反映了本阶级的利益、愿望和要求;不同的阶级都是以自己的道德作为工具来维护本阶级的利益的。伦理的全民性是指人类有着某些最起码、最简单的共同的生活规则。这种伦理的全民性或全人类性因素,是由社会的经济状况决定的。当然在阶级社会中,伦理的阶级性始终处于支配的地位,伦理的全民性要受到阶级性的制约。

2.2.3 伦理问题再思考

除了在组织中建立正确的伦理氛围之外,经理们还必须能够系统地思考战略决策的伦理含义。多个世纪以来,哲学家一直在对确定决策是否合乎伦理的具体标准争论不休。有三种确定决策是否合乎伦理标准的模型:功利主义模型、道德权利模型以及正义模型。从理论上说,每一种模型都提供了不同的、又是相互补充的确定决策和行为是否合乎伦理的方法,为了挑选出某一具体行动的伦理观,必须使用三种模型。可是,伦理问题鲜有明确的界线,不同的利益相关者的利益常常互相冲突。所以,一位决策制定者要想运用这些模型来确定最合乎伦理的行动,往往是异常困难的。为此,许多伦理专家提出了确定决策和行为是否合乎伦理的实际指导原则。在思考伦理问题时,一些学者建议了一种四步方法。

(1) 管理者必须能够识别该决策会影响到哪些利益相关者、影响哪些方面。最为重要的是,他们需要确定被提议的决策是否会违背任何利益相关者的权利,例如,我们可能会争论说,获得工作场所的健康风险信息的权利,是雇员的根本权利。

(2) 在已知第一步中获得的信息的情况下,来判断被提议的战略决策的伦理观。这种判断应当得到各种不同的道德原则的指导,这些原则是不应该违反的。这些原则可能是在公司使命陈述或者其他公司文件中明确说明了的。此外,还包括某些我们作为社会成员所采纳的道德原则。例如,禁止偷盗,不得违反。这一阶段的判断还将得到决策规则的指导,选择这些规则是为了对被提议的战略决策作出评估。虽然长期利润最大化是大多数公司强调的决策规则,但是在不违反道德原则的情况下,它的应用应受到约束。

(3) 建立道德意图。这意味着在违背利益相关者的权利或者违背主要道德原则的情况下,公司必须决心把对道德的关心置于其他关切之上。在这一阶段,高层管理人员的投入可能尤其宝贵。没有高层经理的鼓励,中层经理可能会把公司狭隘的经济利益置于股东利益之上。他们这样做,是认为(通常是错误的)高层管理人员喜欢这种做法。

(4) 要求公司从事合乎道德的行为。

2.3 伦理战略

2.3.1 伦理战略概述

伦理战略就是用战略的眼光审视、发掘、配置企业的伦理资源,以实现企业总体战略目标的战略方式。伦理战略既有其抽象的一面,又有它非常具体的一面,从不同的角度可以看到伦理战略的不同内容。

从企业的主要伦理关系看,伦理是外在法与内在法的统一,是主体与环境之间高度和谐的要求与表现,伦理战略即是根据这种关系状态的内在规律而作出的战略安排。对企业而言,其主要伦理关系是企业与自然、企业内部、企业与社会之间的关系。伦理战略就是要站在战略的高度来整合、配置伦理资源,以调整、处理好这几方面的伦理关系。综上,企业伦理战略的内容即企业协调企业内部、企业与自然、企业与社会几方面之间伦理关系作出的全部战略安排。从以上三大方面展开的企业伦理战略是一个宏大的战略体系,涉及面非常宽,内容非常丰富,包括我们通常讲的资源节约战略、环境保护战略、绿色和平战略、人本战略、信用战略、和谐战略等。

从企业的主要伦理活动看,伦理既体现在社会关系状态中,更体现在社会行为活动中,因此,伦理战略也是对企业社会行为规范的战略要求。从企业的运行过程看,其全部活动可归纳为经营与竞争两类活动,因此,企业的伦理战略可分为企业经营伦理战略和竞争伦理战略。具体来看,这两类战略又可分为生产伦理战略、营销伦理战略、管理伦理战略、分配伦理战略、服务伦理战略等。

从企业伦理战略的实施过程看,企业伦理战略既是一个抽象的理论概念,更是一个具体的实施过程,这个过程包括企业伦理环境的考察、伦理战略分析、伦理战略的设计、伦理战略选择、伦理战略实施与管理、企业伦理形象的塑造、企业伦理品牌的建立、企业伦理战略的推广等,是一个巨大的系统工程,工作细致、具体而复杂,绝非空洞的口号。

从企业伦理战略的不同层次看,伦理战略作为一种战略理论,在企业的实践中有着巨大的发展空间,不同的企业对该战略的认识、选择会存在巨大的差异,由于伦理战略的实施是需要成本的,故企业对该战略的不同投入必然会形成不同的伦理战略层次。根据企业对伦理资源的不同战略配置、对伦理战略的不同投入,所形成的伦理战略大体有伦理超越型战略、伦理领先型战略、伦理稳定型战略、伦理创新型战略、伦理平庸型战略、伦理落后型战略、伦理恶劣型战略等。当然,真正进行伦理战略设计的企业一般都是伦理水平、层次较高的企业,其伦理战略的水准也必然较高,企业的发展也比较好,而那些伦理水平、层次较低的企业,也谈不上会有什么伦理战略,基本上都是一些"短寿"的企业。

2.3.2 不实行伦理战略的原因

1. 监督不当,致使不择手段地追求私利

那些痴迷于财富、权力、地位和自身利益的人,在追求个人利益的过程中,往往无视伦理准则。在贪婪和野心的驱使下,他们在漠视规则或不择手段实现目标时,很少感到不安。这种对伦理准则的普遍漠视会促使公司采取各种不符合伦理的战略和行为。

公司实行内幕交易就是不符合伦理战略的行为。内幕交易是指为在股市中获利而进行的交换机密信息的非法行为。公司董事会对公司进行负责任的治理和监管,可以防范内幕交易和为掩盖公司管理者的行为而进行的信息操纵。公司必须设立强大、独立的董事会对公司财务行为进行适当的监督,并要求高层管理人员对自己的行为负责。

2. 公司管理者面临达到或超过短期业绩目标的巨大压力

当关键员工发现自己忙于满足投资者和金融分析师的季度与年度销售及利润预期时,他们往往会感到压力巨大,会想尽一切办法保护自己业绩良好的声誉。高业绩公司的高管明白,投资者将盈利增长放缓的轻微迹象视为危险信号,从而会导致公司的股价下跌。此外,如果公司为高资而大量借债,增长放缓或利润下降会导致信用评级的下降。短期业绩目标的压力会达不到分析师、投资者和信贷机构的预期,这促使目光短浅的管理者采取短期战略,而忽视长期利益。有时压力会促使公司员工不断灵活掌握规则进而忽视了伦理界线。一旦为了"达到或超过目标数字"而跨越伦理界线,就很容易实施更加极端的不道德行为。

短期主义的根本问题在于,它既不能为顾客创造价值,也不能提高公司的市场竞争力;从长远来看,短期主义牺牲了增加公司利润与股东价值的机会。为追求利润而忽视伦理,将为股东带来极高风险。随着肮脏行为的败露,公司股价大幅下跌,公司品牌形象受损,这使得股东价值远远低于从前,而重建工作可能极其艰巨,需要花费大量的时间和资源。

3. 将盈利能力和经营业绩置于伦理行为之上的企业文化

当公司的企业文化滋生不道德的工作氛围时,人们便有了公司批准的许可证,可以无视"什么是对的",采取任何可以避免惩罚的行为或策略。在这样的公司里,不道德的人会轻视对伦理性战略行动和商业行为的遵守。此外,当环境变得具有挑战性时,使用不道德手段的文化压力会促使原本受人尊敬的人做出不道德行为。

当崇高的伦理准则根植于企业文化中时,文化可以作为一种强大的机制,传播伦理行为规范,让员工认同公司的道德标准、商业原则和价值观。在这种情况下,伦理准则或公司价值观声明中包含的伦理原则被视为公司的特征、自我形象和运营方式不可或缺的一部分。

2.4 企业社会责任和可持续发展

2.4.1 企业社会责任的内涵

企业社会责任就是企业基于社会契约对利益相关者所需承担的综合责任,企业通过满足利益相关者的期望和要求来实现企业与社会的利益平衡。企业社会责任是一个涉及多学科知识的命题。根据亚当·斯密(Adam Smith)"看不见的手"的

扩展阅读2.4 企业社会责任感案例分析

思想,市场可以将企业自我利益转化为社会利益,但实践表明,企业在增进自身利益的同时会损害到其他社会主体的利益,这就出现了企业社会责任的问题。在不断的发展中,对企业社会责任的研究更加倾向于符合众多利益相关者的诉求,不再单一地强调某一个利益相关者的利益,在对立中寻求统一。企业社会责任是任何企业都不可逃避的"强制性"责任,具有普适性,同时又具有"与时俱变、因地而异、因企而异"的动态性。企业社会责任内涵的变化反映了人们认知水平及价值标准的变化。其内涵的日益丰富以及包容性的增强也说明人们对企业功能及使命的认识由狭隘走向全面。至今,关于企业社会责任学术界还没有统一的定义。然而,对其基本原则却有共同底线,即企业社会责任不具有排他性,而是讲求多方利益相关者的和谐统一,不以某一方的利益为牺牲,也不以某一方的利益为唯一追求。企业社会责任的发展过程实际上是多方利益相关者诉求趋向一致的过程,是从单独的或重经济或重环境或重社会的发展理念转变为支持协调推进经济、环境、社会和谐发展理念的过程,是企业和利益相关者共同意义建构的过程。

2.4.2 企业社会责任的发生与发展

纵观企业社会责任的发展历程,大致可以分为以下五个阶段。

第一阶段为20世纪70年代之前,该阶段对于企业社会责任的研究主要集中在"企业是否应当承担社会责任"和"企业社会责任概念"的辩论上,并未对企业社会责任测量进行研究。

第二阶段为20世纪70年代到80年代,该阶段企业社会责任作为学术理论被广泛关注,研究的焦点也从"是否承担"转变为"承担哪些",比较有代表性的是阿奇·B.卡罗尔(Archie B. Carroll,1979)提出的企业社会责任层次模型,但该模型仅从规范性角度列出企业承担责任的维度,缺乏量化标准。

第三阶段为20世纪80年代到90年代,该阶段开始更多地关注企业社会责任工具理论的发展,如探讨企业社会责任与企业绩效之间的关系,这极大地促进了企业社会责任测量体系的发展,瓦提克和柯克兰(Wartick and Cochran,1985)在卡罗尔的研究基础上开发了"原则-过程-政策"的三维企业社会绩效模型,奥佩勒、卡罗尔和哈特费尔德(Aupperle,Carroll and Hatfield,1985)在研究企业社会责任与效益时以金字塔模型为基础开发了测量题项。

第四阶段为20世纪90年代到21世纪,该阶段利益相关者理论、企业公民等新理念的出现使得企业社会责任的外延逐渐扩大,随着利益相关者界定和分类的研究深入,为企业明确责任对象提供了理论依据,架起了企业和社会之间的桥梁。

第五阶段为21世纪以后,该阶段学术界更多地关注企业社会责任的管理应用,与此同时,国内外机构和学者均为企业社会责任测量作出了积极的贡献。

2.4.3 企业社会责任的三种研究范式

美国管理学界学者卡罗尔曾经将企业与社会领域研究现状描述为:"这是一个兼收并蓄的领域,没有严格界限,多重身份、不同视角、广泛而非聚集、多学科、宽领域,形成一个比较宽泛的多学科的文献领域。"也许是这个原因导致企业社会责任研究的对象和内容存在着分散割裂的现象。一些哲学家和伦理学家更多地关注企业社会责任的道德依据以及伦理原则问题,而忽视了企业如何承担社会责任的具体实施问题,另外一些学者则较多地关注实践问题而忽略了决策的伦理依据。值得庆幸的是,一些学者已经意识到该领域存在的问题并进行了一定的整合性研究。总体而言,目前研究所关注的企业社会责任问题可以划分为"规范研究""描述研究"及"整合研究"三个方面。

(1) 企业社会责任规范研究。规范研究主要关注企业社会责任的价值评估和判断,即企业"应该做什么",企业社会责任规范研究学者从社会契约论、权利义务论、功能社会理论等视角为企业社会责任提供了值得深思的道德依据,卡罗尔还在前人的研究基础上界定了企业社会责任的范围等。一些学者基于一般的伦理原则来构建企业决策的伦理基础,疑惑的是企业社会责任规范研究尚无法解决企业社会责任的操作性问题。例如,对于"社会"这样一个宽泛而模糊的概念应该怎样理解?企业究竟应该为谁负责?哪些问题应该优先处理?企业的资源应该怎样分配用来解决社会责任问题?怎样评价一个企业是否负责任?这些都是规范研究无法回答的问题,同时也是规范研究受到诟病的原因所在。

(2) 企业社会责任描述研究。20世纪70年代中期,一些不满足将企业社会责任局限在哲学范畴之内的学者将研究转向管理领域,并着手解决企业社会责任规范研究无法回答的问题,分别从各自不同的视角定义企业社会责任的内涵。描述研究实现了企业社会责任研究的管理实践转向,把企业与社会领域的研究提升到一个新的、更现实的高度,更加紧密地融合到企业的管理实践中。首先,"社会回应"概念的提出,使企业社会责任研究从抽象的哲学思考转向具体的管理研究,使社会责任对企业而言变得具体化、可操作化;其次,"利益相关者"概念的引入,不仅明确了责任的对象和内容,还提供了企业社会责任的管理机制;最后,"战略企业社会责任"等概念的提出,为企业在负责任经营方面如何"做"奠定了重要的管理学基础,极大地推动了企业社会责任实践的发展。然而,问题在于,"社会回应""利益相关者""战略企业社会责任"等概念仍然缺乏价值规范的基础,从而导致在价值决策时出现"回应"与"责任"相分离的状况。因此,描述研究虽然在促进企业社会责任操作化的层面作出了重要的贡献,但是仍然没有解决企业价值决策的伦理依据问题。

(3) 企业社会责任整合研究。如果说企业社会责任规范研究偏重于责任的"道德基础",那么企业社会责任描述研究则强调责任的"实现过程"。一些学者将二者整合提出了一个新的概念——"企业社会绩效",这一概念成为建立企业与社会关系领域研究范式的新起点。例如,美国管理学教授斯旺森(Swanson,1995)将企业社会责任看作一个价值决策过程,实现了"责任"与"回应"的统一。

尽管企业社会责任整合研究解决了"责任"与"回应"的联系问题,但多元并且经常是相互冲突的制度环境给企业价值决策带来了三个方面的困难:首先,由于企业行动与其带来的社会问题之间没有清晰的联系,企业无法确定责任的对象以及责任的内容;其次,不同的制度环境中利益相关者对企业的要求和期望的差异,决定了企业必须结合具体环境中的价值需要来确定责任的范围和条件;最后,企业必须面对与不同利益相关者之间存在的价值冲突。因此,在对企业的价值决策进行道德辩护的时候,寻求价值决策的伦理基础成为必须解决的难题。

企业社会责任研究经历了半个多世纪,对企业社会责任的界定也随着研究的发展而演进。企业社会责任从企业"应该做什么"的单一规范研究过渡到企业"能做什么"的描述研究,进而发展到二者的整合研究,虽然斯旺森和施瓦茨(Schwartz)的整合研究没有最终解决企业与社会关系的理论建构问题,但是"价值(协调)、平衡、责任"三个概念的提出让企业社会责任研究进入真实的企业实践中,对未来的企业社会责任研究具有重要的启发,在构建企业社会责任理论方面跨出了重要的一步。斯旺森认为未来需要研究价值观理论,在全球化的今天,最关键的是解决价值决策的道德基础问题。只有回答了这一问题,才能实现"在企业与社会之间建立一种建设性关系"的目标。

2.4.4 可持续发展战略和社会责任战略

企业可持续发展战略是指企业在追求自我生存和永续发展的过程中,既要考虑企业经营目标的实现和提高企业市场地位,又要保证企业在已领先的竞争领域和未来扩张的经营环境中始终保持持续的盈利增长和能力的提高,保证企业长盛不衰。

然而,通常情况下可持续性的含义更有针对性,它指的是公司与环境和自然资源的使用之间的关系,包括土地、水、空气、植物、动物、矿物、化石燃料和生物多样性。党的二十大报告指出:"大自然是人类赖以生存发展的基本条件。尊重自然、顺应自然、保护自然,是全面建设社会主义现代化国家的内在要求。必须牢固树立和践行绿水青山就是金山银山的理念,站在人与自然和谐共生的高度谋划发展。"人们也普遍认识到,自然资源是有限的,其消耗和退化的速度威胁到其再生能力。由于企业是自然资源的最大使用者,管理和维护这些资源对企业长远的经济利益至关重要。

在许多公司中,可持续性是企业社会责任的同义词;在一些人看来,"可持续性"这一术语正逐渐取代"企业社会责任"。事实上,二者不完全相同,社会责任战略是在企业战略制定和日常经营中,融入社会责任理念和行为,尽量满足社会期望和利益相关方诉求,使企业在中长期获得最大经济利益和社会利益。

虽然企业社会责任和可持续战略有多种形式,但那些既能创造有价值的社会效益、又能优先满足顾客需求的战略,有助于公司建立竞争优势。企业社会责任战略和环境可持续战略,如果与企业具有竞争力的重要资源和能力或价值链活动相联系,则更有可能有助于建立企业的竞争优势。

公司应该以对所有的利益相关者——而不仅仅是股东——都有利的方式行事,其中的道德原因可以归结为"这是一件正确的事"。每个公司都应该遵纪守法、树立公民意识并且造福社会。在当今社会和政治环境下,大部分商界领袖都意识到企业社会责任活动的重要性,认为有义务做良好企业公民。但是,有学派认为,企业的运作以与社会成员之间隐含的社会契约为基础,根据该契约,社会赋予企业合理销售商品或服务并获得利润的权利。作为这种"经营许可"的回报,企业有义务成为一个负责任的公民,促进公共福利公平共享,不做危害他人的事情。这种观点给企业带来了道德压力,要求企业诚信经营,为员工提供良好的工作条件,做好环境管理,并展示出良好的企业公民形象。

除了承担企业社会责任和进行可持续经营的道德原因,还有充分的商业理由说明,企业应该具有公益精神,并将时间和资源投入社会责任活动、环境可持续发展活动中,做良好的企业公民。

结尾案例

本章小结

(1)企业愿景就是对企业未来发展的一种期望和描述。每个员工都会对企业的未来有一个图像式、期盼式的描述,如果企业能够勾画出今后发展的宏图,明确企业的目标,激发员工热情并形成一种共识,就会使共同愿景成为指引企业方向、汇集力量、推动企业发展的巨大动力。

(2)企业使命是要说明企业存在的理由和价值,说明企业的宗旨、哲学、信念、原则,根据企业服务对象的性质揭示企业长远的前景,为企业战略目标的确定与战略制定提供依据。企业的愿景是以企业使命为基础,企业愿景同时又是企业战略的纲领性文件。企业愿景与使命的作用主要有三点:明确企业的发展方向、协调企业的内部矛盾、帮助企业建立客户导向的思想。

(3)伦理关系到行为的对错标准。商业伦理是将伦理原则和标准用于商业组织的行动与决策及其员工的行为,它向人们提供处理错综复杂道德问题的工具——用来识别和思考战略决策的道德原则。商业伦理的任务包含两个方面的成分,一方面要弄清商务决策具有商业伦理的成分,另一方面是管理者必须先权衡战略决策的伦理问题再选择行动过程。

(4)企业要用战略的眼光审视、发掘、配置企业的伦理资源,以实现企业总体战略目标的战略。企业在制定公司战略时必须考虑伦理准则,使之成为组织文化整体的一部分。在企业中,战略领导者可以发展一系列与伦理有关的组织文化行动,从而正确地引导员工的判断和行为,并不断地对员工产生激励。商业伦理的特征包括:①主观性和客观性的辩证统一。②现实性和理想性的辩证统一。③在阶级社会中,伦理有鲜明的阶级性,同时又存在某些全民性的因素。

(5)伦理战略就是用战略的眼光审视、发掘、配置企业的伦理资源,以实现企业总体战略目标的战略方式。伦理战略既有其抽象的一面,又有它非常具体的一面,从不同的角度可以看到伦理战略的不同内容。

(6)企业社会责任就是企业基于社会契约对利益相关者所需承担的综合责任,企业通过满足利益相关者的期望和要求来实现企业与社会的利益平衡。企业社会责任是一个涉及多学科知识的命题。根据亚当·斯密"看不见的手"的思想,市场可以将企业自我利益转化为社会利益,但实践表明,企业在增进自身利益的同时会损害到其他社会主体的利益,这就出现了企业社会责任的问题。在不断的发展中,对企业社会责任的研究更加倾向于符合众多利益相关者的诉求,不再单一地强调某一个利益相关者的利益,而是在对立中寻求统一。如今,一些人认为可持续性是企业社会责任的同义词,但二者不完全相同。可持续战略在追求自我永续发展的过程中,既要考虑到企业经营目标的实现和提高企业市场地位,又要保持企业在已领先的竞争领域和未来扩张的经营环境中始终保持持续的盈利增长和能力的提高。通常情况下可持续性的含义更有针对性,它指的是公司与环境和自然资源使用之间的关系。

 即测即练

第 3 章 外部环境分析

本章学习要点

1. 认识企业外部环境分析的重要性。
2. 了解宏观环境要素对企业战略的作用和影响。
3. 能够运用波特五力分析方法进行产业环境分析。
4. 理解和掌握战略群组分析的应用价值和方法。
5. 理解和掌握产业生命周期理论。
6. 掌握 PEST、EFE 矩阵、CPM 矩阵等外部环境分析工具的用法。

开篇案例

3.1 宏观环境分析

随着全球化程度不断加深,大部分企业面临一个越来越复杂、全球化程度越来越高的外部环境,要想准确把握它,并非易事。为了应对那些含糊且不完整的企业外部环境的数据,企业一般会进行外部环境分析,以增进对外部环境的了解。企业通

扩展阅读 3.1 企业宏观环境分析案例

常会去收集竞争对手、客户以及其他利益相关者的信息来了解外部环境。它们倾向于获取信息来增强自己的知识和能力,可能是去模仿能干的竞争对手甚至其他行业的成功企业,可能是去开发新的知识和能力来获得竞争优势。为获得这些知识和能力,为了能采取行动并与利益相关者沟通,组织对外部环境的分析是必要的。

大量公司的经验及研究结果表明,外部环境影响企业的成长和获利,如政治和法律的变化,不同国家在不同时期的经济力量对比以及新技术的诞生。外部环境分析连同企业内部条件分析的结果,是企业有效地选择和制定战略的基础和依据。外部环境分析的目

的是明确有限条件下可使企业受益的机会以及应当回避的威胁。机会是指有利于企业取得竞争优势和高于正常绩效的环境因素,威胁是指妨碍企业取得竞争优势和高于正常绩效的环境因素。外部分析并不是要列举无穷多的所有会影响企业经营的因素,而是筛选出对企业有用的信息。通过制定利用外部机会或规避外部威胁的战略,企业作出进攻性或防御性的反应。

外部环境是指存在于企业之外,企业不能控制,但是能对企业决策和绩效产生影响的外部因素的总和。外部环境一般可分为宏观环境、产业环境和竞争环境三部分,如图 3.1 所示。

图 3.1　外部环境分析层次

外部环境分析包含四个要素。

(1) 扫描:确认环境变化和趋势的早期信号。

(2) 监测:持续观察环境变化和趋势,探索其中的含义。

(3) 预测:根据所跟踪的变化和趋势,对结果作出预测。

(4) 评估:依环境变化或趋势的时间点和重要程度,决定企业的战略和管理。

外部环境分析要持续不断地开展上述四项工作。

宏观环境指的是对所有企业的经营管理活动都会产生影响的环境方面。宏观环境分析的重点是识别和评价超出某一公司控制能力的外部环境发展趋势与事件,诸如加剧的国际竞争、国际政治经济形势的风云变化、人才流动的"马太效应"、信息技术的快速发展等。一般将宏观环境分为六大部分:经济环境、政治法律环境、社会文化环境、技术因素、人口因素以及全球化趋势。

3.1.1　经济环境

经济环境指的是一个企业所属或可能会参与其中竞争的经济体的经济特征和发展方向。经济环境对所有产业,从原材料生产商到最终产品和服务提供者以及所有提供服务的组织、批发商、零售业者、政府和非营利性组织都有影响。一个国家的经济状况影响到企业的具体行为及表现。因此,企业需要研究经济环境,以发掘其变化和趋势及其蕴含的战略意义。

由于经济全球化所带来的国家之间经济的相互依赖,企业还需搜索、监测、预测与本企业业务相关联的其他国家的经济指标,包括国内生产总值(GDP)、人均国民收入、个人可支配收入、可支配净收入、利率、失业率、消费者价格指数等,来进一步评估它们的经济状况。

1. 国内生产总值

它是衡量一个国家经济实力与购买力的重要指标。从国内生产总值的增长幅度,可以了解一个国家经济发展的状况和速度。国内生产总值增长越快,人们对工业品的需求和购买力就越大;反之,就越小。

2. 人均国民收入

它等于国民收入总量除以总人口的比值。这个指标大体反映了一个国家人民生活水平的高低,也在一定程度上决定商品需求的构成。一般来说,人均收入增长,对消费品的需求和购买力就大;反之,就小。中国经济总量日益增长,经济质量稳步提高,人民生活水平逐步提升。国家统计局数据显示,自 2014 年起,我国居民人均消费水平随着收入水平逐年上升,从增速上看,2020 年以前比较平稳,每年都在 9% 左右,而 2020 年却出现下降,人均消费支出增速降到负值。虽然在 2020 年消费受到些许影响,但是我国居民还是具有较强的消费能力与水平,如图 3.2 所示。

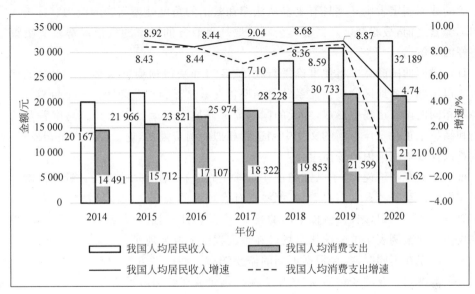

图 3.2 2014—2020 年我国人均居民收入、支出及增速

3. 个人可支配收入

它等于在个人收入中扣除税款和非税性负担后所得余额,是个人收入中可以用于消费支出或储蓄的部分,它构成实际的购买力。

4. 可支配净收入

它等于个人可支配收入减去用于维持个人与家庭生存不可缺少的费用(如房租、水电、食物、燃料、衣着等项开支)后剩余的部分。这部分收入主要用于满足人们基本生活需要之外的开支,一般用于购买高档耐用消费品、旅游、储蓄等,是影响非生活必需品和劳务销售的主要因素。它在消费需求变化中最活跃,因此也是企业所要考虑的主要对象。

总体来讲,经济因素可以直接影响各种经济战略的可行性。例如,如果利率上升,可支配收入和对非必需品的需求会下降,同时资本扩张所需要的资金就会更加昂贵或是更不容易得到。股价上升时,以发行股票作为开发市场的融资渠道的愿望就会更为强烈。市场高涨也会使消费者和企业的财富增加。所以说,经济因素对企业战略的影响很大,在制定战略时对于经济因素的考虑是十分必要的。

3.1.2 政治法律环境

政治法律环境指企业外部政治形势和状况以及国家方针政策的变化给企业经营活动带来或可能带来的影响。政治法律环境对大小企业都构成重要的机会与威胁。对于严重依赖政府合同或补贴的产业和公司来说，政治预测是外部分析中最重要的组成部分。全球各国经济、市场、政府以及组织间越相互依赖，企业界就越重视政治因素对竞争战略的制定与实施可能产生的影响。

对于在资源、设施、产品销售、特殊协助或用户方面依赖于其他国家的跨国公司来说，政治预测尤为重要，也尤为复杂。以往的战略制定者更多地关注公司的经济和技术事宜，而今天的战略制定者则必须具有更多从法律和政治的角度处理问题的能力。在进入或扩大国际经营之前，战略制定者需要对公司将要从事业务的国家的政治局势及其决策过程有很好的了解。

日益激烈的国际竞争将使准确进行政治、政府和法律预测更为必要。很多战略制定者将不得不熟悉各地区的政治体系及金融期货交易这样的专业问题。一个世界性市场正在各不相同的国家市场中形成，今天的国际商务环境要远远优于昨天。高度普及的邮电通信和高技术正在全球不同的文化中创造着相似的消费模式，这会使很多公司发现，它们再也难以仅仅依靠国内市场而生存。

可以毫不夸张地说，对于已经和正在全球化的产业，最危险的经营方针可能就是仅仅停留在做国内竞争者。它们将看到，那些更有进攻性的公司正利用经济增长来换取规模经济效益和经营知识，之后，便以不同的技术、产品设计、制造和营销方式及经济规模向它们进攻。一些案例表明了全球化市场已在很大程度上成为现实。

各个国家在不同时期，会根据不同的需要颁布一些经济方针和政策，这些方针、政策不仅要影响本国企业的经营活动，还要影响外国企业在本国市场的经营活动。例如，近年来，我国在发展社会主义市场经济的同时，也加强了市场法制方面的建设，陆续制定、颁布了一系列有关重要的法律法规，如《中华人民共和国公司法》《中华人民共和国广告法》《中华人民共和国商标法》《中华人民共和国反不正当竞争法》《中华人民共和国消费者权益保护法》《中华人民共和国产品质量法》《中华人民共和国外商投资法》等，这对规范企业活动起到了重要作用。就对本国企业的影响来看，一个国家制定出来的经济与社会发展战略、各种经济政策等，企业都需要执行，而执行的结果必然会影响市场需求，改变资源的供给，扶持和促进某些行业的发展，同时又限制另一些行业和产品的发展，那么企业就必须按照国家的规定经营国家允许的行业，生产国家允许的产品。这是一种直接的影响。国家也可以通过方针、政策对企业活动施以间接影响。例如，通过征收个人收入调节税，调节消费者收入，从而影响消费者的购买力来影响消费者需求。国家还可以通过增加产品税来抑制某些商品的需求，如对香烟、酒等征收较重的税来抑制消费者的消费需求。从对国外企业的影响来看，东道主国家的方针、政策是外国企业经营的重要环境因素。例如，越南政府为了吸引外资投资建厂，制定了大量的优惠政策，将鼓励投资的行政区域分为经济社会条件特别艰苦地区（A区）和艰苦地区（B区）两大类，分别享受特别鼓励优惠及鼓励优惠政策。在企业所得税优惠方面：A区享受4年免税优惠（从产生纯利润起计算，最迟不超过3年),免税期满后9年征收5%,紧接6年征10%,之后按普通项目征税;B区享受2年免税优惠(从产生纯利润起计算,最迟不超过3年),免税期满后4年征收7.5%,紧接8年征15%,之后按普通项目征税。在进出口关税优惠方面:A区免固定资产进口关税,并从投产之日起,免前5年原料、物资或半成品进口关税;属出口产品生产加工可免征出口关税或退税。在减免土地酬费方面:租用A区土地最长减免15年;B区最长减免11年。

企业必须了解并遵守国家或政府颁布的有关经营、贸易、投资等方面的法律、法规。如果从事跨国的经营活动,企业就既要遵守本国的法律制度,还要了解和遵守市场国的法律制度及有关的国际法规、国际惯例和准则。各国法律对产品性能等往往有不同的规定。例如,产品由于其物理和化学特性事关消费者的安全问题,因此,各国法律对产品的纯度、安全性能有详细甚至苛刻的规定,目的在于保护本国的生产者而非消费者。美国曾以安全为由,限制欧洲制造商在美国销售汽车,以致欧洲汽车制造商不得不专门修改其产品,以符合美国法律的要求。英国也曾借口法国牛奶计量单位采用的是公制而非英制,将法国牛奶逐出本国市场。而德国以噪音标准为由,将英国的割草机逐出德国市场。

3.1.3 社会文化环境

1. 社会文化的概念

社会文化方面的因素和一个社会的态度及价值观念有关。态度及价值观念是构建社会的基石,它们通常是人口、经济、法律政策和技术条件形成和变化的动力。企业要提供符合顾客需求的产品和服务,必须先了解社会态度、价值观念及其意义。

社会文化力量影响社会的价值观、信仰和生活方式。例如,劳动力就业市场上出现更多的妇女、双收入家庭、临时雇员数增加,他们更关心健康饮食和身体健康,更关心环境和推迟生育子女,这种力量增加了许多产业中产品和服务的销售,但降低了另外一些产业中产品和服务的销售。

社会文化是一个社会的民族特征、价值观念、生活方式、风俗习惯、伦理道德、教育水平、语言文字、社会结构等的总和。它主要由两部分组成:一是全体社会成员所共有的基本核心文化;二是随时间和外界因素影响而容易改变的社会次文化或亚文化。人类在某种社会中生活,必然会形成某种特定的文化。由于不同国家、地区的社会文化存在差异,人民的生活模式不尽相同,他们对同一产品可能持有不同的态度,这会直接或间接地影响产品的设计、包装、信息的传递方法、产品被接受的程度、分销和推广措施等。社会文化因素通过影响用户的思想和行为来影响企业的市场营销活动。因此,企业在从事经营时,应重视对社会文化的调查研究,并作出适宜的决策。

2. 社会文化环境分析

社会文化是人类在创造物质财富过程中所积累的精神财富的总和,它体现出一个国家或地区的社会文明程度。能够影响企业市场营销活动的社会文化环境,通常是指在一定社会形态下的教育水平、价值观念、消费习俗、宗教信仰以及亚文化群等被社会所公认的各种行为规范。

1) 教育水平

教育是遵照一定目的、要求，对受教育者施以影响的一种有计划的活动，是传授生产经验和生活经验的必要手段与途径，反映并影响一定的社会生产力和生产关系。教育水平的高低对企业营销调研、目标市场选择和采用何种经销方式等均有很大影响。教育水平的不同决定企业营销调研时针对不同情况采取不同的方法，在教育水平高的国家或地区，企业可以雇用调研人员或委托当地的调研机构完成所需调查的项目，而在教育水平低的国家或地区则要企业自己派员直接调研并采用适当的方法。处于不同教育水平的国家或地区的消费者，对商品的需求也会不同，因而决定企业选择的目标市场也就不同。针对不同教育水平的消费者，企业在进行产品目录和产品说明书的设计等方面要采取不同的经销方式，如针对教育水平较低的目标市场，就不仅需要文字说明，更重要的是配以简明图形，并派专人进行使用、保养等方面的现场演示。

2) 价值观念

价值观念是指人们对社会生活中各种事物的态度和看法。生活在不同的社会环境下，人们的价值观念会相差很大。消费者对商品的需求和购买行为深受价值观念的影响，对于不同价值观念的消费者，企业市场营销人员必须采取不同的策略。对乐于变革、喜欢新奇、富有冒险精神的消费者，企业应重点强调产品的新颖和奇特。对注重传统、喜欢沿袭传统消费方式的消费者，企业在制定有关策略时应把产品与目标市场的文化传统结合起来。比如，我国出口公司出口的黄杨木刻一向用料考究、精雕细刻，以传统的福禄寿星或古装仕女行销亚洲一些国家和地区。后来出口至欧美一些国家和地区时，发现销路不佳，这些国家和地区的居民对中国传统的制作原料、制作方法和图案不感兴趣，其内在原因就是东西方居民的价值观念和审美观不一样。因此，我国出口公司改掉传统做法，采用技术较为简单的艺术雕刻，涂上欧美人喜爱的色彩，并加上适合于复活节、圣诞节、狂欢节等的装饰品，便很快打开了市场。

3) 消费习俗

消费习俗是人类各种习俗中的重要习俗之一，是人们历代传承下来的一种消费方式，可以说是人们在长期经济与社会活动中所形成的一种消费习惯。它在饮食、服饰、居住、婚丧、信仰、节日、人际关系等方面，都表现出独特的心理特征、道德伦理、行为方式和生活习惯。不同的消费习俗会产生不同的商品需要，研究消费习俗不但有利于组织好消费用品的生产与销售，而且有利于正确、主动地引导健康的消费。了解目标市场消费者的禁忌、避讳、信仰、伦理等，是企业进行市场营销的重要前提。

4) 宗教信仰

从历史来看，世界各民族消费习俗的产生和发展变化，与宗教信仰是息息相关的。宗教信仰是影响人们消费行为的重要因素，有时甚至有巨大的影响力。宗教组织有时会对一种新产品提出限制或禁止使用的强制规定，可能就是因为该产品与宗教信仰相冲突。相反，有的产品如符合宗教信仰所倡导的观念，则会得到宗教组织的赞同与支持，甚至主动号召教徒购买、使用，从而起到一种特殊的推广作用。故企业可以把影响较大的宗教组织作为重要的公共关系对象。

5）亚文化群

亚文化群是指在共同的文化传统大集团中存在的具有相对特色的较小团体。每一种社会文化的内部都包含若干亚文化群。亚文化群不仅可以划分为种族的、民族的、宗教和伦理的团体，而且可以按年龄群（如老年人、中年人、青年人等）、活动爱好（如足球迷、篮球迷、桥牌迷、围棋迷、拳击迷等）或者其他特殊的团体来划分。亚文化群实质上是一种非正式组织，但它对企业市场营销却有着重要的影响。企业可以把每一个亚文化群作为一个细分市场，采取不同策略进行市场营销活动，以更好地满足消费者需求。

社会文化环境对企业的影响是间接的、潜在的和持久的。就拿文化环境来说，它的基本要素共同构筑成文化系统，对企业文化有重大影响。例如，哲学是文化的核心部分，在整个文化中起着主导作用。我国的传统哲学基本上由宇宙论、本体论、知识论、历史哲学及人生论（道德哲学）五个方面构成，它们以各种微妙的方式渗透到文化的各个方面，发挥着强大的作用。宗教作为文化的一个侧面，在长期发展过程中与传统文化有密切的联系，在我国文化中，宗教所占的地位并不像西方那样显著，宗教情绪也不像西方那样强烈，但其作用仍不可忽视。企业对文化环境的分析过程是企业文化建设的一个重要步骤，企业对文化环境分析的目的是要把社会文化内化为企业的内部文化，使企业的一切生产经营活动都符合环境文化的价值检验。另外，企业对文化的分析与关注最终要落实到对人的关注上，从而有效地激励员工，有效地为顾客提供服务。

3.1.4 技术因素

1. 企业的科技环境

企业的科技环境是指企业所处的社会环境中的科技要素及与该要素直接相关的各种社会现象的集合。企业的科技环境大体包括四个基本要素：社会科技水平、社会科技力量、国家科技体制、国家的科技政策和科技立法。

（1）社会科技水平是构成科技环境的首要因素，它包括科技研究的领域、科技研究成果门类分布及先进程度和科技成果的推广应用三个方面。

（2）社会科技力量是指一个国家或地区的科技研究与开发的实力。

（3）国家科技体制是一个国家社会科技系统的结构、运行方式及其与国民经济其他部门的关系状态的简称，主要包括科技事业与科技人员的社会地位、科技机构的设置原则和运行方式、科技管理制度、科技成果推广渠道等。

（4）国家的科技政策和科技立法是国家凭借行政权力和立法权力，对科技事业履行管理、指导职能的方法和手段。

2. 技术因素的影响作用

技术进步的深度和广度影响到社会的许多方面。它的影响主要来源于新产品、新流程和新材料。技术方面的环境因素包括所有参与创造新知识以及将新知识转化成新的产出、产品、流程和材料的组织机构和行为。开发和应用新技术所带来的知识与能力，有时会改变整个行业，甚至促成一个行业的新生。

技术进步的步伐很快，企业迅速且彻底地研究技术环境因素很有必要。人们发现，最先导入新技术的企业通常能够获得更高的市场份额和更大的回报。因此,高层主管们必须确认他们的企业一直在密切关注外部环境,看是否有当前技术的替代技术出现,并发现可能给企业带来竞争利益的新技术。

大数据,或称巨量资料,指的是需要新处理模式才能具有更强的决策力、洞察力和流程优化能力的海量、高增长率和多样化的信息资产。19世纪以来,因为信息缺乏和信息流通受到限制,社会对数据的运用停留在抽样调查和样本分析层面,调查结果并不精准。随着互联网的发展,很多互联网公司可以获得大量有价值的数据,这开启了大数据时代。大数据时代不再采用随机分析方法,而是采用全数据的方法:样本=总体。大数据与云计算密不可分,大数据技术的战略意义不在于掌握庞大的数据信息,而在于对这些含有意义的数据进行专业化处理。大数据收集和储存是基础,大数据计算和分析才是关键。例如:IBM(国际商业机器公司)利用分析模型来确定电动汽车电池充电的最佳时间和地点;百度利用人们上网浏览的页面和输入信息来推荐广告;去哪儿网利用机票销售数据来预测未来的机票价格等。再比如,MasterCard Advisors(万事达卡顾问公司)收集和分析了210个国家和地区15亿张信用卡用户650亿条交易记录,用来预测商业发展和客户的趋势。如果一个人下午4点左右给汽车加油,那么他很可能接下来一个小时去商场购物或去餐厅吃饭,商家正是需要通过这样的信息来促销它们的产品。大数据的价值含量、挖掘成本比很重要,大数据不在于"大",而在于"有用",所以如何利用好大规模数据是赢得企业竞争的关键。

对企业来说,大数据的价值主要体现在:利用大数据进行精准营销;中、小、微企业利用大数据做服务转型;企业在互联网压力之下充分利用大数据的价值转型。在快速发展的智能硬件时代,大数据分析能够帮助企业找到功率、覆盖范围、传输速率和成本之间微妙的平衡点,帮助企业降低成本、提高效率、开发新产品、作出更明智的业务决策等。利用大数据分析客户的购买习惯、以利润最大化来定价和清理库存、收集大量客户信息等,这些对企业的业绩和发展都有好处,能帮助企业精准定位、发现客户资源、优化配置、增加业务能力和销售渠道。总之,利用大数据技术,可以增强企业的竞争力,提高企业的综合实力,对企业的生存发展将有不可替代的作用。

战略制定过程中必须考虑技术因素所带来的机会与威胁。技术的进步极大地影响到企业的产品、服务、市场、供应商、分销商、竞争者、工艺、营销方法及竞争地位。技术进步可以创造新的市场,改进和派生大量的产品,改变企业在产业中的相对成本及竞争优势,也可以使产品及服务过时。技术的变革可以减小或消除企业间的成本壁垒,缩短生产周期,并改变雇员、管理者和用户的价值观与预期。当今,没有任何企业可以将自己与发展中的新技术隔离开来。对于高技术产业来说,识别关键技术的机会与威胁是外部环境分析中最为重要的内容。因此,那些在满足营销和一般财务需求后,仅将有限的资金用于技术开发的管理者,急需扭转自己的思维方式。技术变化的脚步正在加快,实际上每天越来越多的企业被新技术所淘汰。一种日益增强的共识是,对技术进行探索和开发是企业管理者的关键责任之一,企业应当采取那些可以利用的技术优势,以便在市场竞争中取得持久的优势。

战略制定者进行的几乎所有重要决策都涉及技术问题。可以采用与在经营和投资计划中所应用的相类似的技术方法来规划及管理技术问题。对技术机会与威胁的透彻分析及对这些因素在公司整体战略中相对重要性的评估,是制定战略的基础。

企业管理实践中,有关技术问题的关键决策总是过多地被交给更低层的管理人,或者被决策人在并没有理解其战略含义的情况下作出。很多战略制定过程中,决策者更多关注市场份额、进行产品特征和价格定位、预测销售量及规模,以及对分销商进行监督,而不同程度地忽视了技术问题。这种疏忽的后果将是灾难性的,那些没能用技术迎接未来的企业,最终将发现自己的未来发展受到了技术的限制。技术的影响范围正远远超出高技术产业。从产品和市场要求来讲,一些产业看上去似乎对技术的敏感性相对较低,但它们同样都受到技术的影响。无论是排放浓烟的工业还是服务业,都必须细心监视日益增长的技术机会与威胁。

并不是所有的经济部门都同等程度地受到技术发展的影响。通信、电子、航空及制药业,较纺织、森林和冶金业就具有大得多的易变性。对于受技术快速变化影响的产业的战略制定者来说,识别和评价技术机会与威胁是外部分析中最为重要的部分。

3.1.5 人口因素

人口因素是宏观环境中最容易理解且最易于数量化的因素。人口环境趋势的影响,和其他环境因素一样,对不同的产业影响不同。企业除了分析国内人口因素之外,还应当在全球的基础上分析人口因素。人口因素主要包括人口的总数、年龄结构、性别结构、家庭结构、社会结构以及民族结构。

中国是世界上人口最多的发展中国家。人口多,底子薄,人均资源相对不足,是中国的基本国情。中国经济社会发展中的许多矛盾和问题都与人口问题密切相关。中国政府逐步完善基本养老保险、基本医疗保险、失业保险、城市居民最低生活保障制度,建立多种商业保险,形成多层次的社会保障安全网。

1. 人口总数

据2020年第七次全国人口普查结果,2020年11月1日中国人口共14.43亿,其中内地人口为14.11亿。同2010年第六次人口普查相比,内地人口10年间共增加7 206万人,年平均增长率为0.53%。比2000年到2010年的年平均增长率0.57%下降0.04个百分点。数据表明,我国人口10年来继续保持低速增长态势。中国实现了人口再生产类型从高出生、低死亡、高增长到低出生、低死亡、低增长的历史性转变。自实行计划生育以来,全国累计少出生人口4亿多,缓解了人口对资源和环境的压力,促进了经济发展和人民生活水平的提高。但是未来十几年,中国人口数量还将持续增长,年均净增1 000万人左右。预计人口总数在2027年达到峰值(14.5亿),然后才能开始缓慢下降。

2. 年龄结构

不同年龄的消费者对商品的需求不一样。第七次全国人口普查公报(第五号)显示,现阶段我国人口年龄结构的显著特点是:我国人均寿命从1949年的35岁提高到现在的70岁左右,人口死亡率由1949年的20‰降到现在的7‰左右。2020年,中国15~59岁人口比例为63.35%,与2010年相比下降了6.79个百分点;0~14岁人口比例为17.95%,

比2010年上升了1.35个百分点；60岁及以上人口比例为18.7%，比2010年上升5.44个百分点。① 我国少儿人口比重有所回升，生育政策调整取得了积极成效。但青少年人口比重逐渐降低，老年人口比重不断增加，人口老年化程度进一步加深。到21世纪中叶，我国将出现人口老化现象，转变为老年型人口，而且人口老化速度将大大高于西方发达国家。反映到市场上，老年人产品诸如保健用品、营养品、老年人生活必需品等市场将会兴旺。

3. 性别结构

我国人口男女性别比不仅显著高于发达国家，而且稍高于某些发展中国家。我国最近的三次人口普查的性别比分别为：106.74（2000年），105.20（2010年），105.07（2020年）。近年来，男女性别比呈下降趋势。

4. 教育结构

中华人民共和国成立后，中国人口素质的改善是从一个较低水平开始的，随着我国社会经济的迅速发展、人民物质文化生活水平的不断提高，中国人口的身体素质和科学文化素质都有了明显提高。第七次全国人口普查公报（第六号）显示，2020年，中国15岁及以上文盲和半文盲人口为37 750 200人，占总人口的比重为2.67%，比2010年的4.08%下降1.41个百分点；每10万人中具有大学文化程度的人由2010年的8 930人上升为15 467人，具有高中文化程度的人由14 032人上升为15 088人。尽管我国人口素质有了明显的提高，但整体科学文化素质仍然处于较低水平，15岁以上人口平均受教育年限为9.91年，与发达国家相比，还存在较大差距。②

5. 家庭结构

家庭是购买、消费的基本单位。家庭的数量直接影响到某些企业的运作。目前，世界上普遍呈现家庭规模缩小的趋势，越是经济发达地区，家庭规模就越小。欧美国家的家庭规模基本上户均3人左右，亚非拉等发展中国家户均5人左右。③ 在我国，"四代同堂"现象已不多见，"三位一体"的小家庭则很普遍，并逐步由城市向乡镇发展。家庭数量的剧增必然会引起对炊具、家具、家用电器和住房等需求的迅速增长。

6. 社会结构

由于自然地理条件以及经济发展程度等多方面因素的影响，人口的分布绝不会是均匀的。我国人口分布格局，如果从黑龙江省的瑷珲到云南省的腾冲划一条直线，该线的西北约占全国总面积的64%，但人口只占全国总人口的4%。③ 而该线的东南，占总面积36%的土地上生活着96%的人口，人口密度逐渐由东南向西北递减。

由于各地的气候和风俗不同，其市场需求也体现出明显的不同，如南方人以大米为主食，北方人以面粉为主食；江、浙、沪沿海一带的人喜食甜，而川、湘、鄂一带的人则喜辣。

---

① 资料来源：国家统计局. 第七次全国人口普查公报（第五号）[EB/OL]. (2021-05-11). http://www.stats.gov.cn/sj/zxfb/202302/t20230203_1901085.html.

② 资料来源：国家统计局. 第七次全国人口普查公报（第六号）[EB/OL]. (2021-05-11). http://www.stats.gov.cn/sj/tjgb/rkpcgb/qgrkpcgb/202302/t20230206_1902006.html.

③ 资料来源：宏观营销[EB/OL]. https://vibaike.com/2986/.

农村是个广阔的市场,有着巨大的潜力,是任何一个企业都不能忽视的。我国的农村人口基数大,约占总人口的36%。近几年,中国政府扶贫开发工作取得明显成效,现行标准下9 899万农村贫困人口全部脱贫,832个贫困县全部摘帽,12.8万个贫困村全部出列,区域性整体贫困得到解决(摘自:2022年6月,中宣部举行的"中国这十年"新闻发布会)。

随着经济的活跃和发展,人口的区域流动性也越来越大。在发达国家,除了国家之间、地区之间、城市之间的人口流动外,还有一个突出的现象就是城市人口向农村流动。在我国,人口的流动主要表现在农村人口向城市或工矿地区流动、内地人口向沿海经济开放地区流动,人口城市化加快。人口城市化是指一个变农村人口为城市人口,或变农业人口为非农业人口,由农村居住变为城市居住的人口分布变动的过程。1980年以前,我国人口城市化进程缓慢,城市化程度处于较低水平。20世纪80年代以来,随着经济的繁荣、工业化的发展,农村大量剩余人口涌入城市,使城市人口迅速增加。我国2020年城镇人口占总人口比例为63.89%,与2010年相比,城镇人口比重上升14.21个百分点。[①] 另外,经商、观光旅游、学习等使人口流动加速。对于人口流入较多的地方而言,一方面由于劳动力增多、就业问题突出,从而加剧行业竞争。另一方面,人口增多使当地基本需求量增加,消费结构也发生了一定的变化,继而给当地企业带来较多的发展机会。

7. 民族结构

我国有56个民族。民族不同,其生活习惯、文化传统也不相同,反映到市场上,就是各民族的市场需求存在着很大的差异。

3.1.6 全球化趋势

全球化经营也就是战略制定、实施和评价活动在世界范围内实行一体化的过程。战略决策所基于的,应当是它对公司全球盈利能力的影响,而不只是对国内经营或在其他某国经营的影响。全球化战略力求以最低的成本和最高的价值满足全球用户的需求。这意味着企业要尽可能在劳动力成本较低或自然资源丰富的国家进行生产,在拥有科学家和工程师的国家从事研究和进行复杂的工程试验,以及在接近目标市场的国家进行营销活动。全球化战略还要以在设计、生产和营销产品等方面满足全球需要为目标,而不只是考虑个别国家的需求。全球化战略将与竞争者对抗的行动贯穿于全球化的计划中。

2020年,新冠疫情对全球产生了较大冲击,特别是对全球化、全球产业链、供应链造成连锁冲击。如果从历史视角和疫情冲击视角来观察全球化进程,可以总结为"趋势永不死,只是在变形"。经济全球化是大势所趋,但会出现阶段性回潮。

18世纪以来,全球化是世界经济发展最波澜壮阔的大趋势。以全球出口占全球GDP比重来衡量,全球化进程大体分为五个阶段。

(1) 1870—1914年的1.0起步阶段,是以欧洲中心化和资本主义殖民化为特征的阶段,在以蒸汽机和其他先进技术为主要内容的第二次科技革命推动下,经济一体化程度有所提高,使得更多商品以更低的价格在市场之间流通。

---

① 资料来源:前瞻网.七普数据:中国城镇化率超全球平均 城镇人口创新高![R].2021.

(2) 1914—1945年的2.0回潮阶段,全球化出现阶段性回潮,造成了全球经济的混乱,其中包括第一次世界大战、1918年西班牙大流感、新的移民限制、1929年的大萧条以及20世纪30年代贸易保护主义的严重爆发。这些动荡削弱了经济一体化进程,世界经济遭受重创。

(3) 1945—1980年的3.0重启阶段,是以美苏争霸和区域经济一体化为特征的阶段。在第二次世界大战结束后的35年中,美国牵头建立了新的经济合作机制,如关税及贸易总协定、国际货币基金组织、世界银行等国际机构,使各国能够再次开放经济,进行贸易和投资,推动经济一体化的重启。

(4) 1980—2008年的4.0高潮阶段,是以美国中心化、世界经济一体化为特征的阶段。从里根总统执政起,"里根经济学"登上舞台,财政政策采用供给学派,货币政策采用货币主义,精简税制和大幅减税轰轰烈烈,削减福利和政府财政支出,缩小政府规模,扩大国际市场,积极推行全球化,取消对全球资金流动的控制,全球化开启了第二次世界大战后的第二波快速发展。以中国和印度为主的新兴经济体成为新的增长力量,全球化大生产不断扩张,全球价值链的深度和广度都持续夯实,表现为全球价值链参与度不断提高的同时,价值链长度也在快速延长。同时,中间品贸易开始超越最终产品,逐渐成为国际贸易的主要组成部分。本轮全球化进程中,中国逐渐发展为世界工厂,成为全球价值链和国际贸易的中心之一。

(5) 2009—2020年的5.0稳定阶段,全球化4.0有所放缓,逐渐转向以美国与中国为核心。2008年金融危机后,全球化开始进入稳定期,全球贸易开放度不再显著提高,甚至出现轻微下滑,各国全球价值链参与度也开始下行,全球价值链开始面临一定的挑战。这个阶段有三大特征:一是保护主义、民粹主义等思潮开始盛行,贸易保护主义抬头;二是全球贸易增速放缓;三是外商直接投资(FDI)流动总体趋缓。金融危机使国际贸易信用体系受到严重冲击,FDI流量持续下滑。2020年发生的新冠疫情,使各国更加意识到安全性目标的重要性,加速了全球产业链的本土化回潮进程。

然而,当各国的空间以及社会空间的缓冲带破碎并在一定程度上消失时,逆全球化的阶段就会到来。逆全球化是指把全世界各国及地区因为全球化而导致的相互依赖及整合回退的一个过程。逆全球化阶段的出现主要有以下几个方面的原因:①世界各国及地区的社会发展阶段不均衡,甚至处于不一样的文明阶段,逆全球化因此成为反对者的优先政治目标;②在全球化的基础上,各国及地区势必跟进推出社会、产业、经济的重组和改革,但很多国家及地区没有实现这样的重组和改革,而是将矛盾归结为全球化;③很多国家及地区的成本上升过快,造成产业效率下降,迫使产业迁徙、搬离、回归和在全球重组;④政治改革滞后,因为政治改革必然触及社会结构,从而引发地动山摇的反应;⑤金融改革滞后,无法适应全球化的要求,导致世界金融资本开始择优转向。逆全球化是客观存在的,不过,这种逆全球化并不意味着全球化的终结,也难以阻挡全球化的进一步发展。

当前,世界正在发生从旧全球化向新全球化的转换,新全球化呈现出全新的发展态势。新全球化意味着参与更平等、发展更包容、成果更共享。参与更平等意味着新全球化的参与主体是多元的。当前,主权国家依然是国际社会最主要和最重要的行为主体。一直以来,国家主权原则都是国际法最重要的基本原则,在新全球化的过程中,这一原则无疑将会得到更好的实行,新全球化也会为国家主权平等创造更好的条件。发展更包容是新全球化非常突出的特点。一方面,新全球化的发展要承认各国及地区发展水平和发展条件的差异性,并且要尊重各国及地区人民对于社会发展和经济发展模式的自主选择;另一方面,新全球化的发展推动所有国家及地区的共同发展,即可以推动发展中国家及地区和发达国家及地区共同发展。成果更共享是新全球化关注的重要问题。从结果导向看,发展成果要实现所有国家及地区、所有人民的共同享有。只有这样,才能避免陷入传统全球化的困境之中,避免发展不平衡伤及世界经济本身和各国及地区人民的根本利益。党的二十大报告提出,要"营造市场化、法治化、国际化一流营商环境"。新全球化使得市场化竞争逻辑与包容性发展实现了有机契合,有助于国际政治经济秩序更加公正合理,进而提高全球资源配置效率,促进世界经济发展与和平进步。

3.2 产业环境分析——波特五力分析模型

除了宏观环境之外,管理者还必须考虑产业环境(有时也指行业环境)。产业是由一组生产相同产品、相似产品或者替代品的企业构成。在竞争过程中,这些企业的决策等行为相互受到影响。一般来说,每个产业内部都有很多种竞争策略组合,企业可以运用这些策略以获得竞争优势和超额利润,这些策略之所以被采纳,很大部分是由行业的特征所决定的。与宏观环境相比,一个产业中竞争的性质和公司的营利性,受行业环境的影响更为直接。

扩展阅读 3.2 雅迪电动车、飞鹤奶粉

根据迈克尔·波特的产业结构理论,一个行业的竞争程度和行业利润潜力可以由五个方面的竞争力量反映并决定,最强的一种或几种作用力占据着统治地位,并且从战略形成的观点来看起着关键性的作用。这五种竞争作用力(competitive forces)分别是竞争者威胁、进入者威胁、替代产品的压力、供方议价能力、买方议价能力,如图 3.3 所示。

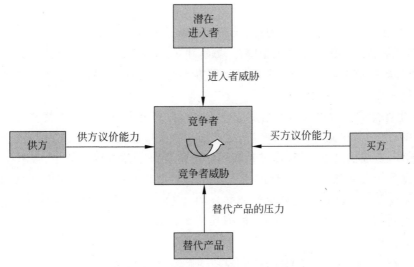

图 3.3 波特的产业竞争五力模型

(资料来源:波特.竞争战略[M].北京:中信出版社,2019.)

3.2.1 竞争者威胁

行业中现有企业之间的竞争是最直接也是最重要的威胁因素。企业间的竞争一般采取两种方式：价格竞争和非价格竞争。价格竞争通过降低价格、减小毛利率而侵蚀利润，导致大多数企业盈利下降甚至亏损，是最惨烈的竞争形式。非价格竞争通常采用加快新产品开发、提高产品质量和性能、增加服务内容等手段，使产品成本提高而利润减少。由于高成本往往可能通过高价格的方式转嫁到顾客身上，所以非价格竞争侵蚀利润的程度一般不及价格竞争。

如果一个行业具有以下几个特征，则竞争的激烈程度将会加剧。

(1) 竞争对手势均力敌或者数量众多。

(2) 产业增长缓慢。在一个快速成长的行业中，市场容量不断增大，市场空白点也很多，每个企业都有增长的机会。所以，企业关注的是如何充分利用自己的资源去满足现有或潜在客户的需求，而不是去挖竞争对手的客户。但是，当行业增长缓慢时，蛋糕很难继续做大，力图增长的企业必须从对手手中抢夺市场份额。这种瓜分既定大小蛋糕的过程往往是十分激烈的，会带来迎头相撞的剧烈的正面竞争。

(3) 高固定成本或高库存成本。一个行业的成本结构也会对竞争产生影响。如果总成本中固定成本所占比例高，企业将尽力扩大产量以分摊固定成本。即使当需求萎缩时，企业也不愿减少产量。因为如果只有一家企业减少产量而其他企业都保持高产量，这家企业将面对很大的成本劣势。这种原因而形成的过剩能力往往不得不以降价、打折的方式消化。对于易腐品、季节品和其他存储成本高的产品，企业常常被迫降价促销，以尽快出手。

(4) 缺乏产品差异及顾客转换成本低。当一个行业的产品差异化困难、企业生产大致相同的标准化产品时，顾客有多种选择，缺乏品牌忠诚。而且，顾客的选择往往以价格为基础，迫使企业不得不进行激烈的价格竞争。转换成本与产品差异有直接联系。如果两种产品有较大的差异，当顾客从现在的产品转而使用其他产品时，需要重新投资并花费大量的时间和精力重新培训、学习，造成顾客的转换成本。例如，近年来电子商务的迅猛发展使得消费者获取信息难度大幅降低，顾客更容易从一家网络商家转向另一家网络商家。为增加转换成本，一些企业采取增加顾客参与的方法，使顾客付出更多的时间和精力，从而使其更难转向其他商家。

(5) 生产能力只能以大增量增加或行业中存在剩余生产能力。在某些行业（如化工、钢铁业）中，由于存在显著的规模经济，生产能力每次只能大规模增加，这可能会打破原来的供求平衡，造成供过于求，从而带来激烈的价格竞争。在有些行业中，现有生产能力已经过剩，竞争异常激烈。例如，我国新能源汽车需求增长明显滞后于产能增长，2021年底，我国新能源汽车已有及规划总产能共计约3 700万辆，市场销量为354.5万辆，按此计算，产能利用率仅为10%左右。[①] 根据乘用车市场信息联席会、公安部交通管理局预

[①] 资料来源：近九成产能闲置，供需缺口达1.3亿，新能源汽车产能究竟是过剩还是紧缺？[EB/OL].(2022-04-22). https://nev.m.ofweek.com/2022-04/ART-71008-8420-30558428.html.

测,到2025年,我国新能源汽车市场规模将达到530万辆,而产能为3 661万辆,明显过剩。①

(6) 竞争者的多样性。一个行业中不同企业的战略愿景、使命、目标、所拥有的资源、所采用的战略及所依据的文化和价值观各不相同。企业的多样性越大,竞争的多变性和不确定性就越大。行业中总有一家或多家"独行侠",它们往往会采取非传统的战略和竞争行动,从而使得行业竞争的可预见性降低,竞争更加活跃。有时,有些企业为了试探竞争对手的反应而采取某些竞争行动;有时,对某些企业战略意图的误解会引发一场波及全行业的惨烈竞争。

(7) 高额的战略利益。竞争的激烈程度与某一战略的回报大小成正比。某一战略的回报越高,某些企业就越可能采用这一战略;而其他企业采取回应行动的可能会越大,速度会越快。如果某个订单很大,而且机会稀少,那么竞争者将会不惜代价拼命去争夺;相反,如果每单生意都不是很大,而且机会经常有,对手之间的竞争就会比较平和。当进入一个新的行业或新的地区市场时,对于一个企业在战略上特别重要,该企业将会采取激烈的竞争手段。

(8) 退出壁垒高。有时,即使一个行业的营利性很低甚至亏损,企业仍会继续留在该行业中竞争。这很可能是因为退出壁垒和退出成本很高,企业别无选择。由于竞争者数量不能减少,行业中的激烈竞争将会持续下去。常见的退出壁垒有以下几种。

① 专用性资产。资产涉及具体业务或地点的专用性高,则其清算价值低,或者转移及转换成本高。

② 退出的固定成本。这方面包括劳工协议、重新安置的成本、备件维修能力等。

③ 内部战略联系。其指某经营单位与公司其他经营单位在市场形象、市场营销能力、利用金融市场及设施共用等方面的内部相互联系。这些因素使公司认为继续留在该产业中具有战略重要性。

④ 感情障碍。管理层不愿从纯经济角度公正地作出撤退决策,其影响因素有与某具体业务的融洽程度、对雇员的忠实程度、对自己事业的担忧、骄傲及其他原因。

⑤ 政府及社会约束。这里包括政府出于对事业和对区域经济影响的关注而对撤出的否决与劝阻。

3.2.2 进入者威胁

新进入者是新进入一个行业或很有可能即将进入一个行业的企业,是潜在的竞争对手。新进入者会带来新的生产能力,瓜分现有企业的市场份额,减少市场集中度,从而加剧行业竞争、降低行业利润。

一般来说,新进入者进入某一行业的诱因是该行业或该行业中某些企业正在赚取高于社会平均水平的利润。如果没有任何阻碍,只要该行业存在超额利润,进入就会继续下去,直到该行业的利润趋于正常水平。当然,进入总会产生成本。如果进入一个行业的成

---

① 资料来源:新能源产业链业绩暴增:新能源汽车产能过剩了吗?[EB/OL].(2021-10-09). https://nev.ofweek.com/2021-10/ART-71000-8500-30528596.html.

本高于可能获得的利润,进入就不会发生;如果进入成本低于进入收益,进入就会发生,直到由进入该行业所带来的收益低于进入成本。

进入威胁取决于进入成本,而进入成本又取决于进入壁垒的高低和行业中现有企业对进入者的预期反应。进入壁垒是结构性的进入障碍,由行业结构特征决定。现有企业的预期反应是战略性的,是现有企业针对进入所采取的行动和反应。常见的进入壁垒有以下几种。

1. 规模经济

规模经济指某种产品的单位生产成本随着产量的增加而下降的现象。随着每个时期生产产品的绝对数量的增加,单位产品成本下降。这迫使进入者必须大规模生产,承受现有企业猛烈反击的风险,或者是接受小规模进入导致的成本劣势。两者都不是可取的选择,从而阻止新的进入。

典型的规模经济曲线呈 U 形,如图 3.4 所示。Q_1 点所在规模称为"最小最佳规模";Q_2 点所在规模称为"最大最佳规模";Q_1 与 Q_2 之间可称为"最佳规模区间",企业规模处于该"区间"内的任何一点都是适度的。

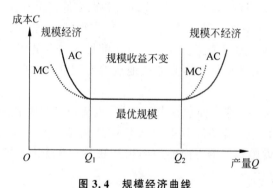

图 3.4 规模经济曲线

例如,某个国家的钢铁行业现有 4 家企业(每家企业只有一家工厂),经济规模(X)为 500 万吨,行业总需求为 2 300 万吨。目前,行业总需求(2 300 万吨)高于总供给(4×500 万吨=2 000 万吨),供不应求,现有企业将赚取高于正常水平的利润。

对于潜在进入者而言,有两种可能的选择:一是以 500 万吨的经济规模进入,不过,此时行业总供给将会提高到 2 500 万吨(5×500 万吨)。如果行业总需求不相应增加,仍为 2 300 万吨,将出现供过于求,行业中所有企业(包括现有企业和新进入者)的利润都将下降到低于正常水平。二是以低于经济规模的水平(比如 200 万吨)进入,行业总需求仍高于总供给(2 200 万吨),现有企业仍可盈利,但是,新进入者的生产成本将大大高于现有企业,极有可能陷入亏损。面对这种选择的不利前景,潜在进入者将会选择不进入。

当然,潜在进入者至少有三种方法可以克服规模经济的制约:一是提高行业总需求;二是采用新的生产技术,降低经济规模(将规模经济曲线向左移动);三是使产品差异化,从而提高产品价格来抵消高成本。但三种方法都需要大量的投资,要承担很大的风险。第一种方法还很可能存在所谓的"搭便车"问题。

2. 产品差异

当目前的竞争者拥有强大的品牌认知和顾客忠诚时,差异化成为进入的壁垒,迫使进入者花费大量金钱用于克服当前的顾客忠诚。

3. 资源要求

竞争需要大量的资源,形成了进入壁垒,特别是当风险很大或主要用于不可回收的广告或研究与开发时。

4. 转换成本

由一个供应商转向另一个供应商时,购买者需要支付的一次性成本,也形成了壁垒。

5. 进入分销渠道

新进入者必须获得分销渠道,这也是壁垒。

6. 政府管制

政府能够限制甚至封锁对某一产业的进入,如铁路运输、航空、电信、电力等。政府也能够通过对一些行业标准的设定来限制企业对某一行业的进入,如制药产业、造纸行业、钢铁行业等。目前在中国的医药行业有一系列的法规对药品生产行业进行规范,如药品经营企业(包括子公司从事的医药经营)必须按照药品监督管理部门制定的《药品经营质量管理规范》从事经营活动,药品监督管理部门按照规定对药品经营企业是否符合《药品经营质量管理规范》的要求进行认证,对认证合格者发给认证证书,只有持有认证证书的药品经营企业才能从事药品经营。这些规章制度极大地降低了一些企业向医药行业进行多元化经营的可能性。

7. 与规模无关的成本劣势

已立足企业具有一些潜在进入者无法比拟的成本优势,无论它们大小如何,以及是否已获得规模经济优势。如专有的产品技术、原材料来源优势、地点优势、政府补贴、学习或经验曲线(也叫学习曲线)等。

经验曲线是指当某一产品的累积生产量增加时,产品的单位成本趋于下降。显然,制定企业战略时,需了解企业各种业务的经验曲线效应如何。经验曲线的概念产生于第二次世界大战时期。当时,美国军队对飞机的生产效应问题进行了研究。这项研究表明,随着飞机装配的数量增多,单位劳动成本下降。后来,波士顿咨询公司和其他许多学者对这一问题进行了深入研究。结果表明,不仅企业的劳动成本可以通过熟练地操作和学习而下降,而且成本中的其他影响因素也同样会发生变化。

随着经验的增加,能够形成单位成本下降的趋势有如下三个原因。

(1) 劳动的效率。随着工人不断地重复某一活动,他们知道如何操作以及如何更好地操作,因此劳动的效率大大提高。这一点,不仅体现在装配生产线上,而且在各个层次的管理职能上也是如此。

(2) 工艺的改进。企业改进工艺的范围很广,既可以改进现有的生产方法,也可以彻底改善所用的设备甚至工厂。经验曲线还会使会计部门设计出更完善的控制系统,使市场营销系统更好地利用广告媒介。

(3) 产品的改善。企业可以通过改善各种生产方式,生产出更标准化的产品。

在半导体等行业中,学习和经验效应非常明显,累积产量增加 1 倍,单位生产成本往往会降低 20％左右。这样,如果第一批 100 万件产品的单位成本为 100 元,那么当产品累积达到 200 万件时,单位成本就是 80 元(100 元×80％),当累积产量为 400 万件时,单位成本就是 64 元(80 元×80％)。如果某一行业的特点是生产制造过程中的经验能够取得巨大的经济效益,那么,当该行业中的某个公司首先生产某种新产品,然后成功地制定和实施某种战略而获取了最大的市场时,它就可以成为一个低成本生产商,获得由此带来的持久竞争优势。如图 3.5 所示,经验曲线效应越大,累积产量最大的公司所获得的成本优势就越大。

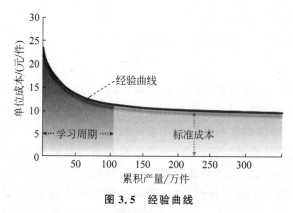

图 3.5　经验曲线

企业绘制经验曲线,需要有一定时期内的产品和以不变价格计算的单位成本。在绘制经验曲线的过程中,最困难的工作是收集数据。首先,企业要确定所要研究的产品对象,即是将所研究企业的所有类型的产品都绘制在同一个经验曲线上,还是将每个类型的产品单独绘制出来,或是只将其中的某些部件的曲线绘制出来?关键在于企业所要分析的对象,以及企业所要考虑的竞争战略。其次,要收集一定时期内与产量有关的成本数据。根据绘制经验曲线的要求,产品的现行价格要换成不变价格。但是,企业有时由于内部变动或会计方法的变革而找不到原始数据。在这种情况下,为了分析进入该行业的障碍,需要估计某经营业务的经验曲线。假设产品的市场价格与产品的成本有着某种固定的联系,管理者可用不变价格的产品价格代替不变价格的成本。

值得注意的是,产品的经验曲线与规模经济往往交叉地影响产品成本的下降水平。但是,这两者在两个非常重要的方面有着截然不同的区别:一是经验曲线导致成本下降的原因是在一定期间内生产产品的累积数量,而规模经济促成成本下降的原因是在某个时间里生产产品的数量。二是在促使成本下降的方式上有两种不同的现象。规模经济导致成本下降的原因是,产品数量增加后,分摊到每个产品的固定成本金额减少。而经验曲线导致成本下降的原因主要是管理水平的提高。如果管理不善,成本还有可能上升。例如,企业在流水线上生产产品,可以比较容易控制生产过程,使成本下降。但是,如果不能不断地激励职工并且保持必要的职工人数,经验曲线便不会成立,成本也会上升。为了分析和测定经验曲线促使成本下降的管理效应,企业可以运用价值分析法。

3.2.3 替代产品的压力

在很多产业,企业会与其他产业生产替代产品的公司开展直接的竞争。例如,塑料盒制造商与玻璃盒、纸盒和铝盒制造商之间的竞争等。替代产品的存在为产品的价格设定了上限,从而限制了一个产业的潜在收益,当产品价格超过这一上限时,用户将转向替代产品。

当替代产品价格下降或用户改用替代产品使成本下降时,替代产品带来的竞争压力将会增大。衡量替代产品竞争优势的最好尺度是替代产品进入市场后所得到的市场份额,以及竞争公司增加生产能力和加强市场渗透的计划。

波特指出识别替代产品是一项非同寻常的工作,有时候需要分析与该产业看上去比较无关的行业。例如,令证券经纪人感到威胁的替代品就包括不动产、保险业、货币市场基金以及其他个人资本投资方式。同时尤其需要注意的替代品如下。

(1) 改善产品价格、性能比,从而拥有排挤原产业产品趋势的替代品。

(2) 由营利性很高的产业生产的替代品。如果环境发生了变化,引起产品价格下跌或其性能的变化,那么替代品将会脱颖而出。

3.2.4 供方议价能力

供应商议价力量会影响产业的竞争程度,当存在大量的供应商,好的替代原材料少,或者改用其他原材料的转换成本很高时更是如此。供应商和作为购买者的生产商之间可通过合理的价格、更好的产品质量、开拓新的服务项目、及时供货及降低库存成本等方式互相帮助,这能使双方同时受益,并实现各个方面的长期盈利。为获得供应商的所有权和控制供应商,公司可能会采用后向一体化的战略。当供应商不可靠,供货成本太高,或不能持续、一贯地满足公司需求时,采用这一战略尤为有效。在特定产业中的竞争公司普遍采用后向一体化战略的情况下,企业在与供应商进行谈判时通常处于更为有利的地位。具备下述特点的供应商将更强有力。

(1) 供应商产业由几个公司支配,且其集中化的程度比买方产业高。

(2) 供应商在向某产业销售中不必与替代产品竞争。

(3) 该产业并非供方集团的主要客户。

(4) 供应商的产品是买方业务的主要投入品。

(5) 供应商的产品已经歧异化或已建立起转换成本。

(6) 供应商表现出前向整合的现实威胁。

3.2.5 买方议价能力

买方的产业竞争手段是压低价格、要求较高的产品质量或索取更多的服务项目,并且从竞争者彼此对立的状态中获利,所有这些都是以产业利润作为代价的。产业的主要买方集团每一成员的上述能力的强弱取决于众多市场情况的特征,同时取决于这种购买对于买主整个业务的相对重要性。如果出现如下情况,某一买方集团就是强有力的。

(1) 相对于卖方的销售量而言,购买是大批量和集中进行的。
(2) 买方从产业中购买的产品占其成本或购买数额的相当大一部分。
(3) 从产业中购买标准的或歧异性产品。
(4) 买方转换成本低。
(5) 买方盈利低。
(6) 买方采取后向整合的现实威胁。
(7) 产品对买方产品的质量及服务无重大影响。
(8) 购买者掌握充分的信息。

经过对五种竞争作用力的分析,企业应当能够对该行业的吸引力作出判断,看是否有机会获得足够甚至超常的投资回报。一般来说,竞争力量越强,行业中的企业能够获得的回报就会越低。典型的吸引力不高的行业具有低的进入障碍,供应商和买方有强的讨价还价能力,来自替代品的竞争很强,而且行业内竞争对手之间的竞争程度很高。这些行业特征使得企业很难在其中获得战略竞争力和超额回报。相反,有吸引力的行业通常具有高的进入障碍,供应商和买方没有什么讨价还价能力,替代品的竞争很弱,竞争对手之间的竞争程度中等。

要进行有效的行业分析,分析家必须收集大量的信息和数据,并对其进行仔细研究和解读。由于全球化的重要影响,国际市场和竞争状况也应当包括在企业的分析之中。研究表明,在某些行业,国际的变化因素比国内的因素对战略竞争力的决定作用更大。而且,随着全球化市场的形成,国家的界线已经不再能限制行业的结构。

波特五力分析内含的假设是一种零和游戏,决定了公司如何提高相对于其他力量的位置。然而这种方法可能是短视的:它可能忽视掉与供应商和客户建立一种建设性的双赢关系的许多潜在的利益。与供应商建立长期的有利于双方的关系提高了公司实施及时(Just-In-Time,JIT)存货系统的能力,这使得公司更有效地管理存货,并对市场需求迅速作出回应。一项研究发现,如果公司过分利用它相对于供应商强有力的位置,一旦力量位置发生改变,将反过来不利于公司。而且,供应商与生产商作为合作伙伴,将因实现最低可能成本而获得最大价值。

3.3 竞争环境分析

3.3.1 战略群组分析

行业环境分析强调了产业所具有的特征,但是忽略了同一产业内不同企业的差别。研究表明,在同一产业内没有两家企业是完全相同的,也没有两家企业是完全不同的,产业内部的企业某个方面上存在着某种程度的相似性。许多产业内存在着企业竞争行为比较相似的企业群组,这些群组构成了产业的次结构。1972年,美国学者汉特(M. Hunt)在其博士论文中首次使用战略群(strategic group)的概念,对产业的次结构进行研究,用以解释一个产业内部为何还存在着明显的收益差别。这种分析由于

扩展阅读3.3 祁县红海玻璃

能够很好地解释企业的战略行为和经营业绩为什么会有显著差别,逐渐发展成为一种重要的战略分析工具。

1. 战略群组的概念

战略群组是指那些具有相似战略特征的企业组成的群组。战略群组是对企业进行分类的结果,同一群组内的企业未必有什么联系,一个群组内也可以只有一个企业。战略分组即把产业内的企业分为特征不同的若干群组,进而归纳每组的特征,研究群组内部和群组之间的竞争关系,以便企业更好地判明竞争形势。

有关战略分组的实证研究表明,许多产业内的确存在着多个战略特征截然不同的战略群组。透过这种次一级的结构分析,人们可以把产业内的竞争关系分解为群组内企业的竞争和群组间企业的竞争。产业内部的竞争强度除了受前述一般因素的影响外,还与各战略群组以及群组内企业的市场是否重合有关。群组内企业数量多,面对的又是同一组顾客,群组内竞争就会加剧,各个企业的利润受到的威胁就越大。两个战略群组面对的若是同一组顾客,一个战略群组内企业的行为就会波及另一个战略群组,引发战略群族间的竞争。有些情况下,战略群组内企业的战略特征虽然相近,但面对的市场相互分离,例如吉尼斯(Guinness)和阿尔巴尼(Albani)两家企业都在同一个行业——酿酒业中,但是它们不是竞争者。吉尼斯公司是一个公开上市的跨国饮料集团,而阿尔巴尼公司属于创建者,并且其市场是面向丹麦的国内市场。

2. 战略群组分析工具的应用价值

战略群组概念作为一种重要的分析工具,不仅在理论上具有十分重要的意义,在实践中也具有非常重要的应用价值。

(1) 帮助企业确定一个保护本群组免受其他群组攻击的移动障碍(mobility barriers)。移动障碍即企业从一个群组移向另一个群组所必须克服的障碍。企业如果不甘心自己所处的地位,想要获得其他方面的发展,则会向理想的战略群迈进,但是要受到在不同的战略群之间的移动障碍制约力量的限制。例如我国饲料产业,规模中等、只生产饲料的企业向规模大、同时经营养殖业的群组转移时,进入养殖业所需要的投资、专业技术和市场开发经验,就构成了主要的移动障碍。

移动障碍其实就是企业竞争优势的位差,它的存在说明了为什么各战略群的收益水平会有差别。难以逾越的移动障碍保护了一些企业免遭过度竞争的干扰,把另外一些企业置于竞争旋涡之中。对于后进企业来说,认清移动障碍有着特殊的意义。后进企业要赶上并超过领先企业,首先要了解领先企业竞争优势的来源与构成,然后才可能寻找到克服这些障碍的途径。无数企业的成败经验反复说明了一个道理,没有持久不变的竞争优势,也没有绝对不可克服的障碍。

(2) 帮助企业识别竞争位置薄弱或稀薄的群组。根据各种资料可以判断这些竞争者将退出产业或试图进入其他群组。近年来的零售百货业正是这样的,例如,J. C. 彭尼(J. C. Penney)公司和蒙哥马利·沃德(Montgomery Ward)公司都经历了极度困难的时期,因为它们在中间徘徊,两家公司都不是像沃尔玛那样活跃的折扣商店,也不是像内曼·马库斯(Neiman Marcus)公司那样声名显赫的高档商场。沃德公司的战略地位是如此脆弱,以至于最终退出了曾经经营一个多世纪的零售业务。

(3) 有助于描绘出企业战略或者企业群组的未来方向。由每一个战略群组发出的未来发展的指示方向代表了这个群组(或这个群组的企业)可能前进的方向。如果所有的战略群组都向相似的方向移动,这意味着各群组可能采用相似的竞争手段,未来竞争非常激烈,产业形势极其动荡不安。例如汽车产业,近年来因为许多公司加入了微型车和越野车的生产,导致该行业竞争加剧。

(4) 有助于把战略群组作为一个整体,对产业趋势进行彻底的思考。产业趋势使得战略群组的生存能力降低了吗?如果是这样,战略群组该向哪个方向前进?产业趋势是提高还是降低某个战略群组的进入壁垒呢?这种趋势将会降低本群组与其他群组的区分能力吗?这样的分析有助于预测产业演变。比如,大幅度提高利率对高价格产品提供者(如保时捷公司)的影响比低价格产品提供者(如现代公司)的影响要小,因为现代公司的客户群对价格更敏感。

3. 战略群组分析示意图

战略群组分析示意图是一种非常有用的方法,它将一个产业的竞争以作图方式表现出来,用于了解产业如何变化或今后趋势会怎样影响它,如图3.6所示。

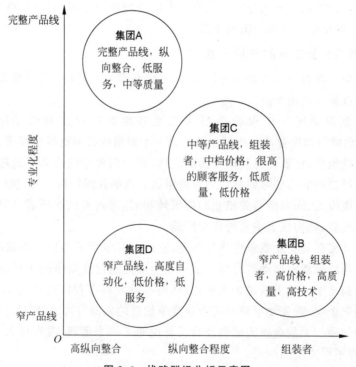

图3.6 战略群组分析示意图

(资料来源:戴维.战略管理:概念与案例[M].徐飞,译.13版.北京:中国人民大学出版社,2012.)

战略群组分析示意图可以在二维平面上用两个维度来构建。其维度,即战略集团的划分指标,波特认为可以采用如下指标:产品的差异化程度、品牌知名度、产品质量、成本状况、服务质量、价格、财务杠杆、所使用的分销渠道、纵向一体化的程度、技术领先程度、研究开发能力、子公司与母公司的关系、与本国政府及东道主政府之间的关系等。为了清楚地识别不同的战略群组,通常选择两项具有代表性的指标来绘制二维图,其指标并不限于以上几个,重要的是选取的指标要能够有效地描述公司处境的总体轮廓。例如,在无线广播市场,针对消费者对不同音乐形式的偏好,或者对不同类型节目(新闻节目、谈话节目等等)的偏好,会有不同的细分市场。据估计,现今有 30 种不同的广播形式,这意味着有 30 个战略群组。

在构建战略集团图时,必须选择少量战略变量作为作图的指标。

(1) 作图时选择的最佳战略变量应该能够对产业移动壁垒起决定作用。如软饮料产业关键壁垒在于品牌的知名度和分销渠道,因此它们就可选用为战略集团分析图的维度。

(2) 被选定的两个变量不能具有很强的相关性。例如,如果一切实行产品歧异化的公司都具有宽产品系列,则不应当将这两个变量都作为指标,而应把反映产业中战略组合多样化程度的变量选为划分指标。

(3) 变量无须一定是连续或单调的,但是被选定的变量应该能体现各企业所定位的竞争目的之间有较大差异。例如,图 3.6 中选用"专业化程度"和"纵向整合程度"两个指标就很好地区分了某一行业中各个企业的不同特征。

(4) 如果比较合适的竞争变量大于两个,则可以绘制多张战略群组图,从不同的角度来反映行业中的竞争者地位的相互关系。利用战略方向的各种组合,分析家可认识最关键的竞争问题。必须认识到,作图只是帮助分析竞争关系的一个工具,并不一定存在某个唯一正确的方法。

产业的战略群组分析示意图形成之后,可依据示意图进行一系列的分析。

(1) 判别移动壁垒。保护每一群组免受其他集团攻击的移动壁垒可被判别出来。例如,图 3.6 中"纵向整合程度"和"专业化程度"就是两个比较重要的行业壁垒,它们降低了行业中某一公司向另外一个战略集团移动的可能性。这样一项工作对于预见各集团的风险以及公司间地位的变化很有意义。

(2) 确定边际群组。本章上面所述的结构分析可以看出哪些集团地位薄弱,或处于边际状态。这些集团是退出或企图移到其他集团的候选者。

(3) 标明战略活动的方向。标明出公司战略活动的方向以及从全产业角度看的战略变化是战略集团分布图的一项非常重要的应用。其最简单的方法就是从每个战略集团中画出一些箭头表示这些集团(或集团内的公司)在战略空间中可能的运动方向。对所有集团做同样的标绘,如果显示出公司的战略移动是相互散开的,这意味着产业竞争可以稳定下来,特别是当所服务的目标细分市场分散程度增加时。相反,如果其运动方向显出战略定位是汇聚的,则竞争将会十分激烈。

(4) 分析趋势。通过战略群组分析示意图我们可以考虑每个产业的发展趋势。可以判别将来趋势:是否降低了某些集团的生存能力?是否会使某些集团的屏障升高?是否会使集团在某些方向上相互避开的能力下降?

4. 预测反应

战略群组分析示意图能够用来预测产业对某一事件的反应。由于它们战略上的相似性,集团中公司对于干扰或趋势会产生一致的反应行动。

图 3.7 和图 3.8 所示为战略群组应用实例。

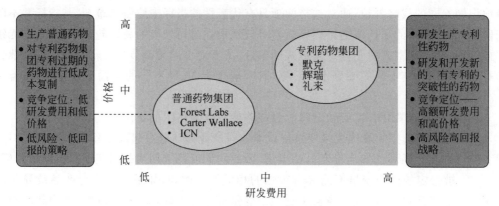

图 3.7　美国制药产业的战略群组

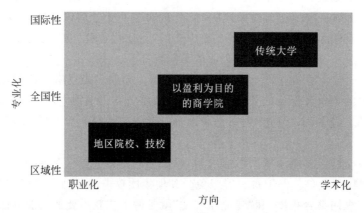

图 3.8　MBA 教育行业的战略群组

3.3.2　产业生命周期模型

产业竞争力量和由此而来的机会与威胁的本质的重要决定因素之一是变化——随着时间而发生的变化。产业内企业间的相似与差异往往随着时间的变化而更加清晰，同时战略群组的结构也经常发生变化。波特五种竞争力量中每一种力量的强弱以及本质也会发生变化，尤其是潜在竞争者进入风险和现有企业间的竞争强度这两种竞争力量。产业生命周期模型是分析产业演变对竞争力量影响的有力工具，它将产业的演变划分为五个连续的阶段，对应着五种产业环境：萌芽（embryonic）、成长、震荡（shakeout）、成熟和衰退，如图 3.9 所示。战略管理者的任务是预测随着环境的演变，竞争力量强弱的变化，并且制定相应的战略，把握住机会，克服困难和威胁。

1．萌芽产业

萌芽产业是指刚刚开始发展的产业，就像 1976 年的个人电脑产业。在这一阶段，购买者不熟悉产业的产品，企业无法在行业内实现规模经济导致价格偏高，且企业的分销渠道发展不完善，因此，产业成长比较慢。此时产业的进入壁垒较低，一般是需要掌握技术

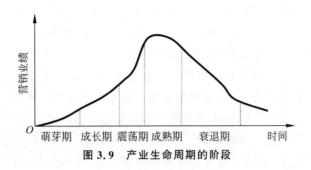

图 3.9 产业生命周期的阶段

上的诀窍而不是规模经济所要求的成本或是品牌忠诚。如果进入该行业的技术诀窍非常复杂且难以掌握,则该行业的进入壁垒就会相当高,现有的企业也就会因此受到很好的保护。在萌芽阶段,竞争的关键是如何有效地教育和开导顾客、打开分销渠道、完善产品设计,而不是降低价格。这种竞争是非常激烈的,首先解决好这些问题的企业将会在市场中占有重要的地位。有时,萌芽产业可能只是一家公司的创新产物,如个人电脑是苹果公司的创新产品,复印机是施乐公司的,而真空吸尘器是胡佛(Hoover)公司的。在这样的情况下,这些公司有机会利用竞争对手缺乏的机会充分获利并在市场上建立起强大的地位。

2. 成长产业

随着产品需求量的上升,产业开始步入成长期。在该时期,由于大量新顾客的涌入,产业将首次出现消费需求的迅速增长。这一阶段的典型特征是顾客对产品愈加熟悉,经验曲线和规模经济的效应使得产品价格下降。一般说来,当企业进入成长阶段以后,技术知识作为进入壁垒的重要性已经消失,但是由于几乎没有一家企业实现了规模经济或建立了品牌忠诚,产业进入壁垒也不是很高,在早期更是这样,因此,在这个阶段,来自潜在竞争者的威胁最大。然而,高成长同时也意味新进入者可以很容易被产业吸收而不至于加剧产业内部的竞争。这样产业内部的竞争强度相对不是很大。需求的快速增长令公司比较容易实现收入和利润的增长,而不必从别的公司那里争夺市场份额。有战略意识的公司会利用成长期相对平和的环境为即将到来的战略期做好准备。

3. 震荡产业

在这一阶段,需求接近成熟:绝大多数需求来自产品更新,初次购买的人数已经很少了。进入震荡期后,产业内的竞争加剧了。此时需求的增长速度已经下降,但习惯于快速增长的企业会同以往一样继续扩大产能,最终导致产能过剩。为了充分利用这些过剩的产能,企业通常会选择降价,其结果可能是爆发价格战,导致许多效率不高的企业破产,这足以抑制新竞争者的进入。

4. 成熟产业

成熟阶段的主要特点是:市场充分成熟,需求完全来自产品更新,需求增长缓慢或者没有增长。增长仅仅来自人口增长为市场带来新的顾客或是更新需求的增长。

产业进入成熟期,进入壁垒开始提高,潜在竞争者进入的威胁变小。随着市场需求增长的下降,企业已经不可能仅凭现有的市场份额实现过去那样的增长。此时,争夺市场份额的竞争开始了,竞争导致价格下降,其结果常常是价格战。此时,企业为了生存,专注于成本最小化和建立品牌。这样一来,进入成熟阶段,产业中的企业已经建立了品牌忠诚,实现了低成本运营,由于这些因素构成了重要的进入壁垒,潜在的竞争者进入风险大大降低。成熟期为企业提高价格和创造利润提供了机会。

产业震荡导致了绝大多数成熟阶段的产业表现为合并型或寡头型。在成熟产业中,企业会认识到相互间的依存,尽量避免价格战。稳定的需求为它们创造了进入价格领导协议的机会。其效应将促使降低竞争强度和提高利润,然而,所谓成熟产业的稳定性总是处于价格战的威胁下的。一次普遍的经济调整可能引起产业需求下降,为了在需求下降的环境里保持收入稳定,企业可能破坏价格领导协议,产业内竞争加剧,价格和利润下降。

5. 衰退产业

绝大多数产业到最后都会进入衰退阶段,在诸多因素的作用下,需求增长变为负数。造成这一结果的原因可能是技术替代、社会变革、人口因素和国际竞争。在衰退产业中,现有企业间的竞争会加剧。根据衰退速度和退出壁垒的高低,竞争压力可能会和震荡阶段一样大。其主要原因是需求下降导致产能过剩,为了利用这些产能,企业开始降价,陷入价格战。另外,退出壁垒也是引起过剩产能的因素之一,退出壁垒越高,公司越不愿意削减产能,价格竞争的威胁越大。

企业的发展离不开产业的发展,企业在其创业、成长等每一个阶段要充分考虑到自身所处的产业环境,及时地调整战略,力求在价值创造活动中获得更多的优势。

3.4 外部环境分析工具

外部环境分析的目的在于明确有限的可以使企业受益的机会和企业应该回避的威胁。正如"有限"一词所表现的,外部环境分析并不是要列举所有会影响企业经营的因素。相反,它只是要确认那些关键的、值得作出反应的变化因素。通过制定可以利用外部机会或减轻潜在威胁的战略,公司能够对这些因素作出或进攻性、或防御性的反应。因此,利用适当的、有效的分析工具和方法对企业的外部环境进行分析,进而采取有效的策略是非常必要的。

3.4.1 PEST 分析

PEST 分析是制定和评估企业战略的基本工具,主要用于分析宏观环境对企业的现实和潜在的影响,四个字母分别代表四个因素:政治(political),经济(economical),社会文化(social-cultural),技术(technological)。在分析企业所处的宏观环境时,通常通过这四个方面的因素来分析企业所面临的状况。PEST 分析的目的就是分析哪些环境影响在过去对组织是很重要的,并且考虑这些影响在未来对组织和它的竞争者重要性的变化程度。PEST 分析的主要作用在于以下几个方面。

扩展阅读 3.4 福特汽车公司的 PEST 分析

(1) 在分析和考虑不同的影响时可以参考图 3.10 所示的 PEST 分析框架。现实中,企业外部的信息太繁杂,有些信息对于企业来说影响比较小,可以忽略。利用这种方法可以从大量的信息中提取有限并且有效的信息,使企业的决策者能够快速作出有效的战略决策。

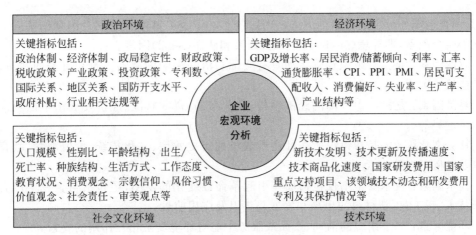

图 3.10　PEST 分析框架

(2) 找出少量的关键环境影响。例如,西方工业化国家的医疗服务在医务护理方面面临着短期的压力,但能否长远地提供这种护理能力,则完全取决于管理是否能与至少三个关键因素的"交点"保持一致。首先是人口统计方面,尤其是适龄人口数,适龄人口的增加同时增加了对医务护理的需求。其次,快速发展的技术使人们的寿命不断延长,提高了对护理的期望。最后是当联系到与公众基金有关的政府政策时,要考虑不确定的经济环境的影响。关键是设计组织战略时,必须考虑这些关键影响因素。危险是:当管理者面临着日常问题的压力时往往不考虑这些因素,那么战略就变成了短期对策而不是长期发展的思考。

(3) PEST 分析对确认长期变化的驱动力也有一定的辅助作用。例如,对许多正在全球化的市场,确认导致全球化发展的动力是很重要的,例如技术的飞速发展导致技术生命周期的缩短。因此,就需要在用类似的技术时取得更大的规模经济。世界范围内各国顾客对诸如收音机、电视机等娱乐商品具有相似或相同的口味。因此,通过全球化营销和制造来获得最大的经济性,即可以实现规模经济、减少浪费。多国顾客和竞争者的增加使竞争趋势逐渐转向全球化市场,这对企业降低成本造成了全面的压力。因此,就需要去寻找和实现规模经济。对全球化发展的另一个动力是在全球范围内寻找和购买原材料、能源和发展为全球性企业服务的技术技能等。

(4) PEST 分析可以帮助检测组织的外部影响的不同作用。这些外部影响要么是历史性的,要么是将来的。这种方法建立在确认关键趋势或关键影响要素的基础上,即检测这些外部影响对不同组织(也许是竞争者)的影响和作用的程度有多大。图 3.10 列示了这种分析方法的一个简单的模型,该分析是基于对市场全球化的趋势的探讨。这是复杂性分析的简化方法,但是确实能够说明对关键趋势或关键影响要素的确认,是如何能进一步用来检测对组织的不同影响作用的。

PEST 分析作为宏观环境分析工具的价值是公认的,但是也存在一定的局限性。例如:PEST 分析本身并不提供分析指标的选择和评估标准,具体的分析结果依赖于顾问的能力和水平,有较大的不确定性。随着环境的不断发展和研究的不断深入,分析工具也在不断地优化,PESTEL 模型应运而生。PESTEL 分析模型又称大环境分析,是分析宏观环境的有效工具,它不仅能够分析外部环境,而且能够识别一切对组织有冲击作用的力量,是调查组织外部影响因素的方法。PESTEL 在 PEST 基本框架四个因素的基础上又增加了两个因素,即环境(environmental)因素和法律(legal)因素。

政治因素:是指对组织经营活动具有实际与潜在影响的政治力量和有关的政策、法律及法规等因素。

经济因素:是指组织外部的经济结构、产业布局、资源状况、经济发展水平以及未来的经济走势等。

社会文化因素:是指组织所在社会中成员的历史发展、文化传统、价值观念、教育水平以及风俗习惯等因素。

技术因素:技术要素不仅包括那些引起革命性变化的发明,还包括与企业生产有关的新技术、新工艺、新材料的出现和发展趋势以及应用前景。

环境因素:一个组织的活动、产品或服务中能与环境发生相互作用的要素。

法律因素:组织外部的法律、法规、司法状况和公民法律意识所组成的综合系统。

具体操作时,通常通过这六个因素来综合分析某一企业集团所处的宏观环境。

表 3.1 列示了 PESTEL 模型中可能的因素,仅供读者参考。

表 3.1 PESTEL 分析因素细化

影响企业战略的政治因素	➢ 政府的管制和管制解除 ➢ 政府采购规模和政策 ➢ 特种关税 ➢ 专利数量 ➢ 财政和货币政策的变化 ➢ 特殊的地方及行业规定 ➢ 世界原油、货币及劳动力市场 ➢ 进出口限制 ➢ 他国的政治条件 ➢ 政府的预算规模
影响企业战略的经济因素	➢ 可支配的收入水平 ➢ GDP 增长 ➢ 消费模式 ➢ 政府预算 ➢ 劳动生产率水平 ➢ 进出口因素 ➢ 股票市场因素 ➢ 地区间的收入和消费习惯差别 ➢ 劳动力及资本输出 ➢ 财政政策 ➢ 居民的消费趋向 ➢ 通货膨胀率 ➢ 货币市场利率 ➢ 汇率

续表

影响企业战略的社会文化因素	➢ 企业或行业的特殊利益集团 ➢ 国家和企业市场人口的变化 ➢ 生活方式 ➢ 公众道德观念 ➢ 社会责任 ➢ 收入差距 ➢ 人均收入 ➢ 价值观、审美观 ➢ 地区性趣味和偏好评价
影响企业战略的技术因素	➢ 企业在生产经营中使用了哪些技术？ ➢ 这些技术对企业的重要程度如何？ ➢ 外购的原材料和零部件包含哪些技术？ ➢ 上述的外部技术中哪些是至关重要的？为什么？ ➢ 企业是否可以持续地利用这些外部技术？ ➢ 这些技术最近的发展动向如何？哪些企业掌握最新的技术动态？ ➢ 这些技术在未来会发生哪些变化？ ➢ 企业对以往的关键技术曾进行过哪些投资？ ➢ 企业的技术水平和竞争对手相比如何？ ➢ 企业及其竞争对手在产品的开发和设计、工艺革新和生产等方面进行了哪些投资？ ➢ 外界对各公司的技术水平的主观排序 ➢ 企业的产品成本和增值结构是什么？ ➢ 企业的现有技术有哪些能应用？利用程度如何？ ➢ 企业实现目前的经营目标需要拥有哪些技术资源？ ➢ 公司的技术对企业竞争地位的影响如何？是否影响企业的经营战略？
影响企业战略的环境因素	➢ 企业概况(数量,规模,结构,分布) ➢ 该行业与相关行业发展趋势(起步,摸索,落后) ➢ 对相关行业影响 ➢ 对其他行业影响 ➢ 对非产业环境影响(自然环境,道德标准) ➢ 媒体关注程度 ➢ 可持续发展空间(气候,能源,资源,循环) ➢ 全球相关行业发展(模式,趋势,影响)
影响企业战略的法律因素	➢ 世界性公约,条款 ➢ 基本法(宪法,民法) ➢ 劳动保护法 ➢ 公司法和合同法 ➢ 行业竞争法 ➢ 环境保护法 ➢ 消费者权益保护法 ➢ 行业公约

3.4.2 外部因素评价矩阵

到目前为止,并没有宏观环境分析的结构化方法。在进行分析时,重点考虑哪些方面的环境因素,如何评价这些环境因素的重要性和影响力,带有相当大的个人随意性。

外部因素评价矩阵(External Factor Evaluation Matrix,EFE 矩阵)可帮助战略制定者归纳和评价经济、社会、文化、人口、环境、政治、政府、法律、技术及竞争等方面的信息。建立 EFE 矩阵的五个步骤如下。

(1) 列出在外部分析过程中确认的外部因素。因素总数在 10~20 个。因素包括影响企业和所在产业的各种机会与威胁。首先列举机会,然后列举威胁。要尽量具体,可能时要采用百分比、比率和对比数字。

(2) 赋予每个因素以权重,其数值由 0.0(不重要)到 1.0(非常重要)。权重标志着该因素对于企业在产业中取得成功的影响的相对重要性。机会往往比威胁得到更高的权重,但当威胁因素特别严重时也可得到高权重。确定恰当权重的方法包括对成功的竞争者和不成功的竞争者进行比较,以及通过集体讨论而达成共识。所有因素的权重总和必须等于 1。

(3) 按照企业现行战略对各关键因素的有效反应程度为关键因素进行评分,范围为 1~4 分,"4"代表反应很好,"3"代表反应超过平均水平,"2"代表反应为平均水平,而"1"则代表反应很差。评分反映了企业战略的有效性,因此它是以公司为基准的,而步骤 2 中的权重则是以产业为基准的。要注意非常重要的一点,威胁和机会都可被评为 1,2,3,或 4 分。

(4) 用每个因素的权重乘以它的评分,即得到每个因素的加权分数。

(5) 将所有因素的加权分数相加,以得到企业的总加权分数。

具体实例如表 3.2 所示。

表 3.2 外部因素评价矩阵示例

关键战略环境要素	外部因素评价矩阵		
	权重	分数	加权分数
西部大开发	0.2	1	0.2
利率下降	0.1	4	0.4
政府管制放宽	0.3	3	0.9
主要竞争对手采取扩张战略	0.2	2	0.4
信息系统计算机化	0.2	4	0.8
总加权分数	1		2.7

无论 EFE 矩阵所包含的关键机会与威胁数量多少,一个企业所能得到的总加权分数(total weighted score)最高为 4.0,最低为 1.0。平均总加权分数为 2.5。总加权分数为 4.0,说明企业在整个产业中对现有机会与威胁作出了最出色的反应。换言之,企业的战略有效地利用了现有机会并将外部威胁的潜在不利影响降至最小。而总加权分数为

1.0,则说明公司的战略不能利用外部机会或回避外部威胁。

外部因素评价矩阵有助于我们评价外部环境因素的有利、不利影响及其程度,不失为一种有效的辅助分析工具。不过,该方法也存在局限:①对于因素的选择带有相当大的主观性。②各因素权重和评分的确定取决于个人或集体主观判断,而且对结果影响很大。③不能辨识出关键环境因素,而有时关键因素的确定比总体评价结果更有意义。所以,虽然该方法的评价结果是量化的,但我们只能将其作为一种参考而非完全客观的依据。

3.4.3 竞争态势矩阵

竞争态势矩阵(Competitive Profile Matrix,CPM 矩阵)用于确认企业的主要竞争者及相对于该企业的战略地位,分析竞争者的特定优势与弱势。CPM 矩阵与 EFE 矩阵中权重和总加权分数含义相同。但是,CPM 矩阵中的因素包括内部和外部两方面的问题,评分则表示优势与弱点,在此,4=强,3=次强,2=弱,1=次弱。EFE 矩阵与 CPM 矩阵之间存在一些重要的区别:首先,CPM 矩阵中的关键因素更为笼统,它们不包括具体的或实际的数据,而且可能集中于内部问题。其次,CPM 矩阵中的数列不像 EFE 矩阵中的那样被分为机会与威胁两类。最后,在 CPM 矩阵中,竞争公司的评分和总加权分数可以与被分析公司的相应指标相比较,这一比较分析可提供重要的内部战略信息。表 3.3 是一个竞争态势矩阵的实例。

表 3.3　化妆品行业竞争态势矩阵

关键因素	权重	雅芳		欧莱雅		宝洁	
		评分	加权分数	评分	加权分数	评分	加权分数
广告	0.20	1	0.20	4	0.80	3	0.60
产品质量	0.10	4	0.40	4	0.40	3	0.30
价格竞争力	0.10	3	0.30	3	0.30	4	0.40
管理	0.10	4	0.40	3	0.30	3	0.30
财务状况	0.15	4	0.60	3	0.45	3	0.45
用户忠诚度	0.10	4	0.40	4	0.40	2	0.20
全球扩张	0.20	4	0.80	2	0.40	2	0.40
市场份额	0.05	1	0.05	4	0.20	3	0.15
总计	1.00		3.15		3.25		2.80

资料来源:戴维.战略管理:概念与案例[M].徐飞,译.13 版.北京:中国人民大学出版社,2012.

除了上面的竞争态势矩阵中列示的各项关键因素之外,其他因素往往还包括产品品种的多少、销售、配送效率、专利优势、设施布局、生产能力及效率、经验、劳资关系、技术优势以及电子商务技能等。

利用 CPM 矩阵分析方法时要注意的是,不能仅仅因为在竞争态势矩阵中一家公司总得分为 3.2、另一家为 2.8,就认为第一家公司比第二家公司强。我们更要关注不同公司在每个关键因素上的相对表现。尽管数字反映了公司的相对优势,但是它表面上的精确性往往给人们带来错觉。数字并不是万能的,我们的目的不是得到一个神奇的数字,而是对信息进行有实际意义的吸收与评价,以便帮助我们进行决策。

结尾案例

本章小结

（1）企业的外部环境是错综复杂且不断变化的。随着全球化程度越来越高、外部环境逐渐复杂，为了增强企业的知识和能力，企业必须具备所需的技能去分析且判断外部环境中的机会与威胁。外部环境一般可分为宏观环境、行业环境和竞争环境三部分。

（2）宏观环境分为经济、政治法律、社会文化、技术因素、人口因素以及全球化趋势六个部分。企业必须了解、适应宏观环境中的各种因素，以制定适当的战略。

（3）分析产业竞争环境的主要工具是五种竞争力量模型，也称波特五力模型。这五种力量分别是：现有企业间的竞争、潜在的新进入者的威胁、购买商的议价能力、供应商的议价能力以及替代产品的威胁。

（4）绝大多数产业由实行相同或相似战略的企业群组构成。不同战略群组的企业实行不同的战略，战略群组内的企业互为直接竞争对手。由于不同的战略群组拥有各自的机会和面对各自的威胁，企业在战略群组间的转移需要支付代价，了解战略群组概念可以帮助企业确定这些代价，并描绘出企业战略或企业群组的未来方向。

（5）产业生命周期是一个完整定义的过程：从萌芽阶段开始，经过成长、震荡和成熟阶段，最后进入衰退阶段。每一个阶段对应不同的产业竞争结构，拥有各自的机会和对各自的威胁，战略管理者需根据环境的演变、竞争力量强弱的变化来制定相应战略。

（6）PEST分析法通过分析政治、经济、社会文化和技术四个方面的因素来分析企业所面临的宏观环境，但分析的结果依赖于顾问的能力和水平，有较大的不确定性。因此，现在提出PESTEL分析模型，在PEST模型基础上又增加了环境因素和法律因素来进行宏观环境分析。

（7）外部因素评价矩阵可以帮助战略制定者归纳和评价经济、社会、文化、环境、政治、政府、法律、技术及竞争等方面的信息，但在运用这一方法时，个人或集体对外部环境的主观判断对分析的结果会有很大的影响。

（8）竞争态势矩阵用于分析同一行业内主要竞争者之间的相对战略地位。在进行竞争态势矩阵分析时，不仅要关注公司的总得分，还要关注公司在每个关键因素上的相对表现，从而进行正确的决策。

 即测即练

第 4 章 内部环境分析

本章学习要点

1. 认识企业内部环境分析的重要性。
2. 了解企业当前的战略态势。
3. 了解企业生命周期与利益相关者。
4. 能够分析企业的资源与能力状况。
5. 能够识别企业的核心能力与核心竞争力。
6. 掌握价值链、IFE 矩阵等内部环境分析工具。

开篇案例

4.1 企业当前的战略态势

企业在其成长发展过程中,会受到产品创新、竞争者的挑战、经济环境的改变、供求关系的波动、股票市场的震动等意想不到的影响。同时,企业在其成长历程中,面临的挑战与改革动因是不一样的。敏锐、客观、准确地分析其面临的内外部环境,制定出引领企业可持续发展的企业战略,是企业生存发展的必然需求。

扩展阅读 4.1　龙浩航空与优生活

4.1.1 企业生命周期

1972 年,哈佛大学的格雷纳(Greiner)教授在《组织成长的演变和变革》中第一次提出了企业生命周期的概念,并把企业生命周期划分为五个阶段。1983 年,美国的罗伯特·E. 奎因(Robert E. Quinn)和卡梅隆(Kim Cameron)在《组织的生命周期和效益标准》中,把企业的生命周期简化为四个阶段。1999 年,理查德·L. 达夫特(Richard L. Daft)在总结前人理论的基础上,提出组织发展需要经历的四个主要阶段:创业期、成长期、成熟期和衰落期,并从结构、产品和服务、奖励和控制系统、创新力量、企业目标、高层管理方式六个方面对组织在这四个阶段的特点进行了描述。

(1) 创业期(初创期)。处于创业期的企业,其内部的各种机制和制度尚未建立与健全,诸如产品市场、生产条件、管理制度、人力资源及企业规划等都在构建过程中。创业期企业组织规模较小,员工较少,大多是采取个人独立工作或小组运作方式,职责不清。企业缺乏一套科学合理的管理制度,面临的不确定因素较多,应付环境变化的能力一般很弱。创业期企业,既面临不断成长的机遇,也要应对挑战中的困难。人们对新企业的产品尚未接受,企业销售增长缓慢;企业负担很重,市场份额较小,没有利润或者亏损。企业常常因处于资金不足、生产不稳定、创业者不能继续合作等尴尬中而面临夭折的风险。因此,创业期企业面临的主要问题是迅速拓展市场和产品的创新。

(2) 成长期。随着新产品打开市场局面,企业业务快速发展,企业进入成长期。这一时期,顾客的产品知识日益丰富,对质量、价格、交货等方面提出了更高的要求;竞争对手增加,竞争范围扩大,企业面对价格竞争的压力越来越大;为了扩大规模,占据有利的市场地位,企业一般不再满足于单一产品的发展,转向产品多元化开发。企业组织形态走向正规化,机构相对完善,企业规章制度不断建立和健全,企业文化逐渐形成,创业者个人作用开始弱化。组织和流程方面,职责划分与流程协作并存,部门间协调越来越多。此时企业面临大量新的工作、新的问题,企业试图寻找能保障其持续、稳定、健康发展的制度、机制。

(3) 成熟期。一般来说,进入成熟期的企业面对的是寡头垄断的市场竞争格局,竞争更加白热化和多样化。顾客不但要求产品质优价廉,更要求在某些方面能给他们带来独特的价值。品牌在市场竞争中越来越重要。企业要想扩大市场份额很困难,稍不努力则面临市场份额的丧失并走下坡路。在员工层面,创新和创业的精神逐渐淡化,取而代之的是循规守矩的思维和按部就班的节奏,官僚作风逐渐形成并日趋严重。组织和流程的僵化问题也日趋严重,组织结构臃肿、繁杂,企业的制度和组织结构能够充分发挥作用,即使制度或组织结构暂时或局部出现了问题,企业一般也有部分的自我协调机制。

(4) 衰落期。企业生命周期的衰落期,预示着危机的到来。企业如果不进行重整和再造,就很可能被市场淘汰出局。大部分企业在衰退期表现出资金链断裂、内部斗争激烈、客户反应被忽视、束缚于呆板的规则和章程中,缺乏创新和创造力。企业要想逆境重生,就要重塑组织愿景,再造工作流程,重新规划工作架构,掌握市场焦点,不断创立新业务,不断注入新技能、使命和适应环境变化的反射能力,在投资组合、资源分配、运营战略等方面重新选择企业战略。

4.1.2 利益相关者与其战略管理

1. 利益相关者

企业是由利益相关者组成的运行系统,企业要正常地运行,就需要建立、维护并不断发展与利益相关者的关系。企业在决策过程中,要充分认识和考虑利益相关者的合法权益。任何一个企业都有很多利益相关者,如投资者、管理人员、供应商、分销商、员工、顾客、政府部门、社区等,他们都对企业进行了专用性投资并承担由此带来的风险。企业的生存发展取决于能否有效地处理各种利益相关者的关系。为了保证企业的持续发展,企业应该将其剩余索取权和剩余控制权在主要的利益相关者之中进行分配,不同的分配方式将会产生不同的绩效水平。研究表明,企业如果能够有效关注利益相关者的利益诉求,可能会比其他企业获得更好的经营业绩。企业的价值与利益相关者和社会的价值是息息相关的。如企业与供应商、雇员等利益相关者建立良好关系,将有助于提高企业投资收益率,与利益相关者建立良好关系也是企业竞争优势的来源,是企业有价值的资产之一。企业在利益相关者关系上的投资可以使雇员或者供应商更加忠诚,降低了雇员流动成本或者提升了企业信誉。所以,通过利益相关者管理,企业可以提升自身的财务状况表现,获得利益回报。

2. 利益相关者战略管理

为了确保长期股东价值最大化,管理人员要尤为注重关键利益相关者的关系。公司的一举一动与它的每一名利益相关者都有切身联系,谨慎管理公司的运营环境,包括管理好与所有利益相关者的关系,是优秀企业管理的一个重要组成部分。对公司来说,成功管理好与利益相关者的关系,其价值是显著的。

公司视利益相关者为外部市场环境的一部分,所以,为了确保其收益和股东价值,必须对利益相关者加以管理。充分关注利益相关者权益,能够避免出现公司的经营决策由于考虑不周而遭受利益相关者横亘阻挠的情况。这种可能性是存在的,因为利益相关者控制着一定的资源,这些资源是企业执行决策所必要的。总而言之,利益相关者管理是企业实现其经营目的的一种手段。公司的目的,或者说其运营的最终结果,当然不是给所有的利益相关者带来财富,公司经营成果的最终受益人只能是公司股东。

在此定义下,利益相关者管理只能是企业战略的一部分,而绝不会成为企业战略的驱动力。利益相关者战略管理亦含蓄地表达了这样的观点:如果所采取的管理模式被证明无益于企业的盈利目的,或者某一利益相关者资源对企业不再重要,那么企业将毫不犹豫地放弃对其进行战略管理。只有当利益相关者对企业具有战略价值时,利益相关者管理才会进入企业的决策过程。

利益相关者战略管理模型又具体分为直接影响模型(Direct Effects Model)和适度模型(Moderation Model)。所谓直接影响模型,就是管理人员对于利益相关者的行为态度,对企业的财务绩效、公司战略直接产生影响。而在适度模型下,利益相关者管理对企业的战略与财务绩效发生调和作用,从而间接影响企业战略。

利益相关者分析模型最具有代表性的是米切尔(Mitchell,1997)提出的"权力性、合法性、紧迫性"三大属性分类模型,依据三个属性的程度来确定利益相关者优先级,如图4.1、图4.2所示。

识别维度和要素		股东	员工	社区	……
权力性	**利益相关者主导** · 公司经营活动依赖的利益相关者 · 利益相关者在公司的权力 **企业主导** · 依赖于企业的利益相关者				
合法性	· 公司和利益相关者的合同关系 · 利益相关者对公司的权益要求 · 利益相关者对公司的道德要求 · 利益相关者的风险 **隐含的合法性** · 对公司有兴趣的利益相关者				
紧迫性	· 利益相关者要求需要立即引起注意的程度 · 关键性权益或利益相关者关系的重要性程度				

图 4.1 利益相关者分析模型

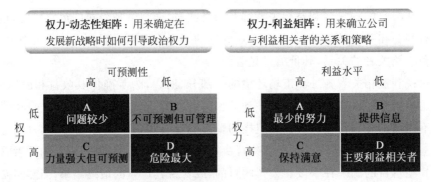

图 4.2 利益相关者分析矩阵

4.2 企业资源与能力

在企业面临的外部环境中,有某些因素可能是企业进一步发展的机会。而对另外一

扩展阅读 4.2 德力油田、小马奔腾与百丽

些企业来说,这些因素则不一定会是其发展的有利因素,甚至可能是其发展的威胁。这是因为不同的企业往往拥有不同的资源和能力。即使外部环境的变化给每个企业都带来了新的发展机会,也只有那些具备与此相适应的资源和能力的企业,才能真正抓住机会,寻求到发展。

每个企业都是资源和能力的结合体,它们构成了企业制定战略的基础。企业在其拥有资源的基础上,只有有效地协调这些资源,才能满足特定市场和企业发展的需求。企业如果不明晰自己拥有的资源和有效使用资源的能力,就很难制定出适合企业发展的战略。企业资源分析包括:充分了解企业拥有哪些属于自己的资源,明确现有资源能够满足企业发展目标或任务的程度，深刻洞察企业所拥有的资源与竞争对手相比有什么不同，进而分析企业通过有效协调、整合可以获得的资源以满足市场需求的能力。企业的竞争优势来自企业独特资源的拥有，或者是来自对企业资源独特的、优异的运用能力。企业资源的差异性以及企业利用资源的独特方式成为企业获得竞争优势最重要的来源。

4.2.1 企业资源

1. 资源基础理论

20世纪90年代，"资源基础理论"（Resource Based Theory，RBT）开始占据战略理论的主流地位，它将企业内部的资源和能力视为竞争优势的主要决定因素。资源基础理论被广泛地运用在多个研究领域，是管理科学的基础理论，是战略管理的主导范式，在相近领域以及互补领域中越来越受到重视，如运作管理、人力资源管理、绩效管理、创新管理等研究领域。资源基础理论用于检验由于资源异质性而造成的绩效差异，该理论主要基于以下两个假设：第一，行业中的组织可能拥有不同的资源；第二，这些资源在行业间具有不可复制性。因此，从资源方面来看，组织差异可以持续相当长一段时间，该理论旨在解释组织如何在竞争环境中保持独特和持续的竞争优势，侧重于考察不同组织管理效能的差异。资源基础理论的核心要义是组织基于自身资源和能力与其他组织竞争，假定组织选择和积累资源的决策是理性的。而资源是指组织能够展现组织核心竞争力的任何事物，既可以是以有形资产的形式存在，又可以是以无形资产的形式存在。例如，商标、员工知识、技能和能力、机械和技术、资本、契约，以及有效的程序和过程都可以被称为资源。组织资源被视为那些能够有效帮助组织更好地竞争并实现其愿景、使命、战略和目标的优势的一系列属性组合。该理论侧重于企业间的绩效差异，绩效差异被视为是由具有不同效率水平的资源收入差异所导致的，相对劣势资源，优势资源可以使组织生产更优质的产品，并且更能充分地满足顾客需求，从而导致更好的绩效表现。在战略管理领域中，研究者认为企业努力使自身与竞争对手有所区别来创造和保持竞争优势，企业使用相关的战略来保持相对于竞争对手的优势。

2. 资源评估

企业资源评估就是对企业拥有的和可以获得的资源的数量和质量进行评价与分析。资源评估的目的是为企业战略制定、战略执行和战略延伸确认是否存在资源基础。最常见的分类方法就是把资源分为有形资源、无形资源和人力资源。

（1）有形资源。有形资源是指可见的、一般能量化的资产。生产设备、工厂等可以在财务数据上体现的是有形资源。作为企业有形资源的实物资源、财务资源、组织资源和技术资源是构成企业的基础。有形资源在企业价值构成中占有重要的基础地位。

企业对实物资源的评估，要列出设备等的数量、生产能力、使用年限等；财务资源一般包括：对企业资金的来源和使用，与债权人、银行、股东等关系的了解；组织资源的评估要对企业现有的组织结构对执行企业战略目标是否更有效率等；技术资源的评估是对企业的研发能力、技术基础与转化为企业生产力可能性等的了解。

（2）无形资源。无形资源是根植于企业历史，长期积淀下来的资产。企业在成长历程中形成的这种独特的企业文化资产,很难在竞争中被对手模仿和掌握。价值观念、知识、创新能力、管理能力、团队思想、人与组织关系、产品服务与商誉、人际交往方式等都是无形资源。

无形资源的评估一般包括企业专利、商标、品牌形象、专有技术等的评估。现代企业更愿意把无形资源作为它们独特的能力和核心竞争力的基础。因此,企业要更加注重对无形资源评估的价值。

企业资源评估不仅包括对自己拥有的合法资源的评估,也应包括对企业能够获得的、支持企业战略制定与实施的所有资源的评估。许多对企业战略制定与实施有重要意义的资源,是企业的所有权之外的。比如,互联网、媒体、对企业产品高度忠诚的顾客群等。

(3) 人力资源。人力资源是那些可以获得的,对创造和实现企业的使命、愿景和目标作出贡献的人所具有的才能和活力。各个企业寻找能够长期存在和不容易被竞争对手效仿的办法来开展竞争,希望通过制定战略以获得竞争优势。然而,所有这些战略都无法获得持续竞争优势,除非企业具有能够成功地实施这些战略的人力资源。

在资源评估过程中还应注意确认企业与资源之间的缺口,以便企业更好地利用目前的资源和环境,扩大和改变目前的资源存量,创造新的资源,以达到企业战略目标。在评估过程中要对企业资源和战略制定做一个初步的分析,特别要注重对能够巩固和发展企业战略目标的资源的评估。

3. 企业资源的分析过程

1) 分析现有资源

现有资源包括:管理者和管理组织资源;企业员工资源;市场和营销资源;财务资源;生产资源;设备和设施资源等,具体内容4.3节有详尽的介绍。

2) 分析资源的利用情况

其主要包括财务分析以及效率和有效性分析。

(1) 财务分析是企业对资源的使用和控制,很多情况下是通过财务指标来反映的。企业不同的利益相关者对企业财务状况的评价要求和标准不同。对企业资源使用和控制的财务评价就是企业利益相关者寻求其利益均衡结果的过程。股东最关心的就是其投资收益,一般来说,满足其投资收益指标的财务指标有每股收益、市盈率、每股净资产等;管理者寻求的是其个人价值最大化的企业表现,一般是较大的企业规模和较高的销售额;银行等贷款机构则希望能够降低贷款风险,反映在财务指标上一般是一个合适的负债比率和利息收益率;企业供应商、债权人等对企业财务指标的要求一般表现在流动比率、应付账款周转率等指标上;企业资源的使用在公众利益满足方面表现在环保事业、慈善事业、促进地区和平与发展事业中资源的有效利用,表现在财务指标上一般是指环保支出、慈善支出等。

(2) 效率和有效性分析指的是企业内部资源的分析,两个主要指标是效率和有效性。效率是指企业实际产出与实际投入的比率,即实际的投入产出比;有效性是指企业实际产出达到企业期望产出的程度。对企业不同战略层次的战略评估都可以用到这两个指标。一般认为,在成本竞争中,效率对企业特别重要。有效性指标则一般在衡量企业通过产品和服务的差异化获得的竞争优势中特别重要。

3) 企业比较优势分析

其主要包括企业资源的纵向比较和主要竞争对手间的横向比较。任何一个企业在与其竞争对手竞争时,不可能在其每一个业务领域都占有绝对的优势。企业想要在竞争中获得优势,就必须寻求其在各个领域的相对优势。我国古代的田忌赛马,就是利用相对优势最后获得胜利。

比较优势分析中,要注重与企业资源状况的纵向比较和主要竞争对手间的横向比较。将企业资源状况与以前各年相比,找出重大变化,揭示出企业资源的变化趋势,找出推动企业发展的最主要动力;和竞争对手间的横向比较,目的就是找出企业在竞争中的缺失项,分析缺失项是否是阻碍企业在竞争中获得成功的因素等。

比较分析中还有很重要的一点就是和产业发展中的成功要素进行比较。和产业发展中的成功要素比较,可以更好地反映出企业现实的优势和劣势。

4) 进行资源的平衡分析

资源的平衡分析主要包括业务平衡分析、现金平衡分析、高级管理者资源平衡分析、战略平衡分析。业务平衡分析指的是对各项业务经营现状、发展趋势进行分析,以确定资源分配是否合理。现金平衡分析指的是是否拥有必要的现金储备或应付战略期内现金需要的资金来源。高级管理者资源平衡分析指的是数量、质量、管理风格、管理模式等与实施战略所需人力资源的适应程度。战略平衡分析指的是已有资源与可获得资源是否满足战略的需要。不满足,缺口在哪里?缺口多大?

在企业资源评估中,应该把企业资源作为一个整体来考虑,在一定程度上,资源之间的整合和互补对企业战略的制定与实施才更具价值。在分析资源间的整合时应注意:企业不同活动和资源相互补充的程度,比如,企业内部财务资源的均衡;个人能力与企业技术之间的协调程度,比如,业务成员的业务水平等;企业资源使用的灵活性,比如,企业在面对不确定环境时企业资源的灵活性,资源是否能够适应企业承担的风险水平等。

4. 企业内部资源描述矩阵

企业内部资源描述矩阵也称资源利用度-转移性评价矩阵,是企业制定战略时对战略的适应性进行分析的主要内容,是对战略目标是否有能力去完成的企业资源的评价,如图4.3所示。

转移性指资源扩展、复制,使用于其他业务的可能程度;利用度是资源被占用和使用的紧张程度和余量的多少。

闲置资源是转移性和利用度都很低的资源,是某些原因没有利用到的东西,可以是有形的,也可以是无形的。

固化资源是资源转移性低但是资源利用度高的资源,主要是指一些高利用率的固定资产。

活力资源是资源利用度低但是资源转移性很高的资源。这部分资源在企业内部没有太多的利用,又具有较好的转移性,说明存在着资源的浪费和不经济现象;这部分资源又是企业内部最具活力和有

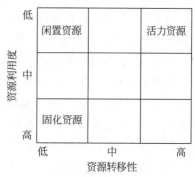

图 4.3 企业内部资源描述矩阵

效性的资源,是企业进行其他业务活动时最有力的支持。对于活力资源周围的资源,企业应当给予高度的重视。

4.2.2 企业能力与核心竞争能力

企业能力是指企业配置资源,发挥其生产和竞争作用的能力。但是企业必须具备比其他竞争者做得更好的能力,这就是企业的核心能力。

普拉哈拉德(Prahalad)和哈默尔(Hamel)在其《公司的核心能力》一文中,认为企业核心能力是"组织中的积累性学识,特别是关于如何协调不同的生产技能和有机结合多种技术流派的学识"。其要点如下。

(1) 能力的载体是企业整体。

(2) 能力是企业在成长过程中累积形成的,不是通过市场交易获得的。

(3) 能力是企业各种技术、技能的"协调"和"有机结合"。

李庆华从横向角度认为,企业竞争能力包括人员能力、技术能力、组织能力、信息能力四种能力要素。这样的能力要素组合有助于企业将资源投入最需要的方面,以一种最高效的方式培育企业的核心能力,如图 4.4 所示。

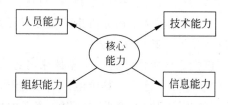

图 4.4 企业核心能力

(资料来源:李庆华.战略管理[M].北京:中国人民大学出版社,2009.)

企业的竞争能力是企业持续竞争优势的来源,是企业在积累和学习怎样分配资源与能力的组织过程中,通过运用自己独特的资源(有形资源、无形资源和人力资源),创造出比竞争对手更强的竞争能力和竞争优势。作为一种行动能力,这种竞争优势是本企业超越竞争对手的最根本、最关键的经营能力。企业在某一产品或技术上具有一定优势,并不代表企业就具有了核心竞争力,只有当这种产品和技术使竞争对手在一个较长的时期内难以超越而能保持这种优势时,才成为企业核心能力的体现。

随着时间的推移,企业花费巨大努力建立起来的竞争优势可能会被对手模仿,也可能会被行业环境的变化所淘汰。所以,如何保持企业长期的竞争优势是企业持续发展的关键。首先,企业多项资源的持续周期是不同的,有短周期、标准周期和慢周期之分。其次,防止竞争对手模仿,要隐蔽竞争优势带来的表现。企业可以通过降低价格快速抢占市场,迅速提高生产能力;设置进入障碍,降低对手的模仿动力。再次,将形成竞争优势的原因模糊化,使竞争对手难以作出准确分析。最后,企业要保持创业者精神。企业的任何优势永远都是暂时的,只有保持创业者精神,有不懈的追求,才能敏锐地发现内外环境的变化,捕捉到关键性的市场机会,才有勇气打破自己原来的优势,建立新的优势,永远处于领先地位。

核心竞争力是可以作为战胜竞争对手的竞争优势来源的一系列资源和能力。核心竞争力凸显了公司的竞争力,反映了公司的独特个性。核心竞争力是在组织的长期积累以及学习如何利用各种不同的资源和能力的过程中逐步形成的。

识别公司的核心竞争力,首先要弄明白可持续竞争优势的四项具体标准——有价值的能力(valuable capabilities)、稀缺的能力(rare capabilities)、难以模仿的能力(costly-to-imitate capabilities)和不可替代的能力(non-substitutable capabilities)。公司利用核心竞争力创造的价值能维持多长时间,取决于竞争对手成功地模仿产品、服务或生产流程的速度。只有接下来要讨论的这四项标准都满足,创造价值的核心竞争力才能持续比较长的时间。

1. 有价值的能力

有价值的能力能让公司抓住外部环境中的机遇,消除环境中的威胁。有效地利用能力来把握机遇或消除威胁,公司就可以为顾客创造价值。

2. 稀缺的能力

稀缺的能力是指只有极少数竞争对手拥有的能力。评估这一标准时,公司需要回答的一个关键问题是:"有多少竞争对手拥有这些有价值的能力?"对任何一个公司来说,许多竞争对手都有的能力是不可能成为核心竞争力的,相反,有价值但又普遍存在的(不是稀缺的)能力会导致对等的竞争。只有当公司创造并开发的有价值的能力成为核心竞争力并与竞争对手不同时,公司才能获得竞争优势。

3. 难以模仿的能力

难以模仿的能力是指其他公司不能轻易建立的能力。

第一个成为难以模仿的能力的原因是,在公司发展的早期阶段形成的独特的、有价值的组织文化,会让该公司具有那些在其他历史时期成立的公司所不能完全模仿的优势,那些缺乏价值和竞争实用性的价值观与信念也会对组织文化的发展产生强烈的影响。组织文化是组织成员共同拥有的一系列价值观的集合。当所有员工通过共同的信念紧紧凝聚在一起,并且领导促进其形成时,组织文化就会成为优势的来源。

第二个成为难以模仿的能力的原因是,公司的核心竞争力和竞争优势之间的界限有时比较模糊。在这种情况下,竞争对手很难清楚地了解公司是如何利用成为核心竞争力的能力来获取竞争优势的。这样一来,竞争对手也很难确定到底要发展何种能力才能复制公司的价值创造战略来获得收益。

第三个成为难以模仿的能力的原因是社会复杂性。社会复杂性意味着至少有一些或者很多公司的能力是错综复杂的社会现象的产物。管理者之间和管理者与员工之间的人际关系、信任、友谊,以及公司在供应商和顾客中的声誉,都是社会复杂性的例子。

4. 不可替代的能力

不可替代的能力是指那些不具有战略对等性的能力。具有战略对等性的有价值的资源,既不可能是稀缺的,也不是不可模仿的。如果两种有价值的公司资源分别用来执行相同的战略,那么这两种资源就是战略对等的。总体来说,一种能力越难以替代,就越具有战略价值。一种能力越是无形的、不可见的,其他公司就越难找到它的替代能力,在模仿价值创造战略时就会面临更大的挑战。例如，公司特有的知识以及管理者与非管理者之间建立的相互信任的工作关系。

综上所述，只有利用有价值、稀缺、难以模仿和不可替代的能力，公司才有可能获得可持续竞争优势。但是以上能力仅仅是可持续竞争能力，需要注意的是，公司绝对不能选择既不是有价值的，也不是稀缺的，还可以模仿和替代的能力，公司应选择那些能产生竞争对等性的能力，以及能产生暂时或可持续的竞争优势的能力。

4.2.3 核心竞争能力的辨别与评价

1. 核心竞争能力辨别的三个测试

1）对顾客是否有价值

任何一个产品或者服务，只有被顾客所认可、满足顾客的需求之后才具有价值。企业要想具备核心竞争能力，就应该很好地实现这种价值，最大限度地满足顾客的需求。显著地降低成本从而控制价格、提高产品质量、提高服务效率、增加顾客的效用等都可以提升其对顾客的价值。

2）与竞争对手相比是否有优势

如人力资源、生产制造、产品质量、研究开发、销售网络和企业文化等方面的优势。

3）是否难以被模仿或复制

必须是企业特有的，并且是竞争对手一段时间内难以超越的优势。

2. 核心竞争能力的评价

企业核心竞争能力评价方法分为单项指标评价法和综合指标体系评价法。单项指标评价法是就单项指标对比而采用的方法，它直接用某企业单项指标的报告期数值与基准期数值对比，或用两个不同企业的同一指标同期实际数值对比得出相应的结论。综合指标体系评价法是先采用多指标综合评价法对多项指标进行综合，形成一个综合指标，然后根据综合指标数值得出相应的结论。企业竞争力评价的方法有很多种。据不完全统计，截至目前，企业竞争力评价的方法至少有 20 种，比较有代表性的为以下几种。

1）因素分析法

这种方法采用"由表及里"的因素分析方式，即从最表面、最容易感知的属性入手，逐步深入更为内在的属性和因素。一般来说，越是内在的因素，对企业竞争力的影响越深刻、越长久，但其产生作用的逻辑因果关系可能非常复杂；而越是表面的因素，对企业竞争力的影响越直接、越短暂，但其产生作用的逻辑因果关系也较简单。最表面、最容易感知的属性或因素可以表现为企业竞争力的显示性指标，这类指标能够直接反映企业市场地位的数值。例如，产品或服务的市场占有率及其增长率、企业的盈利率、企业规模等。这类指标直接表明企业竞争的结果，可以视为企业竞争力目前的状况，因此，可以最直观地反映当前企业竞争力的强弱。但是，这类指标并不能说明企业竞争力强弱的原因，所以，它们实际上并没有揭示出决定企业竞争力的因素。而要揭示和评价决定企业竞争力的因素，就必须进一步评价影响竞争力显示性指标的决定性属性或因素，而在这些属性和因素的背后又有更深刻、更内在的因素，而且，在这些因素发挥作用的过程中，企业所处的关系环境也会在不同程度上产生直接或间接的影响。这样，对企业竞争力进行评价的指标体系就会是一组非常复杂的统计数值，而且，有些决定和影响竞争力的因素可能是难以计量的。因素分析法的基本要求就是尽可能地将决定和影响企业竞争力的各种内在因素分解和揭示出来。

2）对比差距法

对企业竞争力的评价可以采取企业与企业直接比较的方式：假定同类企业中最优秀的一家或几家企业的一系列显性特征对企业间竞争力具有明显的影响，那么，可以通过本企业和最优秀企业的一系列显示性指标的比较来评估本企业在竞争力上存在的差距。这种研究方法主要涉及以下几个环节：①选取对比指标；②比较本企业与最优秀企业各指标的差距；③进行综合汇总，评价本企业与最优秀企业之间的总体差距。这种方法与前一种方法的共同之处是都要进行详细的因素分析和统计数值的计算，不同之处是后一种方法是一对一的比较，可以进行多指标的直接比较，而不必进行数值的加总比较，因此可以避免确定各因素的权重过程中的主观因素。

3）内涵解析法

内涵解析法的特点是将定性分析和定量分析相结合，重点研究影响企业竞争力的内在决定性因素，对于一些难以直接量化的因素可以采取专家意见或者问卷调查的方式进行分析判断。与前两种方法主要分析竞争力的外延性指标不同，这种方法重点分析竞争力的内涵性因素，要达到的目的是揭示企业的核心竞争力，并对其进行评价。这种研究方法主要涉及以下几个环节：①确定决定和影响企业竞争力的主要因素，并分析其因果关系；②通过统计分析、专家意见、问卷调查等方式，分析企业竞争力的实际情况；③深入进行企业核心能力的剖析，发现企业核心理念及其渗透性（是否贯彻到企业运行的各个部分和环节），以判断企业竞争力的强弱。这种研究方法的优点是可以深入对企业核心能力进行分析，具有深刻性；缺点是难以全面计量化，可能含有较大程度的主观性，而且，有些因素在性质上是难以在企业间直接比较的。

4）综合指数评价法

综合指数评价法是一种综合指标体系评价法。其评价的方法是：第一步确定评价项目的权数。由于本指标体系为多层次的，所以既要求一级系统的权数之和为1，又要求各子系统内部各项目权数之和为1，确定权数目前多采用专家咨询主观定权的方法。第二步计算各子系统的综合平均指标，用事先确定好的项目权数对它们进行加权平均，得出子系统综合评价的平均指数。第三步对各子系统的平均指数进行加权平均，求出综合平均指数，包括反映企业生产要素投入的统计指标 W、反映企业产出水平的统计指标 O、企业财务效益（经济效益）状况 F、企业资产运营状况 A、企业债务水平和偿债能力 D、反映企业发展潜力的统计指标 P、反映企业国际竞争力的指标 I、企业服务能力 S 8个子要素。在此基础上，可以建立反映企业竞争力的数学模型。评价的标准在于：如果综合平均指数接近于1，则说明甲乙两企业整体无明显差别；如果综合平均指数大于1，则说明甲企业优于乙企业；如果综合平均指数小于1，则说明甲企业劣于乙企业。综合平均指数与1的离差越大，说明不同企业的差异越明显，故各企业能依据综合平均指数的大小，进行企业间的比较，确定本企业在同行业中的地位，制定自己的发展战略。

3. 核心竞争能力的两面性

核心竞争能力虽然可以为企业创造竞争优势和可持续发展的动力，但是，核心竞争能力本身也具有明显的两面性，如图 4.5 所示。

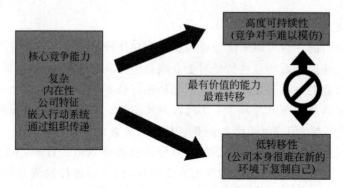

图 4.5　核心竞争能力的两面性

4.3　资源与能力分析

4.3.1　市场营销资源与能力分析

扩展阅读 4.3　吉林通用

美国市场营销协会对营销下的定义是：营销是计划和执行关于商品、服务和创意的观念、定价、促销和分销，以创造符合个人和组织目标交换的一种过程。营销对于企业就是选择目标市场，通过创造、传递和沟通优质的顾客价值，获得、保持和增加顾客。以消费者和用户的需求为中心，根据顾客需要组织企业经营活动，企业才能实现其战略目标。

1. 目标市场与市场细分

市场上，一家企业不可能生产出让所有顾客都满意的产品，每位顾客也不可能对企业生产的全部产品满意。企业根据顾客所喜欢或需要的产品或营销组合的不同，把顾客分成具有明显特征的消费群体。企业往往根据消费者在人文、心理以及行为上的差异来进行市场细分，并由此判断出能给其带来最大收益的消费群体。企业为其划定的目标市场提供产品，这些产品给目标市场的顾客带来核心利益。例如，高档小轿车的目标市场是那些把安全作为第一考虑的购买者，因此，沃尔沃公司就把高档轿车定位在消费者所能买到的最安全的小汽车上。

2. 产品需求与产品供应

企业要充分了解其产品目标市场的需求状况，并能准确判断有购买需求的潜在顾客中有多少是有真正的购买能力的。企业提供产品不仅包括物质形态的物品，还应包括企业的服务、品牌、形象、价值观等。比如，提到麦当劳这个品牌，人们就会想到汉堡包、快餐、金色拱门、欢快的气氛，这些就形成了麦当劳的品牌形象。企业应为提供消费者钟爱的产品和服务以及消费者认可的品牌而努力。

3. 关系营销与营销网络

关系营销是企业与其运营过程中的关键利益相关者,如顾客、供应商、分销商等,建立长期满意关系,目的是保持企业长期的业绩和业务。企业通过承诺和给予关键利益相关者高质量的产品、优良的服务和公平的价格来实现关系营销。成功的关系营销可以减少交易时间与成本,最终建立起企业的营销网络,与所有的利益相关者建立起互利的业务关系。所有的利益相关者包括顾客、供应商、分销商、零售商、广告代理、科研人员等。建立了全面营销网络的企业会在竞争中取得优势,赢得更高的利润回报。

4. 营销渠道

要接触到目标市场,一般有两种渠道供企业选择:一是信息传播渠道,向购买者发送信息并从购买者那里得到反馈信息。该渠道包括报纸、杂志、广播、电视、告示、传单、网络、零售店外观与人员素养等。二是企业通过分销商等销售渠道向购买者展现、传递产品和服务。如分销商、零售商、银行、保险公司、批发商等。

5. 营销环境

营销环境由宏观环境和微观环境组成。宏观环境一般指企业所在地区或国家的人文、经济、自然、技术、政治和文化环境;微观环境包括企业各个部门、供应商、分销商、目标顾客、广告代理人、银行、保险公司、运输公司等。企业必须密切关注这些环境中的因素以及其发展趋势,及时调整发展战略。

6. 营销组合

营销组合是企业用来从目标市场寻求其营销目标的营销工具。麦卡锡提出了卖方影响买方的4P营销理论:产品、价格、地点和促销,每个P下面又有几项特定的变量。从买方角度考虑,罗伯特·劳特伯恩(Robert Lauterborn)提出了与4P相对应的4C理论,包括顾客问题解决、顾客的成本、便利和传播。4C理论强调企业每个营销工具都是为顾客提供利益服务的。科特勒认为,获胜的企业必将是那些既可以经济方便地满足顾客的需要,又能和顾客保持有效沟通的企业。

市场营销观念是企业从事市场营销活动的指导思想。随着市场经济的不断发展,市场营销观念经历了生产观念、产品观念、推销观念、市场营销观念、生态营销观念、社会营销观念和大市场营销观念等几个阶段。

4.3.2 财务会计资源与能力分析

1. 企业财务活动

(1) 筹资决策。筹资决策是企业在总体战略的指导下,根据企业内外环境的分析和对未来趋势的预测,对企业筹资的规模、结构、渠道和方式等进行的长期和系统的谋划,旨在为企业战略实施和提高企业的长期竞争力提供可靠的资金保证,并不断提高企业筹资效益。它更关注筹资质量,既要筹集企业维持正常生产经营活动及发展所需的资金,又要保证稳定的资金来源,增强筹资灵活性,努力降低资金成本与筹资风险,不断增强筹资竞争力。筹资决策需要思考筹资规模、资金源结构、筹资时机等。

（2）投资决策。投资决策是在企业战略的指导下，企业为了长期生存和发展，在充分估计企业长期发展的内外环境中各种影响因素的基础上，对企业长期的投资行为所作出的整体筹划和部署。投资战略对全部资金乃至其他资源的运用具有指导性和方向性的作用，是表达企业战略意图的一种重要方式，以及保证企业战略实施的一个关键性环节。投资战略决策的首要任务不是选择备选项目，而是确定诸如多元化或是单一化的投资战略，这是搜寻和决策项目的前提。投资战略目标不仅决定投资的规模和实现方式，还决定了筹资的规模、方式和时机，以及企业日常经营活动的特点。

（3）分配决策。分配决策是根据企业战略要求和内外部环境的变化，对收益分配进行的全局性和长期性谋划，要保障股东权益，促进企业的长期发展。

2. 财务比率五大类指标

广泛使用财务比率分析，财务比率主要有五大类指标，即收益性、流动性、安全性、生产性和成长性。其中，收益性指标包括：总资本利润率、销售利润率、销售总利润率、成本费用率；流动性指标包括：总资金周转率、流动资金周转率、固定资产周转率、盘存资产周转率；安全性指标包括：流动率、活期比率、固定比率、利息负担率；生产性指标包括：人均销售收入、人均利润收入、人均净产值、劳动装配率；成长性指标包括：总利润增长率、销售收入增长率、固定资产增长率、人员增长率。通过绘制雷达图（图4.6），能够清楚、直观、形象地揭示出财务及经营状况的长处和弱点。

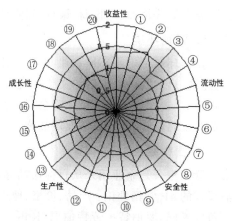

图 4.6　雷达图分析法

4.3.3　生产运营资源与能力分析

1. 生产运营的五种职能

企业的生产运营包括将资源投入转变为产品或服务的所有活动，是占用企业人力与实物资本的最主要部分。罗杰·施罗德（Roger Schroeder）认为，生产运营管理包括五种职能或决策领域：生产、能力、存货、人力和质量。

生产职能包括：对技术、设施的选择，工艺流程分析，设施布局，生产线的平衡，工艺控制及运输分析。原材料与生产基地的距离是企业主要考虑的问题。

能力职能包括设施计划、综合计划、生产计划、生产能力计划及排队分析。生产能力的利用程度是企业主要考虑的问题。

存货职能包括对原材料、在生产及产成品的管理。其具体决策内容包括订货的内容、时间和数量及物料搬运。

人力职能包括对熟练及非熟练工人、职员及管理者的管理。其具体决策内容包括岗位涉及工作考核、丰富工作内容、工作标准及激励方法。

质量职能包括质量管理,其目的在于生产高质量的产品与服务。其具体决策内容包括质量控制抽样检查、测试、质量保证及成本控制。

2. 产能与产能计划

产能是指在一定时期内,在既定的组织技术条件下,企业所能生产的产品的最大数量,即最大生产能力。

产能计划是指确定企业所需的最大生产能力以满足其产品不断变化的需求。当产品需求旺盛时,企业需要考虑如何增加生产能力,以满足需求的增长;当产品需求不足时,企业需要考虑如何缩小规模,避免生产能力过剩,尽可能减少损失。

产能计划包括领先策略、滞后策略和匹配策略。

领先策略指根据对需求增长的预期增加产能,即产能的增加领先于外部市场需求的增加。其目标是将客户从企业竞争对手的手中吸引过来。这种策略的潜在劣势在于其通常会产生过量的产能,使得生产能力不能被充分利用而导致企业成本上升。

滞后策略指仅当企业因需求增长而满负荷生产或超额生产后才增加产能,即产能的增加滞后于外部市场需求的增加。这种策略虽然能降低生产能力过剩的风险,但可能导致潜在客户流失。

匹配策略指产能的增加与外部市场需求的增加在规模上、时间上是匹配的。这种策略在把握市场机会和充分利用企业的生产能力两方面能进行很好的兼顾。

4.3.4 研究开发资源与能力分析

1. 研究开发的分类

研究开发是指由企业的经营观念和经营目标所决定,为实现经营目标的手段而被贯彻到研究与开发活动中的基本思想,是为实现具体目标而选择的研究与开发方式,以及根据企业的综合目标决定向企业的研究与开发活动分配企业资源的基本方针。

研究开发主要分为内部研发和委托研发两种方式。

内部研发是企业利用自身拥有的资源和能力进入新的行业领域来开展多元化经营。它的具体形式主要有:垂直链裂变,独资新建企业和工厂,技术"副产品"的充分利用,充分利用人才。内部研发要求企业具有较强的资源和能力,因此比较适合规模较大、技术领先的企业。

委托研发指被委托人基于他人委托而开发的项目。委托人以支付报酬的形式获得被委托人的研发成果的所有权。委托项目的特点是研发经费受委托人支配,项目成果必须体现委托人的意志和实现委托人的使用目的。

2. 研究开发的动力来源

研究开发的动力来源主要分为需求拉动型和技术推动型两类。

需求拉动型也称市场牵引型,即开始于市场机会,通过市场调研与客户反馈来寻求市场机会,并确定可以满足市场需求的研发方案。

技术推动型即开始于技术创新和变革,并确定可以使技术和市场相匹配的研发方案。

3. 研发的战略作用

1) 基本竞争战略

产品创新是产品差异化的来源。流程创新使企业能够采用成本领先战略或差异化战略。

2) 价值链

研发被纳入价值链的支持性活动。通过提供低成本的产品或改良的差异化产品可以强化价值链。

3) 安索夫矩阵

研发支持四个战略象限。可以通过产品来实现市场渗透战略和市场开发战略。产品开发和产品多元化需要更显著的产品创新。

4) 产品生命周期

产品研发会加速现有产品的衰退,因而需要研发新产品来为企业提供替代产品。

4.3.5 人力资源与能力分析

人力资源是指一个国家或地区内能够推动经济和社会发展的全体劳动者的劳动能力,或是指为推动一个企业生存和发展而从事体力劳动和智力劳动的人们的总称。与自然资源和财力资源相比,人力资源的特殊性在于:人力资源既是生产的承担者,又是生产目的的实现者。在目前市场竞争异常激烈的情况下,人力资源开发和管理的优劣直接关系到企业的成败,任何一家成功的企业都十分重视人力资源开发与管理。这与党的二十大报告指出的"深入实施人才强国战略""坚持尊重劳动、尊重知识、尊重人才、尊重创造""完善人才战略布局"相匹配。企业注重人力资源开发与管理能够及时适应当前面临的变化,从而增强企业竞争能力,为企业获取最高的经济效益。

1. 企业人力资源

企业为了成功必须招募人才,所有层次的员工都应具有适当的技能和应对其工作岗位要求的能力。企业必须持续地发展、强化员工为企业达到其战略目标而不懈奋斗的精神。企业的发展离不开人的发展,企业资源中最有价值的——人的价值是企业生存发展最基本的动力。企业人力资源获取、人力资源发展、人力资源维护等都是企业人力资源分析的内容,因为企业对这三方面内容的分析都是对企业人力资源现状与未来发展的有效观测。

1) 获取人力资源

企业人力资源获取过程的第一步就是吸引和选择正确的人。获取人力资源的途径有外部招聘和内部提升。外部招聘就是根据组织制定的标准和程序从组织外部选拔符合空缺职位要求的员工。外部招聘来的员工能为组织输送新鲜血液,并且有利于平息缓和内部竞争者之间的紧张关系。但是一般的外聘者对组织的文化和历史缺乏深入了解,组织对其也缺乏相应的了解,而且沟通不好会造成企业内部员工积极性的挫伤。内部提升是企业内部成员能力和素质得到充分确认之后,得到更高的职位。内部提升有利于调动员工的积极性,也有利于吸引外部人才,被聘请人员与企业之间的互相深入了解有利于选聘工作的正确性和被聘请者迅速展开工作。但是,内部提升也会带来一些不必要的麻烦。

2) 发展人力资源

企业对于聘用的人员要在各个层次上进行培训和发展。尽管培训的财务回报很难计算,但许多专家还是相信培训的回报不仅是真实存在的,而且是非常根本的。人力资源的发展需要整个企业各个层次的领导者的参与,而不仅仅是人力资源管理部门的责任。企业对人力资源的培养、与人力资源共享知识不仅对人力资源自身发展有好处,给企业的发展与壮大带来的收益更是非常明显。

3) 维护人力资源

企业要提供一个良好的工作环境和激励措施留住那些生产力高的员工或管理人员。一般来说,对企业的核心使命和价值观认可度比较高的人员"跳槽"的可能性比较低。所以企业要积极地培养、强化和提高员工的企业价值认可度及对企业的忠诚度。企业能够提供给员工具有挑战性的工作和具有激励性的环境,也是吸引和保留高生产力员工的因素。企业维护人力资源的物质和非物质奖励以及激励措施,也是吸引和保留高生产力员工的一个机制。

2. 人力资源评估

任何企业的运行和发展都是以达到组织的绩效目标为根本目的的,人力资源的评估表现为企业对人力资源的绩效考核。绩效考核就是组织的各级管理者通过某种手段对其下属的工作完成情况进行定量或定性评价的过程。绩效管理就是以目标为导向,把企业要达到的战略目标层层分解,通过对员工的工作表现和工作业绩进行考核、分析,改善员工在组织工作中的行为,充分发挥员工的潜能和积极性,更好地实现企业目标的程序和方法。现代企业一般都有专门的绩效考评体系,考评方法一般有常规方法和行为评价法。常规方法有排序法、配对比较法、等级分配法等。行为评价法一般有量表评级法、关键事件法、混合标准评等法等。

3. 人力资源薪酬管理

薪酬管理是企业对其成员为企业目标努力工作的一种经济回报。企业薪酬一般包括基本工资、激励工资、福利、社会保险等。合理的薪酬是企业吸引和留住高生产力员工的途径。对人力资源的薪酬管理中要综合考虑员工的劳动、职务的高低、技术和训练的水平、工作的时间性和安全性等,而且要兼顾企业的承担能力、劳动力市场的供求状况、当地的生活费用和物价水平等。

4.4 内部环境分析工具

企业内部环境分析的目的是识别企业自身的优势和劣势,特别是企业的核心竞争力,从而制定具有竞争优势的战略决策。深入研究企业内部的设计、生产、营销、交货等环节以及辅助活动等许多相互衔接的过程,将企业分解为一系列价值活动构成的价值链,可以很好地理解企业的成本变化以及引起变化的原因和方式。价值链理论分析企业哪部分运作能产生价值而哪部分不能产生价值,企业只有在它创造的价值大于它为创造这些价值所付出的成本时,才能得到超额回报。企业在竞争中的优势,尤其是能够获得持续的竞争优势,就来源于企业在价值链某些特定的战略价值环节上的优势,把握了这些关键环节,也就控制了整个价值链。内部因素评价矩阵(IFE 矩阵)是对企业组织内部资源环境与能力进行评价的一种方法,将企业内部因素的优势与劣势进行分析的结果以矩阵的形式表达出来,形成内部因素评价矩阵。

4.4.1 价值链分析

波特经过长期的研究创造了"价值链"工具,用以分析企业竞争优势的来源。他指出,每一个企业都可视为一个由设计、生产、销售、交货以及对价值创造活动起辅助作用的各种活动所组成的集合体。企业的任何活动都是创造价值的活动,也都可以用价值链表示出来。一种价值活动的成本水平,决定企业相对于竞争者的成本优势;完成一种价值活动的方式,决定了企业相对于竞争者的差异化优势;与竞争者价值链之间的差异是竞争优势的一个关键来源。

扩展阅读 4.4　吉利汽车

1. 价值活动的分类

价值活动可以分为基本活动和辅助活动两大类。基本活动是企业生产和提供产品或服务的活动,包括输入物流、生产运作、输出物流、市场营销与销售、顾客服务。辅助活动通过采购投入、技术开发、人力资源管理以及各种基础设施建设等,与基本活动相联系并支持整个价值链。企业内部价值链模型如图 4.7 所示。

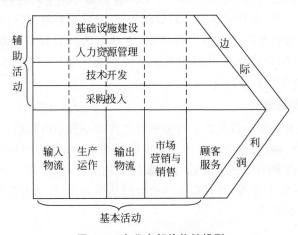

图 4.7　企业内部价值链模型

1) 基本活动

涉及任何产业内竞争的各种基本活动都有五种基本类型,其中每一种类型又都可依据产业特点和企业战略划分为若干显著不同的活动。

(1) 输入物流是指与接收、存储和分配产品投入有关的活动,包括原材料处理、仓储、库存管理、车辆调度和向供应商退货。输入物流决定了投入生产过程的物料的数量、质量、时间、地点及投入方式,直接影响到生产运作的效率和效果。

(2) 生产运作包括所有把投入变成最终产品的活动,如机械加工、包装、组装、设备维修、测试、印刷和厂房设施管理。生产运作活动常常占用着企业大部分的人力和资金。在大部分产业中,产品和服务的主要成本是在生产运作过程中产生的。因此,生产运作活动在企业生产中发挥着重要的作用,是实施公司整体战略的竞争性武器。

(3) 输出物流是指有关集中、存储和把产品或服务分销给客户的活动,包括最终产品的仓储、原材料搬运、送货车辆管理、订单处理和进度安排等。输出物流的质量和速度影响企业的存货水平和资金回收,以及与客户之间的关系。

(4) 市场营销与销售是企业提供给购买者的可以依此购买产品和服务并引导其进行购买的一系列活动,包括广告、促销、推销队伍、报价、销售渠道选择、销售渠道关系和定价。

(5) 顾客服务是指与企业提供服务以保持或增加产品价值有关的各种活动,主要包括产品的安装与维修、顾客使用人员的培训、零部件和备件的供应、产品调整等。

2) 辅助活动

企业从事价值创造所涉及的辅助活动可以分为四种通用类型,如同基本活动一样,每一种辅助活动也可以分为特定产业所特有的若干截然不同的价值活动。

(1) 采购投入是指购买用于企业价值链中各种投入的活动,而不是外购投入本身。外购的投入包括原材料、储备物资和其他易耗品,也包括各种资产。例如,机器、实验设备、办公设备和建筑物。尽管采购投入一般与基本活动相联系,但是外购投入却在包括辅助活动在内的所有价值活动中都存在。

(2) 技术开发涉及面非常广,无论是技术诀窍、程序,还是在工业设备中所体现的技术,都包含在每项价值活动中。大多数企业中所应用的技术范围都非常广,技术贯穿于企业生产运营的各个阶段。此外,大多数价值活动所使用的技术都综合了不同科学学科的大量不同的分支技术。技术开发有很多种形式,与产品及其特征有关的技术开发对于整个价值链都能起到辅助作用。

(3) 人力资源管理包括所有类型人员的招聘、雇用、培训、开发和报酬等活动。人力资源管理支撑着整个价值链活动的运行,深刻认识其在企业中的作用能使企业运营得更加有效。

(4) 基础设施由企业的大量活动组成,包括总体管理、计划、财务、会计、法律、政府事务和质量管理。基础设施在整个价值链中起辅助作用。依据企业经营情况,企业的基础设施可以是自我支撑的或在各业务单元和母公司之间分担。在多元化经营的企业里,基础设施建设的各项活动分布在各业务单元和公司层次之间。大多数情况下,基础设施建设活动发生在业务单元和企业的范围内。企业基础设施建设有时被视作一种间接费用,但它也能成为竞争优势的一种有力来源。

2. 组织内部间的价值链联系

价值活动是企业构筑竞争优势的源泉,价值链是相互依存的价值活动所构成的一个体系。在这个体系中,一种价值活动的经济性或有效性可能受其他价值活动的作用与影响。价值活动是由价值链的内部联系联结起来的,某一价值活动进行的方式和经济特性与另一价值活动之间是相互关联的。由于企业价值链上各价值活动的相互联系性,改变其中一项价值活动的实施方式不仅可以降低其价值活动的成本,而且可以降低价值活动的总成本。价值链内部的联系为降低相互关联的价值活动总成本和创造价值活动体系的异质性提供了机会。因此,企业竞争优势不仅来自单项价值活动本身,而且来自各项价活动之间的内在联系。企业价值活动之间的联系表现为实现企业战略目标的活动之间的权衡取舍,通过优化和协调为企业带来竞争优势。例如,严格的前期质量检验可以减少后期顾客服务的成本;企业为保证按时交货就必须保证生产运作、输出物流和其他相关活动的协调配合。优化和协调各种活动通常会使企业削减成本或提升运营的差异性。例如,海尔的"零库存"战略,就是通过优化和协调价值链上的相关活动,获得了竞争优势。

3. 组织间的价值链联系

联系不仅存在于一个企业价值链的内部,而且存在于企业和其他组织活动之间,如企业价值链与顾客和供应商的价值链之间。企业获得持续竞争优势,不仅取决于企业价值链的理解,而且取决于企业价值链与顾客和供应商价值链等之间的广泛联系,如图4.8所示。

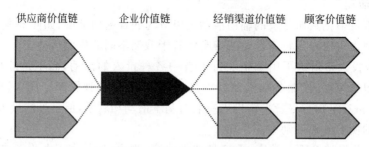

图 4.8 组织间的价值链联系

企业通过自己的价值链影响顾客的价值链,从而达到减少顾客成本和提高顾客效益的目的。企业对顾客的价值链影响,不仅表现在顾客实际使用产品的活动中,还表现在顾客认知和获得产品的过程中。企业价值链对顾客价值链的影响不仅表现在产品中,还表现在其他的一系列,如订货系统、销售系统等活动中。企业价值链和顾客价值链之间的联系为企业提供了获得竞争优势的机会。产品对顾客价值链直接或间接产生的影响越多,形成差异化的可能性就越大。企业通过有效地设计价值链可以降低顾客成本,提高顾客收益。企业若能很好地了解顾客是如何使用产品,市场营销与销售、物流运输等是怎样影响销售成本的,那么在此过程中寻求节约成本的策略方法,就能降低顾客购买成本,提高顾客的收益。提高顾客价值就是指顾客价值最大化,企业积极寻求顾客对产品的利益诉求,弄清顾客对产品需求的价值,达成企业制定差异化战略的机会,提高顾客收益。

企业的采购和输入物流活动与供应商的订单处理系统相互作用。供应商的生产流程设计人员与企业的技术开发和生产人员之间可以通过协同工作降低成本和提高效率。因此,企业的价值链与供应商的价值链互相影响,且供应商价值链能十分显著地影响企业成本的控制和差异性。例如,供应商的高配送效率能够降低企业库存的要求,供应商对发货的检查能够减少企业对产品进行检查的需要等。供应商价值链对企业能否获得成本优势关系重大,如供货商交货次数和时间与企业原材料库存之间的关系,供应商的应用工程与企业的技术开发成本之间的关系。供应商价值链与企业价值链之间的各种联系为企业增强其竞争优势提供了机会。企业通过改善与供应商价值链之间的关系可以与供应商达到双赢的局面。企业提供给顾客和供应商共同进行价值创造活动的安排可以使供应商以新的方式考虑价值,使得供应商本身获得顾客价值,企业同时获得顾客和供应商价值。企业在运营中提升与供应商的议价能力也是获得竞争优势的一个关键来源。

4.4.2 内部因素评价矩阵

建立内部因素评价矩阵以对内部战略管理分析进行总结。这一战略制定工具评价和总结了企业各职能领域的优点与弱点,并为确定这些领域间的关系提供基础。一般情况下,IFE 矩阵可以按如下五个步骤建立。

(1) 列出在内部分析过程中确定的关键因素。采用 10~20 个内部因素,包括优势和弱势两方面。首先列出优势,然后列出劣势。要尽可能具体,采用百分比、比率和比较数字。

(2) 给每个因素以权重,其数值范围由 0(不重要)到 1.0(非常重要)。权重标志着各因素对于企业在产业中成败影响的相对大小。无论关键因素是内部优势还是内部弱势,对企业绩效有较大影响的因素就应当得到较高的权重。所有权重之和等于 1.0。

(3) 对各因素进行评分。1 分代表很差;2 分代表差;3 分代表一般;4 分代表好;5 分代表很好。评分以公司为基准,而权重则以产业为基准。

(4) 每个因素的权重乘以它的评分,即得到每个因素的加权分数。

(5) 将所有因素的加权分数相加,得到企业的总加权分数。

无论 IFE 矩阵包含多少个因素,总加权分数的范围都是从最低的 1 到最高的 5,平均分为 3。总加权分数小于 3 的企业内部状况处于弱势,而分数大于 3 的企业内部状况则处于强势。同外部因素评价矩阵一样,IFE 矩阵应包含 10~20 个关键因素。因素数不影响总加权分数的范围,因为权重综合永远等于 1。当某种因素既构成优势又构成弱势时,该因素将在 IFE 矩阵中出现两次,而且被分别给予权重和评分,IFE 矩阵示例如图 4.9 所示。

内部关键因素评价矩阵示例			
关键内部因素	权重	评分	加权分数
优势			
流动比率增长至2.52	0.06	4	0.24
盈利率上升到6.94%	0.16	4	0.64
员工士气高昂	0.18	4	0.72
拥有新的计算机信息系统	0.08	3	0.24
市场份额提高到24%	0.12	3	0.36
劣势			
法律诉讼尚未了结	0.05	2	0.1
工厂设备利用率下降至74%	0.15	2	0.3
缺少一个战略管理系统	0.06	1	0.06
研发支出增加8%	0.08	1	0.08
对经销商的激励不够有效	0.06	1	0.06
总计	1		2.8

注:评价值含义:1=重要劣势;2=次要劣势;3=次要优势;4=重要优势

图 4.9 IFE 矩阵示例

建立内部因素评价矩阵需要评价者的主观判断,因此,评价结果严格意义上可能不够准确。但是,对此评价方法的透彻理解对企业评价其内部环境并有效地选择和制定战略是具有非常重要的参考价值的。

结尾案例

本章小结

（1）企业内部环境分析的目的是识别企业自身的关键优势和劣势，从而制定有利于企业发展的战略，使企业长期生存发展。

（2）企业生命周期分为四个阶段：创业期、成长期、成熟期和衰落期。企业在生命周期的不同阶段会面临不同的战略选择，进而表现出不同的战略态势和思路。

（3）任何一个企业都是由多个利益相关者组成的运行系统，利益相关者与企业的经营业绩息息相关。因此，为了确保长期股东价值最大化，管理人员要尤为注重与关键利益相关者的关系。利益相关者战略管理模型包括直接影响模型和适度模型。该战略管理认为只有当利益相关者对企业具有战略价值时，利益相关者管理才会进入企业的决策过程。

（4）企业资源是服务于企业生产经营中的各种投入，可以分为有形资源、无形资源和人力资源。企业能力是组织中的积累性学识，特别是关于如何协调不同的生产技能和有机结合多种技术流派的学识。企业资源与能力状况分析可通过市场营销资源与能力分析、财务会计资源与能力分析、生产运营资源与能力分析、研究开发资源与能力分析以及人力资源与能力分析这些方面进行。

（5）企业的核心竞争能力是企业持续竞争优势的来源，是企业在积累和学习怎样分配资源和能力的组织过程中，通过运用自己独特的资源（有形资源、无形资源和人力资源），创造出比竞争对手更强的竞争能力和竞争优势。

（6）企业内部价值链用于分析企业经营管理过程中的每个环节所创造的价值。企业在竞争中的优势，尤其是能够获得持续的竞争优势，来源于企业在价值链某些特定的战略价值环节上的优势。

（7）内部因素评价矩阵是对企业组织内部资源与能力进行评价的一种方法，将企业内部因素的优势与劣势进行分析的结果以矩阵的形式表达出来，形成内部因素评价矩阵。

即测即练

第 5 章 五种通用的竞争战略

本章学习要点

1. 掌握五种通用的竞争战略的含义和适用条件。
2. 了解五种通用的竞争战略的特征以及它们之间的差异。
3. 掌握基于低成本获得竞争优势的主要途径。
4. 掌握基于将公司的产品或服务与竞争对手区别开来(差异化)获得竞争优势的途径。
5. 熟悉最优成本战略的特点——低成本战略和差异化战略的混合体。

开篇案例

公司可以采用任何一种基本方法来赢得竞争并获得竞争优势,但所有方法都涉及向客户提供比竞争对手更多的价值,或比竞争对手更有效率地提供价值。对客户而言,更多的价值可能意味着物美价廉、值得支付更多费用的优质产品,或者向他们提供最大价值的产品,集中体现了价格、特性、服务以及其他有吸引力的属性。更有效率意味着公司能以更低的成本向客户传递特定水平的价值。但是,无论公司以何种方式提供价值,它几乎总是必须开展异于竞争对手的价值链活动,并构建竞争对手无法轻易匹敌的有竞争价值的资源和能力。

本章描述了五种通用的竞争战略选择。采用何种战略是公司在制定总体战略并着手寻求竞争优势时的首要决策。

5.1 低成本战略

在一个有许多对价格敏感的购买者的市场中,努力实现相对于竞争对手更低的总成本是一种强有力的竞争方式。当公司做到行业中成本最低而不仅仅是几家具有相对低成本的竞

扩展阅读 5.1 吉利汽车的成本领先战略

争者之一时,这家公司就实现了低成本领先(low-cost leadership)。公司采用两种方式来将低成本优势转化为具有吸引力的利润业绩:一是利用低成本优势,制定低于竞争对手的价格,并吸引大量对价格敏感的购买者,以增加总利润;二是保持目前的价格不变,维持有的市场份额,每销售一单位产品,利用低成本优势获得更高的边际利润,从而增加公司的总利润和投资总回报。

虽然许多公司倾向于采用第一种方式来利用低成本竞争优势(用更低的价格向竞争对手发起进攻),但如果竞争对手采用报复性的降价来回应(为了保住它们的顾客群以及防止销售损失),则这一战略的结果可能会事与愿违。急于降价往往会引发价格战,降低所有参与价格战的企业的利润。竞争对手通过匹配降价来应对的风险越大,采用第二种方式,利用低成本优势实现更高利润的吸引力就越大。

5.1.1 获得成本优势的两种主要途径

为了获得相对于竞争对手的低成本优势,公司在整个价值链上的累计成本必须低于竞争对手。其主要有两种途径。

1. 价值链活动中的成本效益管理

公司要想在价值链管理中比竞争对手更有成本效益,管理者必须不断寻找在价值链的每一个环节上可能节约成本的机会。每一项活动都必须进行节约成本的审查,公司的所有员工都必须发挥他们的聪明才智,为公司想出新颖而有成效的降低成本的方法。需要特别注意一系列成本驱动因素(cost driver),这些因素对公司的成本有很大的影响,并可用作降低成本的杠杆。通过有效利用成本驱动因素进行成本削减包括以下方法。

(1) 寻找所有可获得的规模经济。规模经济源于通过扩大经营规模降低单位成本的能力,规模经济可能在价值链的不同节点产生。通常来说,大型工厂往往比小型工厂运营更经济,尤其是当它能全天自动运行时,较高的产能利用率使固定资产折旧和其他固定成本可以分摊到更大的总产量上,从而降低每一单位产品的固定成本。资本密集型的业务越多,固定成本占总成本的比例越大,非产能最大化下运营的单位成本也就越高。在全球产业中,在世界范围内销售标准化的产品往往能降低单位产品成本,而不是为每个国家的市场单独制造产品,因为单个国家往往无法实现最经济的生产规模,通常成本较高。在广告业中也存在规模经济效应。例如,盼盼食品作为2022年北京冬奥会的赞助商,在冬奥会期间提供了2 000多万包食品,这些赞助的食品所消耗的广告成本都已经分摊到了盼盼食品几十亿元的销售收入中。

(2) 充分发挥经验和学习曲线效应的优势。随着公司员工的学习和经验的累积,实施一项活动的成本会随着时间的推移而下降。学习和经验的经济效应可能源于磨合与掌握新引进的技术,利用工人的经验和建议去配置更有效的厂房布局与装配程序,以及通过重复选址和修建新的厂房、配送中心或零售店而产生的额外速度与更高的效率。1908年,福特公司投产了第一批T型车,售价850美元,不仅亏本,而且市场份额被900美元的别克汽车占去了不少。为了降低成本,福特实行5美元工资制,这样大幅度减少了装配线工人的流动,工人通过在一个岗位上不断积累经验使得技能不断提升,从而产品生产效率也得以提高,最终产量提高了20%。福特将学习曲线运用在T型车的制造上,达到降本增效的效果,到1925年,福特已经占有60%的市场份额。[①]

(3) 提升供应链的效率。与供应商合作,简化订购和采购流程,通过"零库存"实践减少库存持有成本,降低运输成本和材料处理成本,并寻找其他节约成本的机会,这是一种常用的缩减成本的方法。当公司在成本高效的供应链管理方面具有独特竞争力时,就能取得很大的成本优势。例如,盒马鲜生(中国领先的生鲜配送新零售商超)。

(4) 在不牺牲产品质量和性能的情况下,使用更低成本的投入。如果某些原材料和零部件的成本"过高",公司可以转而使用更低成本的原材料或零部件,甚至在产品设计时可以完全不使用这些高成本的原材料或零部件。

(5) 利用公司与价值链上相关供应商或其他利益相关者的议价能力来获得优惠。例如,沃尔玛拥有强大的供应商议价的能力,能通过大宗采购来获得价格折扣。

(6) 利用在线系统和尖端软件来实现运营效率。党的二十大报告提道:"加快发展数字经济,促进数字经济和实体经济深度融合"。例如,正泰集团作为低压电气领域的传统制造业的龙头企业,在2013年提出"数字正泰"的理念,利用物联网技术打造全自动化工厂,通过自建MES(制造执行系统)、PDM系统(产品数据管理系统)、APS(高级排程系统)、EMS(能效管理系统)等一众软件与上游供应商、下游经销商以及企业内部管理人员一起共享数据,实现信息的无障碍沟通,从而提升供应商供货速度、提高经销商分销速率、降低企业产品库存,全方位实现企业经营效率的提升。

(7) 改进工艺设计,采用先进的生产技术。通常,生产成本可以通过如下方式得以缩减:①利用面向制造的设计程序(DFM)和计算机辅助设计(CAD)技术,挖掘出更加集成和高效的生产方法;②投资开发高度机械自动化的生产技术;③转向大规模定制化的生产流程。戴尔在奥斯汀、得克萨斯的高度自动化的PC(个人计算机)装配厂,就是使用先进生产技术和流程设计的典型例子。大量的公司都是全面质量管理(TQM)系统、六西格玛(Six Sigma)方法以及其他旨在提升效率和缩减成本的业务流程管理技术的热心用户。

(8) 关注业务外包和纵向一体化的成本优势。如果外部专业化公司凭借其专业知识和业务量优势,可以用较低的成本开展活动,那么将某些价值链活动外包可能比在内部完成更加经济。另外,有时候将供应商或分销渠道伙伴的活动整合在一起,可以通过提高生产效率、减少交易成本或者更有利的议价地位来降低成本。

(9) 通过激励体系和企业文化来激励员工。公司的激励体系不仅可以激发员工更高的生产率,还可以激发员工提出节约成本的新建议。企业文化也可以激发员工在生产率和持续改进方面的自豪感。以成本缩减的激励体系和企业文化而闻名的公司,包括以"20000名队友"(20000 teammates)为特点的纽柯钢铁公司、西南航空和沃尔玛。

2. 通过重组价值链系统降低成本

通过重新设计公司的价值链系统,以消除或者完全避开某些产生成本的价值链活动,往往会形成显著的成本优势。这种价值链改造如下。

[①] 数据来源:藕继红.升级中国制造的五个节点[J/OL].商界:评论,2009(8):42-45.ee.ckgsb.com/faculty/news/detail/157/2568.html。

(1) 绕过分销商和零售商向消费者直销。为了减少对分销商和零售商的依赖,公司可以:①建立自己的直销队伍(虽然这样会增加维持和支持销售队伍的成本,但可能比采用独立的分销商和零售商模式来获取购买者的成本要低);②通过公司的网站等方式开展线上营销(线上运营和运输的成本,可能比通过分销商和零售商渠道进行销售的成本要低得多)。价值链上批发和零售部分的成本经常占消费者最终支付价格的35%~50%,因此建立直销团队或线上销售可能会大大节省成本。

(2) 通过剔除低附加值或不必要的工作环节和活动来简化运营。例如,在沃尔玛,一些由制造商提供的商品直接配送到零售店,而不是通过沃尔玛的配送中心,由沃尔玛的卡车运送。在其他情况下,沃尔玛会将到达其配送中心的制造商卡车上的商品直接装载到即将开往指定卖场的沃尔玛卡车上,而不是将货物移至沃尔玛的配送中心。许多连锁超市通过转而采购在肉类加工厂就已经切块包装好的肉类,然后以待售形式直接运送到它们的商店,从而大大减少店内的肉类屠宰和切割活动。

(3) 通过让供应商的厂房或仓库的位置靠近公司,来减少材料处理和运输成本。让供应商的厂房或仓库建在靠近公司厂房设备的地方,使零部件能准时送达指定的工作站。这不仅降低了进货运输成本,同时减少甚至取消了公司为进货零部件而修建和管理仓库的成本,并使工厂人员根据装配需要将库存转移到工作现场。

3. 公司通过改造价值链缩减成本的案例

海信公司是中国特大型电子信息产业公司,其在空调制造领域,通过引进完全成本效率对标法(TCP对标法),实现了海信空调全价值链的降本增效。TCP对标法基于全系统的思维,通过与竞品对标,选择全系统最优的解决方案,并不断突破限制,持续降低成本。在研发与采购环节,海信使用TCP对标法找到降本点和可优化空间,从而降低其原材料和零部件的采购成本;在生产环节,海信使用TCP对标法分析产品与竞品的生产工艺,去掉冗余的生产流程,实现生产效率的提升和成本的下降;在销售与服务环节,海信使用TCP对标法有针对性地比较自身产品与竞品间的差异,探索性地调整产品研发设计,从而为客户提供满足其差异化需求的产品。目前,空调行业已经进入存量市场,价格战愈演愈烈,海信空调初次使用TCP对标法,产品成本便下降了6%,根据经验,经过迭代创新,海信空调一般还可以降本10%左右,超过了其大客户惠而浦提出的产品成本需每年下降5%的目标,与其他空调品牌相比,海信空调通过改造价值链实现的低成本提高了海信空调在市场中的价格优势。

美国西南航空公司(以下简称"西南航空")通过重组商务航空的传统价值链,极大地节约了成本,从而为旅行者提供超低的票价。西南航空精于节省飞机在登机口的周转时间(大约需要25分钟,而竞争对手需要45分钟),它的飞机每天可飞行更长的时间。这使得它每天可以用更少的飞机安排更多的航班,因而西南航空每架飞机的平均收益高于竞争对手。西南航空不提供指定座位,不将行李转运至联运航空公司,也不提供头等舱及服务,因此省去了与这些属性相关的所有成本。公司快速且友好的在线预订系统方便了电子订票,并减少了电话预订中心和机场柜台的员工数量。它使用自动的登机设备也减少了终端检票人员的数量。公司精心设计的点对点航线体系,使得乘客的联运、延误和总行程时间最小化,实现了大约75%的西南航空乘客可以直飞目的地,同时也降低了西南航空的航班运营成本。西南航空的价值链如图5.1所示。

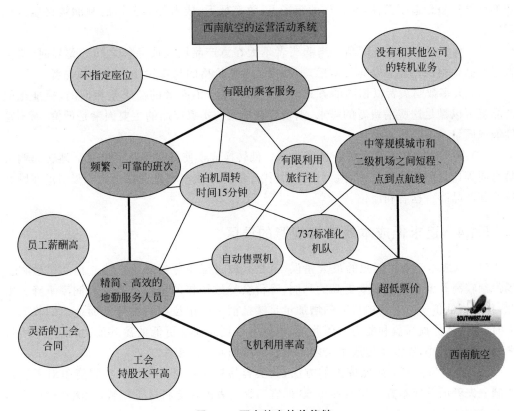

图5.1 西南航空的价值链

(资料来源：波特.什么是战略[J].哈佛商业评论,1996年11—12号.)

5.1.2 低成本战略成功的关键

虽然低成本靠节约制胜,但在能从业务中节省成本的资源和能力的投资上很少犹豫。事实上,拥有此类竞争性资产并确保它们的优势地位,对实现作为低成本供应商的竞争优势至关重要。例如,沃尔玛在整个运营过程中都是最先进技术的早期采用者,但是,沃尔玛在投资新技术之前,都会精心估算采用新技术能节约多少成本。通过持续投资复杂、竞争对手难以仿效的成本节约型技术,沃尔玛的低成本优势已经保持了30多年。其他以成功使用低成本战略而闻名的公司还包括：网络和电信设备领域的华为,家用电器品牌的格兰仕,移动互联网领域的小米,汽车制造领域的吉利汽车等。

5.1.3 低成本战略的适用条件

在以下情景中,低成本战略更加有吸引力和竞争力。

(1) 竞争对手间激烈的价格竞争。低成本企业处于最有利的地位,它们可以发起基于价格的竞争,击败竞争对手获得市场份额,赢得价格敏感型顾客的交易,在激烈的价格竞争中维持盈利,在价格战中生存下来。

(2) 竞争对手的产品同质化程度高。市场上的产品雷同或供给大于需求，这就为激烈的价格竞争创造了条件，在这样的市场上，效率低下、成本偏高公司的利润被挤压得最厉害。

(3) 购买者价格敏感度高。当购买者不太在意产品属性或品牌之间的差异时，购买者对产品价格的差异总是异常敏感，那些提供最低价格的品牌往往是行业领先者。

(4) 大多数购买者以相同的方式使用产品。由于消费者的需求是相同的，标准化的产品就可以满足这些消费者的需求，消费者选择某一卖家产品的主要因素是低价，而不是性能或质量。

(5) 购买者对卖家产品的转换成本低。低转换成本使得购买者可以灵活地转而购买具有同等质量的低价产品或有吸引力的替代产品。低成本领先者在用低价吸引潜在顾客选购其产品时占据有利地位。

5.1.4 追求低成本战略应规避的误区

(1) 低成本企业可能犯的最大错误，就是采取过度激进的降价措施。单品销量和市场份额较高并不会自动带来更高的利润，降价会导致销售的单位产品的利润率下降。因此，只有当低价所带来的销售额的增加量足够抵消由于单位利润率降低而造成的收入损失时，降价才能提高盈利能力。因此，降价能带来更高还是更低的盈利能力，取决于所带来的销量的大小，以及单位成本会随着销量的增加而下降多少。

(2) 企业所依赖的降低成本的方法，其实容易被竞争对手模仿。如果竞争对手发现复制领先者的低成本方法相对容易或"便宜"，领先者的优势将过于短暂，无法在市场上形成有价值的优势。

(3) 过度关注降低成本。公司不能太过热衷于追求低成本，以至于公司的产品缺乏特色而无法对购买者产生吸引力。此外，极力降低成本的公司，必须加强防范购买者的变化，这是很容易被它们忽视的。例如，购买者对价格的敏感性下降，对附加特征或服务的兴趣增加，或者出现了改变购买者使用产品方式的新业态。如果购买者开始选择更高档或特征更丰富的产品，公司就存在失去市场的风险。

即使这些误区都避免了，低成本战略仍然存在风险。创新的竞争对手可能会发现价值链成本更低的方法，也可能会突然出现成本节约方面的重大技术突破。而且，如果低成本供应商对它现有的经营方式投入过大，那么公司快速转向新的价值链方法或新技术的成本将是非常高昂的。

5.2 广泛差异化战略

当购买者的需求和偏好多样化，而标准化产品不能完全满足其需求时，差异化战略是很有吸引力的。成功的产品差异化需要仔细研究，以确定购买者会认为哪些特性是有吸引力的、有价值的和值得购买的。然后，公司必须将这些顾客想要的属性整合到自己的产品或

扩展阅读5.2 以铸为名，聚力军工——安吉精铸集中差异化战略选择动因

服务中,使其与竞争对手提供的产品或服务区别开来。当大量的购买者发现该公司的产品比竞争对手的产品更有吸引力,并且值得在一定程度上支付更高的价格时,广泛差异化战略的目的就实现了。

成功的差异化战略能够让公司做到:为其产品索要溢价、增加单位销量(因为差异化的特征赢得了更多的购买者)、赢得买方对其品牌的忠诚度(因为购买者被差异化的特征牢牢吸引,并与公司及其产品产生了联系)。

无论公司产品是以足够高的价格出售还是产生足够大的单位销量,从而超过实现差异化的额外成本,差异化都能增加利润。当购买者不重视品牌的独特性或者公司的差异化特征很容易被竞争对手模仿时,公司的差异化战略就是失败的。

公司可以从多个角度追求差异化:独特的口味(如红牛、王老吉)、多种功能(如华为运动手表、小米智能家电)、选择范围广和一站式购物(如万达广场、阿里巴巴)、卓越的服务(如海底捞、SKP商场)、零部件供应(如丰光精密、东利机械)、工程设计和性能(如比亚迪、吉利汽车)、高级时尚设计(如 Grace Chen、郭培·囍)、产品可靠性(如海尔的家用电器和格力的空调)、品质制造(如稻香村)、技术领先(如中兴通讯的通信设备)、全方位服务(如碧桂园的物业服务)、广泛的产品选择(如良品铺子、百草味)。

5.2.1 通过价值链管理创造差异化属性

差异化不仅仅是由营销和广告部门策划出来的,也不仅仅限于各种各样的质量和服务,差异化存在于整个产业价值链的活动中。管理者可以采用的最为系统化的方法是关注一系列价值驱动因素(value driver),类似于成本驱动因素,在创造差异化方面特别有效。基于价值驱动因素,管理者可以用以下方法来增强差异化。

(1) 创建吸引广泛购买者的产品特点和性能属性。产品的物理特性和功能特性对差异化有很大的影响,包括增加用户安全性、加强环境保护等特性。造型和外观是服装行业和机动车辆行业的主要差异化因素;在双筒望远镜和移动设备中,尺寸和重量都很重要。大多数采用广泛差异化战略的公司,都特别注意在其产品或服务中融入新颖的特性,特别是那些能提高性能和功能的特性。

(2) 提升客户服务或增加附加服务。在交付、退货、维修等环节中,更好的客户服务在创造差异化与优质的产品特性方面同样重要。例如,为购买者提供良好的技术支持、更高质量的维修服务;为客户提供更多更好的产品信息;为终端用户提供更多更好的培训材料、更好的信用条款、更快速的订单处理以及更多的便利性。

(3) 投资于与生产有关的研发活动。从事生产方面的研发能够使企业以有效的成本实现定制生产,通过产品"版本化"(versioning),提供更广泛的产品种类和选择,或者改进产品质量。许多生产商已经开发出柔性制造系统,允许不同的型号和产品版本在同一条生产线上生产,能够为购买者提供定制化产品是一项强大的差异化能力。

(4) 努力开展创新和技术改进。成功创新是更频繁地在市场中取得胜利的途径,也是一种强大的差异化要素。如果通过专利保护和其他方式证明创新很难被复制,它可以为公司提供可持续的先行者优势。

(5) 追求持续的质量改进。质量控制流程可以减少产品缺陷,防止产品早期的失败,延长产品生命周期,提供更长的保修期以使其产品更划算,促进产品使用的经济合理,从而带给终端用户更多的便利性,或者提升产品外观。那些质量管理体系符合认证标准(如ISO 9001 标准)的公司,能够提升它们在购买者心中的质量声誉。

(6) 增加市场营销和品牌建设活动。营销和广告会对购买者感知的价值产生巨大影响,进而影响到他们是否愿意为公司的产品支付更高的价格。即使存在微小的有形差异,营销和广告也可以创造差异化。例如,盲测(blind taste test)(即通过技术处理百事可乐和可口可乐的产品品牌标志)结果显示,即使是最忠实的百事可乐或可口可乐的饮用者,也很难将两者区分开来。品牌创造了顾客忠诚度,增加了转向另一种产品的感知"成本"。

(7) 寻找高质量的投入品。投入品质最终会产生溢出效应,影响公司最终产品的性能或质量。例如,星巴克在咖啡排名中名列前茅,部分原因是它对从供应商处采购的咖啡豆有非常严格的要求。

(8) 强调提高公司员工的技能、专长和知识的人力资源管理活动。拥有高智力资本的公司,往往有能力产生各种想法以推动产品创新、技术进步以及改善产品设计和产品性能、改进生产技术和实现更高的产品质量等。精心设计的薪酬激励体系往往能激发员工的聪明才智,开发和实施有效的产品差异化新属性。

5.2.2 通过广泛差异化战略传递卓越的价值

差异化战略依赖于以独特的方式满足顾客需求,或者通过诸如创新或有说服力的广告等活动来创造新的需求,目标是为顾客提供竞争对手无法提供的产品,实现这一目标有以下四种基本途径。

(1) 在产品中引入能降低买方产品使用总体成本的产品属性和用户功能。这是在建立差异化优势中最不明显、最容易忽略的途径。这是一个差异化因素,可以帮助企业客户在它们的市场上更具有竞争力,并且更有利可图。原材料和零部件生产商赢得产品订单的方式通常如下:减少购买者的原材料浪费(提供按尺寸切割的零部件),降低购买者的存货要求(提供准时交货),使用在线系统减少购买者的采购和订单处理成本,提供免费的技术支持,最后这种差异化途径也能吸引那些寻求节省其整体消费成本的个体消费者。实现买方更加经济地使用公司的产品可以通过增加节能属性(节能家电和灯泡有助于节省购买者的水电费;节能汽车降低了购买者的汽油费用),通过增加保养的时间间隔和产品的可靠性来降低购买者的保养和维修费用。

(2) 引入有形的产品特性以增加顾客对产品的满意度,如产品规格、功能、样式。这可以通过以下方式来实现:增加产品的功能、加强设计、节约用户时间、更可靠或使产品更清洁、更安全、更安静、更易使用、更便携、更方便以及比竞争对手品牌更持久。如智能手机生产商竞相推出多用途且菜单功能更简洁的新一代产品。

(3) 引入无形的产品特性,以非经济的方式提高消费者满意度。丰田的普锐斯(PRIUS)吸引环境意识强的汽车购买者,不仅是因为这些驾车者希望有助于减少全球二氧化碳的排放量,而且是因为他们认同其传递的形象。宾利、拉夫·劳伦、路易威登、巴宝莉、卡地亚以及蔻驰等拥有基于差异化的竞争优势,这与购买者对地位、形象、声望、高档时尚、技术卓越性以及生活中更美好事物的渴望相联系。有助于差异化的无形资产可以超越产品属性,扩展到公司的声誉以及客户关系或信任。

(4) 向买方表明公司产品的价值。典型的价值信号包括:高价(在高价格意味着高质量和高性能的情况下)、比竞争产品更具吸引力或更有趣的包装、强调产品突出属性的广告内容、宣传册及销售推广的质量,以及卖家设施的奢华和氛围(对高端零售商和顾客经常光顾的办公室或其他设施来说很重要)。

无论采用哪种方式,实现成功的差异化战略首先要求公司在客户服务、市场营销、品牌管理以及技术等方面具备创造和支持差异化的能力。也就是说,公司的资源、能力以及价值链活动必须与战略的需求很好地匹配。为了使战略为公司带来竞争优势,公司向买方交付价值的能力必须足够独特,以使公司的产品与竞争对手的区分开来。公司的独特能力在竞争中必须能够体现卓越性。有大量的公司基于其独特力实现了差异化。例如,科大讯飞、大疆科技、大族激光、商汤科技等科技创新型企业,它们在各自的科技领域均有自主研发的新技术,许多企业都无法效仿。当重大新闻事件发生时,许多人就会收听、收看人民日报和中央电视台,因为它们有能力让记者迅速到达现场,暂停播放常规节目(不会损失与常规节目相关的广告收入),并把大量的时间花在有新闻价值的事件上。

最成功的差异化方法是竞争对手难以复制的方法。事实上,这是实现可持续差异化优势的途径。虽然资源丰富的竞争者可以及时克隆出几乎任何有形的产品属性,但无形的属性,如公司的声誉、与买家建立的长期关系以及企业形象等,更难以模仿。

创造转换成本锁定买方的差异化也能带来可持续优势。通常来说,当差异化是基于良好的产品形象、受专利保护的产品创新、复杂的技术优势、卓越的产品质量和可靠性的声誉、关系的客户服务以及独特竞争力时,差异化就能建立更持久、盈利空间更大的竞争优势。

5.2.3 差异化战略的适用条件

在以下的市场环境中,差异化战略将最为有效。

(1) 购买者的产品需求和产品用途是多样化的。多样化的购买偏好使得行业竞争者通过产品属性将自己区分开,从而吸引特定的购买者。例如,顾客对菜单选择、氛围、定价以及客户服务的多元化偏好,使得餐厅在开发差异化的产品服务方面具有特别广泛的自由度。购买者需求多样化的其他行业包括杂志出版业、汽车制造业、鞋业以及厨房用品业。

(2) 有很多方法可以将对购买者有价值的产品或服务进行差异化。如果产业内的竞争者有机会增加产品或服务特性,那么在这样的产业内很适合开展差异化战略。例如,连锁酒店可以在地理位置、房间的大小、客户服务范围、酒店内餐饮、床上用品、家具的质量和奢华程度等方面进行差异化。同样地,化妆品生产商也可以基于声誉和形象抗衰老配方、紫外线防护、零售场所的排他性、抗氧化剂和天然成分的含量或禁止动物试验等方面建立差异化。

(3) 几乎没有竞争企业采用类似的差异化方法。最好的差异化方法包括基于竞争对手不看重的属性去尝试吸引购买者。当差异化竞争者在创造价值时采用自己独立的方式而不是试图在相同的属性上区别于竞争对手时,会遇到较少的直接竞争。当大量的竞争者努力将差异化建立在相同属性的基础上时,最可能的结果就是弱化品牌差异以及形成"战略拥挤"（strategy crowding）——竞争者最终都会以相同的产品抢夺相同的购买者。

（4）技术变革节奏较快，竞争围绕快速发展的产品特性展开。快速的产品创新，频繁地推出下一代产品，可以提升购买者的兴趣，并为公司提供追求明显差异化路径的空间。在智能手机、可穿戴设备、业余爱好者使用的和商用的无人机、汽车车道检测传感器以及电动汽车等领域，竞争企业陷入一场持续的战斗，试图通过推出更好的下一代产品让自己脱颖而出。如果公司未能开发出新的、改进过的产品或独特的性能，很快就会在市场上失去竞争力。

5.2.4 追求差异化战略应规避的误区

差异化战略失败原因可能有以下四个方面。

（1）以容易且能快速复制的产品或服务属性为关键点的差异化战略。快速模仿意味着没有竞争者能够实现差异化，因为无论何时，一旦一家公司引入一些能引起买方青睐的价值创造活动，快速跟进的模仿者就会迅速重建同等地位。这就是为什么公司要想用差异化赢得持续的竞争优势，就必须寻找对于竞争对手来说模仿起来耗时或者烦琐的价值创造来源。

（2）当消费者认为公司产品的独特属性没有什么价值时，差异化战略也会受到影响。这样，即使公司成功地使自己的产品和竞争对手的区别开来，但如果公司产品无法为买方提供足够的价值，其差异化战略带来的销量和利润也只会令人失望。无论何时，如有大量的潜在购买者把公司提供的差异化产品看成是无差异的，则公司的差异化战略就会深陷困境。或者，过度差异化以至于产品质量、特性或服务水平超出了大多数购买者的需求，一系列令人眼花缭乱的特色和功能不仅抬高了产品价格，而且可能存在风险：大量购买者可能会认为不太高级的、价格更低的品牌更有价值，因为他们几乎没有机会使用到产品的高级功能。

（3）公司在努力实现产品差异化方面支出过大，降低了利润。公司为取得差异化所做的努力几乎都会增加成本，而且通常是大幅度的，因为营销和研发是费用高昂的工作。能够盈利的差异化的关键在于，将实现差异化的单位成本保持在差异化属性所带来的价格溢价之下（从而提高单位销售的利润率）；通过实现足够多的销量来增加总利润，以抵消单位利润较低所带来的影响。如果公司在追求代价昂贵的差异化中走得太远，可能会导致不可接受的低利润甚至亏损。

（4）价格溢价过高。虽然购买者可能被产品豪华的特性所吸引，但是他们可能会认为相对于差异化属性所带来的价值而言，产品的价格过高。公司必须防止潜在客户将其看成"敲竹杠"。通常情况下，差异化产品溢价幅度越大，就越难阻止消费者转向购买其他价格较低的竞争对手的产品。

5.3 聚焦战略

与低成本战略和广泛差异化战略不同的是，聚焦战略将注意力集中在整个市场的一个狭窄部分。目标市场可以是地理细分市场（如东北地区、长三角地区）、客户细分市场

(如城市潮人)或者产品细分市场(如某种产品类型)。OPPO 和 vivo 是中国中高端手机市场的领军品牌,目标客户聚焦于年轻人。OPPO 和 vivo 手机通过迎合年轻人的需求点,成功地在已经是"红海市场"的手机行业杀出一条"血路"。据 CINNO Research 发布的产业研究报告,在 2021 年,OPPO 和 vivo 分别占中国手机 20.5% 和 18.2% 的市场份额,超越苹果、小米、华为等一众手机品牌。① 专注于特定产品或细分市场的公司还包括王老吉(凉茶饮料)、爱玛(小型电动车)和波司登(羽绒服)、哔哩哔哩(年轻世代高度聚集的文化社区和视频平台)、海底捞(餐饮服务)、比亚迪(电动汽车)以及飞鹤奶粉(更适合中国宝宝体质的奶粉)等。小型酿酒厂、本地面包店、提供住宿和早餐的旅馆、零售精品店等也扩大了它们的业务,为狭窄市场或本地细分市场提供服务。

扩展阅读5.3　春兰公司：大胆决策,周密部署

5.3.1　聚焦低成本战略

聚焦低成本战略旨在通过以低于竞争对手的成本和价格服务目标市场的买方来确保竞争优势。当公司通过只服务于一个明确定义的买方细分市场的顾客可以显著降低成本时,这种战略具有相当大的吸引力。与服务于目标市场的竞争对手相比,获取成本优势的途径与低成本领导者相同使用成本驱动因素比竞争对手更有效地执行价值链活动,并寻求创新方式,减少不必要的价值链活动。低成本战略和聚焦低成本战略之间真正的区别就是公司吸引的购买者群体的规模——前者的产品吸引几乎所有买方群体和细分市场,而后者旨在仅满足狭窄细分市场中买方的需求。

聚焦低成本战略相当普遍。生产自有品牌产品的生产商,通过专注于生产名牌产品的仿制品,并且直接销售给想要低价品牌的零售连锁店,从而实现产品开发、营销、分销以及广告方面的低成本。大润发超市创建的自有服装品牌,通过全流程把控、动态库存管理和低定倍率的方式,每年能做到六七亿元的销售额。大润发的轻薄羽绒衣能做到比优衣库还便宜。例如,7 天连锁酒店、汉庭酒店、如家酒店这样的经济型旅馆连锁店,迎合了那些对价格敏感、只想花钱在一个干净简朴的地方过夜的旅行者。

5.3.2　聚焦差异化战略

聚焦差异化战略涉及提供优质的产品或服务,以满足狭窄、明确界定的买方群体的独特偏好和需求。聚焦差异化战略的成功使用取决于:①寻求独特的产品属性或卖方能力的买方细分市场是否存在;②公司创造有别于同一目标市场上竞争对手的产品和服务的能力。如小罐茶、红旗、周大福、水井坊等用了成功的基于差异化的聚焦战略,针对想拥有界级属性的产品或服务的高档买家。事实上,大多数市场都包含一个愿意为获得最优质的产品而支付高额溢价的买方细分市场,这就为某些追求基于差异化的聚焦战略、以市场

---

① 资料来源:CINNO:2021年中国市场智能手机销量约3.14亿部增长3%,O/V前两名[EB/OL].(2022-01-26). https://www.ithome.com/0/600/587.htm.

金字塔顶端为目标的竞争者开启了战略之窗。汤臣倍健股份有限公司(以下简称"汤臣倍健")是中国膳食营养补充剂的领导品牌和标杆企业,汤臣倍健坚持"科学营养"的战略,精选严控原料质量,打造透明工厂,推进功能性新产品的研发,致力于生产高品质的营养品、为用户的健康创造价值。汤臣倍健的这些战略与举措成功俘获了一大批对安全、健康和营养价值有需求的用户,汤臣倍健(300146.SZ)2021年年度业绩报告显示,在2021年,汤臣倍健达到了74.31亿元的营业收入。

5.3.3 聚焦低成本或聚焦差异化战略的适用条件

旨在以低成本或差异化为基础获得竞争优势的聚焦战略越来越具有吸引力,其适用条件如下。

(1) 目标市场足够大,可以盈利,并提供良好的增长潜力。

(2) 行业领先者选择不参与该目标市场竞争,在这种情况下,聚焦战略实施者可以避免与行业中最大、最强的竞争对手正面交锋。

(3) 对于在多个细分市场的竞争者来说,既要满足目标市场买方的特殊需求,还要满足主流客户的期望。

(4) 产业中存在大量不同的细分市场,因此允许采用聚焦战略的公司选择最适合自己资源和能力的目标市场。此外,随着目标市场的增多,市场空间足够大,实施聚焦战略的企业能够专注于不同的细分市场,并避免在同一细分市场抢夺相同的客户。

(5) 即使有也是极少数竞争对手会尝试聚焦于相同的目标细分市场这一条件可以降低细分市场过度拥挤的风险。

将公司所有竞争努力集中在单一目标市场的优势是相当可观的,特别是对中小型企业来说,它们可能缺乏资源的广度和深度去满足需求更为复杂且更广泛的客户群。例如,抖音因专注于在网上发布短视频而家喻户晓。

5.3.4 聚焦低成本或聚焦差异化战略的风险

聚焦战略有如下几个风险。

(1) 目标市场以外的竞争对手有可能寻找到一些有效的方式,来达到采用聚焦战略的公司在服务目标市场方面的能力,可能通过设计出一些特定的产品和品牌来吸引目标市场中的购买者,或者通过开发能够抵消聚焦战略实施者优势的专业知识和能力。

(2) 目标市场购买者的偏好和需求随着时间的推移转向市场中主流购买者所期望的产品属性的可能性。买方细分市场之间差异化的缩小会降低聚焦战略者的目标市场的进入壁垒,并会吸引其他相似细分市场的竞争对手在该市场开展竞争。

(3) 细分市场太有吸引力以至于竞争对手蜂拥而至,从而加剧了竞争并瓜分细分市场的利润。同时,存在细分市场增长放缓的风险,聚焦战略者未来的销量和利润增长前景黯淡。

5.4 最优成本战略

最优成本战略(best-cost strategy)是介于低成本优势和差异化优势之间的"中庸之道",同时其市场目标也是介于迎合整个广泛市场与单个市场之间。实施最优成本战略的公司通常是直接瞄准那些重视价值的购买者,寻求以划算的价格获取更好的产品和服务。注重价值的购买者通常不会选择低廉的低端产品和昂贵的高端产品,他们愿意为那些有吸引力、有实用的附加特性和功能支付"合理"的价格。最优成本战略的本质,就是相对于提供相似产品的竞争对手,以更低的价格满足客户对出色性能的需求,从而为客户提供物超所值的价值。从竞争定位的角度来看,最优成本战略是一种混合战略,其战略重点是在低成本和差异化之间进行平衡(以相对较低的价格来实现令人满意的性能)。

为有效利用最优成本战略,公司必须有能力以比对手更低的成本将高品质的属性融入产品中。当一家公司能以比对手更低的成本提供更具吸引力的特性、优异的产品性能或质量,或者提供更令人满意的客户服务时,该公司就享有"最优成本"的地位——以低成本提供拥有高档属性的产品或服务。最优成本供应商能利用低成本优势制定比竞争者更低的价格,却仍能赚取可观的利润。

最优成本战略与低成本战略是不同的,因为增加有吸引力的属性会产生额外的成本(低成本供应商则通过向购买者提供较少附加服务的基本产品来避免这些成本)。此外,这两个战略瞄准的目标市场明显不同。最优成本战略的目标市场面向的是重视价值的购买者——寻求以相对较低价格获得具有吸引力的附加品质和功能。追求价值的购买者(与寻求以低价购买基本产品的价格敏感购买者有明显的差异),往往占据着某一产品或服务市场的购买者群体中相当大的一部分。

丰田为雷克萨斯(LEXUS)汽车系列采用了经典的最优成本战略。它的一系列高性能、高品质特征设计使其车型的表现与奢华程度,可与梅赛德斯、宝马、奥迪、捷豹、凯迪拉克、林肯相媲美。为了进一步引起消费者的注意,丰田建立了一个独立于丰田经销商的雷克萨斯经销商网络,致力于提供卓越的客户服务。最重要的是,丰田利用其在制造高质量汽车方面的大量专业知识,能够以比其他豪华车制造商低得多的成本制造出具有高技术和高品质的雷克萨斯车型。为了利用其较低的制造成本,丰田将其雷克萨斯车型的定价低于同类的奔驰、宝马、奥迪和捷豹车型,以吸引注重价值的豪华车购买者。价格差异带来的竞争优势通常是非常显著的。

5.4.1 最优成本战略的适用条件

当市场中的产品差异化较为普遍,以及市场中多数重视价值的购买者追求的是中档产品而不是廉价的基础产品或是昂贵、高端的产品时,最优成本企业战略的效果最好。最优成本企业需要把自己定位于中端市场,即以低于市场均价的价格提供中等品质的产品,或者以市场均价或比市场均价略高的价格向市场提供高品质的产品。在经济萧条时期,当大量的购买者成为重视价值的购买者,并为质优价廉的产品和服务所吸引时,最优成本企业战略也同样有效。但是,除非公司拥有资源、专业知识和能力来以比对手更低的成本引入高档产品或服务属性,否则采用最优成本企业战略是不明智的。

5.4.2 最优成本企业战略的风险

实施最优成本战略公司的最大弱点,就是受到用低成本战略的公司以及使用高度差异化战略的公司的双面挤压。低成本战略的企业可以用低价格吸引最优成本战略公司的客户(尽管产品属性和功能有打折扣);高度差异化战略的企业可以通过展现更好的产品属性和功能来抢夺最优成本战略公司的客户(即使它们的产品价格更高)。因此,想要取得成功,最优成本企业就必须用明显更低的成本提供更具特色的产品或服务,从而以更低的价格击败高度差异化的企业。同样地,最优成本企业必须为购买者提供品质明显更优的产品,来证明公司的价格高于低成本领先者的合理性。换句话说,它必须为购买者提供更具吸引力的客户价值主张。

5.5 五种通用竞争战略的特征比较

采用哪一种通用竞争战略来支撑公司整体战略都不是一件简单的事。这五种通用竞争战略为公司在市场和竞争环境中设定了不同的定位,每一种战略都为公司将如何努力战胜竞争对手建立了关键问题。同时,每一种战略都为公司运营设定了一些边界或指导。每一战略在产品线、生产重点、营销重点以及战略维护的方式上都存在差异,如表 5.1 所示。

表 5.1 五种通用竞争战略的特征比较

特 征	低成本战略	广泛差异化战略	聚焦低成本战略	聚焦差异化战略	最优成本战略
战略目标	广泛的目标市场	广泛的目标市场	购买者需求和偏好有明显不同的狭小市场	购买者需求和偏好有明显不同的狭小市场	重视价值的购买者 中等市场范围
竞争战略基础	比竞争者更低的总体成本	为买方提供具有吸引力、不同于对手的产品或服务的能力	在服务利基市场顾客时,整体成本低于竞争对手	对利基市场顾客有特殊吸引力的特性	以有吸引力的价格提供更好产品的能力
产品线	有很少装饰得好的基础产品(质量可接受、选择范围有限)	产品种类繁多、选择范围广、强调差异化性能	根据利基市场顾客的品位和要求量身定制的性能和特性	根据利基市场顾客的品位和要求量身定制的性能和特性	产品特性有吸引力,性能多样化;质量较好但非最好
生产重点	在不牺牲可接受的质量和基本特性的前提下,持续寻找降低成本的方法	增加购买者愿意支付的任何差异化功能;争取产品的卓越性	不断寻求降低产品成本,以满足利基市场顾客的基本需求	小规模生产或定制产品,能满足利基市场顾客的品位和要求	以比竞争对手更低的成本增加吸引顾客的性能和较好的产品质量

续表

特征	低成本战略	广泛差异化战略	聚焦低成本战略	聚焦差异化战略	最优成本战略
营销重点	价格低、价值好 将降低成本的产品特性作为宣传重点	兜售差异化性能 收取溢价以弥补差异化性能的额外成本	宣传满足利基市场顾客需求的经济合算的产品性能	宣传产品如何最好地满足利基市场顾客的期望	强调物有所值
维持战略的关键点	价格划算,质量好 努力在每个业务领域逐年降低成本	强调持续创新,以领先于竞争对手 专注于少数几个关键差异化性能	坚持以最低的总成本服务于利基市场 不会进入其他细分市场,或者提供别的产品来扩大市场,这样会模糊公司形象	坚持以比对手更好的产品或服务来满足利基市场 不进入其他细分市场,或者提供别的产品来扩大市场,这样会模糊公司形象	独特的专长,可以在增加高档性能和特性的同时降低成本
所需资源和能力	从价值链系统中削减成本的能力 例子:大规模自动化工厂;效率导向型文化、议价能力	与质量、设计、无形资产以及创新相关的能力 例子:营销能力、研发团队、技术	降低利基市场上产品成本的能力 例子:降低利基市场所需的特定产品的投入成本、批量生产能力	满足利基市场顾客独特需求的能力 例子:定制生产、密切的客户关系	同时提供更低成本和更高质量/差异化的性能 例子:实施全面质量管理、大规模定制

因此,选择采用哪种通用竞争战略,会影响业务的运营方式以及价值链活动管理方式的诸多方面。决定采用哪种通用竞争战略或许是公司作出的最重要的战略承诺,它往往推动公司决定采取的其他战略行动。

结尾案例

本章小结

(1) 决定采用五种通用竞争战略中的哪一种——低成本战略、广泛差异化战略、聚焦低成本战略、聚焦差异化战略或最优成本战略,也许是公司所做的最重要的战略承诺。它将推动公司后续战略举措的执行,同时为获得压倒竞争对手的竞争优势明确方向。

(2) 在采用低成本战略并试图取得压倒竞争对手的低成本优势时,公司必须在管理价值链活动上比对手更具成本效益,或者必须找到创新的方法来消除会产生成本的活动。有效运用成本驱动因素是相当关键的。低成本战略在下列情况下尤其有效:价格竞争激烈且与竞争对手销售的产品几乎相同；使用时差异化的方法不多；购买者是价格敏感者或有议价能力；购买者的转换成本较低。

（3）广泛差异化战略旨在通过增加购买者认为有价值且愿意为之支付更高的价格的产品或服务的特性，建立竞争优势，这取决于对价值驱动因素的合理利用。成功的差异化战略使公司可以：①为其产品收取溢价；②增加单位销量（如果新增的购买者是通过差异化特性吸引过来的）；③获得顾客对品牌的忠诚度（因为一些购买者被差异化特性深深吸引，因而一直购买和使用公司的产品）。在下列情况下，差异化战略会取得良好的效果：购买者有不同的产品偏好；几乎没有竞争对手使用相同的差异化方式；技术变化节奏快并且竞争是围绕产品特性的快速更新换代展开。如果竞争对手能快速复制公司差异化所强调的有吸引力的产品特性，公司的差异化努力无法激起大量购买者的兴趣，公司在差异化产品上花费过多，或者试图为其差异化的额外产品收取过高费用，差异化战略注定会失败。

（4）聚焦战略可以通过更低的成本服务于目标市场的购买者，或者通过开发专业化能力为买方提供更能满足其需求的吸引人的差异化产品来实现竞争优势。基于低成本或差异化的聚焦战略，在下列情况下将会变得更具吸引力：目标细分市场大到有利可图并且有很好的发展潜力；对多个细分市场的竞争对手来说，既要满足目标细分市场的特殊需求，又要满足主流客户的需求较为昂贵或者比较困难，一个或多个细分市场需求与聚焦战略者的资源和能力相匹配；几乎没有别的竞争对手尝试在相同的目标细分市场竞争。

（5）最优成本战略是通过给予购买者比其支付的价格更多的价值来建立竞争优势——为购买者提供更高的质量、特性、性能或服务，同时在价格上也低于购买者预期。最优成本战略要想有利可图，公司必须有能力以比竞争对手更低的成本来增加有吸引力的或高档的属性。当市场中有大量的希望以低价购买好的产品或服务的重视价值的购买者时，最优成本战略效果最好。

（6）在所有的情形下，竞争优势取决于在竞争中拥有卓越的资源和能力，该资源和能力与所选择的通用竞争战略实现良好的匹配。如果公司的资源、能力和价值链活动使得竞争对手难以匹敌且没有很好的替代品，那么就能为公司带来竞争优势，保持该优势就能为公司带来持续竞争优势。

第 6 章 公司层战略——企业发展战略

本章学习要点

1. 明确公司层战略类型。
2. 理解密集型发展战略、一体化发展战略、多元化发展战略内涵。
3. 简述市场渗透战略、市场开发战略、产品开发战略的适用性、实施方式和优劣势。
4. 简述一体化发展战略的类型、适用性和优劣势。
5. 了解纵向一体化的替代方式。
6. 简述多元化发展战略的动因、适用性、层次和优劣势。
7. 明确相关多元化和非相关多元化的联系与区别。
8. 理解成长型发展战略、稳定型发展战略、紧缩型发展战略的内涵、特点与区别。
9. 掌握成长型发展战略的适用性、动因、风险应对以及三种实现途径。
10. 掌握稳定型发展战略、紧缩型发展战略的特点、类型、适用性和优劣势。

开篇案例

　　企业发展战略的制定,即在目前的战略起点上,对企业长期发展目标和未来经营领域进行确定,并为达到这些目标制定具体的资源分配方案、作出系列行动选择等。发展战略的内容主要涉及战略态势、经营范围、战略途径等的设定与选择,包括以专业化还是多元化为核心,以向外建立战略联盟、兼并收购还是向内成长的方式为核心等。

　　企业发展战略的选择依赖于其对内外部环境的分析、在行业内所处地位和水平,以及企业的宗旨和目标,以此来确定其在战略规划期限内的资源分配情况及业务发展方向。企业发展战略的基本形式有成长型发展战略、稳定型发展战略和紧缩型发展战略三种,这三种战略共同构成了企业的公司层战略,以解决企业内不同行业的产品或业务在不同市场的发展势态问题。可供选择的企业发展战略分类及方案如表 6.1 所示。

表 6.1　可供选择的企业发展战略分类及方案

成长型战略	密集型战略	市场渗透	通过更大的营销努力谋求现有产品或服务在现有市场上市场份额的增加	与核心能力相关的战略
		市场开发	将现有产品或服务导入新的地区市场	
		产品开发	通过改进现有产品或服务或者开发新的产品或服务谋求销售额的增加	
	一体化战略	横向一体化	获得对竞争对手的所有权或控制力	与价值链相关的战略
		纵向一体化　前向一体化	获得对分销商或零售商的所有权或控制力	
		后向一体化	获得对供应商的所有权或控制力	
		混合一体化	跨产业、跨市场的不同企业间的联合	
	多元化战略	相关多元化	增加新的相关的产品或服务	一般在集团层面使用的战略
		非相关多元化	增加新的不相关的产品或服务	
稳定型战略	无变化战略		维持现有战略不变	企业实现稳定发展的战略
	维持利润战略		牺牲企业未来发展来维持目前的利润水平	
	暂停战略		调整资源、暂时放慢发展速度	
	谨慎前进战略		有意识地放慢实施进度,等待势态明朗,以做到稳中求胜	
紧缩型战略	选择性收缩战略		通过成本和资产的减少对企业进行重组,保证核心业务发展	同多元化相反的一种战略
	转向战略		对原有业务压缩投资、控制成本以改善现金流从而为其他业务提供资金	
	放弃战略		将企业的某个主要部门转让、出售或者停止经营	
	清算战略		将企业的全部资产转让、出售或停止全部经营业务的运营	

6.1　密集型发展战略

6.1.1　密集型发展战略概述

1. 密集型发展战略的内涵

密集型发展战略又称集中增长型战略或加强型战略,是指企业在原有的业务范围内,将企业的营销目标集中到某一特定细分市场(可以是特定的顾客群,可以是特定的地区,也可以是特定用途的产品等),充分利用自身在产品和市场方面的资源和能力来实现成长的战略,即在原来的业务领域里,加强对原有的产品和市场的开发与渗透来寻求企业未来发展机会的一种发展战略。这一战略使企业的目标更加聚焦,可以集中精力追求降低成本和差异化,从而提高企业在现有业务中的竞争优势和竞争地位。密集型发展战略一般被那些面临外部环境变化,并且可以充分利用内外部环境优势改变自身市场地位的企业所采用。采用密集型发展战略的企业需要较大的资源投入,因此在制定和实施过程中,要注意企业组织结构和管理系统的相应调整。

2. 密集型发展战略的类型

企业的经营者在寻求新的发展机会时,首先,应该考虑现有产品是否还能得到更多的市场份额;其次,应该考虑是否能为其现有产品开发一些新市场;最后,应该考虑是否能为其现有的市场开发若干有潜在利益的新产品;更进一步,还要考虑为新市场开发新产品的种种机会。

企业既有现有产品又要开发新产品,既有现有的市场也要开发新市场,因此,应该针对不同的方向采取相应的战略形式,通常使用"产品-市场战略组合矩阵"进行分析,如表6.2所示。

表6.2 产品-市场战略组合矩阵

市场	产品	
	现有产品	新产品
现有市场	市场渗透战略	产品开发战略
新市场	市场开发战略	市场组合战略

(1) 现有产品-现有市场:市场渗透战略。企业采取积极主动的策略在现有市场上扩大现有产品的销售,以求得企业的发展,是企业最常采用的发展战略。市场渗透战略的具体措施有:增加销售网点、加强广告宣传、采取各种促销方式以及降价等,试图通过更强的营销手段获得更大的市场占有率。

(2) 现有产品-新市场:市场开发战略。企业以现有产品来满足新的市场需求,从而增加销售量。

(3) 新产品-现有市场:产品开发战略。企业向现有市场提供新产品或改进的产品,通过由单一产品向系列产品转化等方式,满足现有顾客的潜在需求,提高差异化和市场份额。

(4) 新产品-新市场:市场组合战略。企业创造新产品进入新市场,采取新的营销组合战略,以促使新产品尽快占领新市场。

一般来说,密集型发展战略包括上述提到的市场渗透战略、市场开发战略和产品开发战略三种类型,强调对企业现有产品和现有市场的潜力进行深入的发掘。而市场组合战略需要公司同时开发新的产品和新的市场,意味着其在多个细分市场上拥有不同的产品,也可以被称作多元化发展战略,多元化发展战略将在6.3节中进行详细讨论。

需要注意的是,由于上述三种密集型发展战略不论是在管理上还是在行动方式上均有很大差别,且适宜条件也不同,因此,对于单一企业来讲同时采用三种战略是具有一定困难的。

6.1.2 市场渗透战略

1. 市场渗透战略的内涵

市场渗透战略是指企业在现有产品和现有市场的基础上,通过市场营销努力提高企业现有产品及服务在现有目标市场的份额,扩大生产经营规模以及产品销售量,从而增加销售收入和提高盈利水平的战略。市场渗透战略是由企业现有产品和现有市场组合而成的战略,其针对现有领域寻找发展,考虑的是通过对现有领域的开发来提高市场份额和市场占有率。

为促进市场渗透战略的实施,企业需要利用自身优势,完善当前的产品价格、质量、服务、包装等系列问题,系统考虑市场、产品及营销组合的策略,适当采取增加销售人员、增加广告投入、加大品牌宣传力度、推出强有力的促销项目以及加强公关工作等举措。以通信运营商的市场渗透战略为例,各个通信运营商之间的业务竞争是在几乎一致的价格水平上。因此,为了提高其自身产品的市场渗透性,各个通信运营商推出特色的套餐,并与视频平台合作,推出赠送话费优惠券、购买视频会员送流量等优惠活动,进而增加产品销售量。

市场渗透战略具有风险较低、投资所需资源较少等优势,并且是企业实现价值最大化目标最直接的途径。管理人员不应忽视公司在产品市场中已存在的产品组合,而应该尽可能提升和维护现有产品与现有市场投资组合的竞争能力,以此来扩展它的生长和利润率。

2. 市场渗透战略的适用性

实施市场渗透战略的难易程度取决于市场的性质以及竞争对手的市场地位。当存在以下条件时,市场渗透战略可能较为适用。

(1) 当整个市场正在增长或可能产生增长、企业特定产品与服务在当前市场中尚未达到饱和状态时,渗透相对容易,而向停滞或衰退的市场渗透则会困难得多。

(2) 若一家企业决心将其利益局限在现有产品或现有市场领域,即使在整个市场衰退时也不允许销售额下降,则该企业可能必须采取市场渗透战略。

(3) 当前顾客对产品或服务的使用率有可能获得显著提高。

(4) 整个产业的销售总额在持续增长,而主要竞争对手的市场份额则处于持续下降中。

(5) 如果其他企业由于某些原因而离开了市场,市场渗透战略可能是比较容易成功的。

(6) 企业拥有强大的市场地位,并能利用经验和能力来获得强有力的竞争优势。

(7) 市场渗透战略对应的风险较低,高级管理者参与度较高,且需要的投资较低时,市场渗透战略也会比较适用。

(8) 根据历史数据,销售额与营销支出高度相关。

(9) 企业可以借助规模经济效益的提升获得较大的竞争优势。

3. 市场渗透战略的实施方式

市场渗透是企业在现有的市场上增加现有产品的市场占有率。要增加现有产品的市场占有率,企业必须充分利用已取得的经营优势或竞争对手的弱点,进一步增加产品的销售量,努力增加产品的销售收入。产品的销售量主要取决于产品客户的数量、客户的使用频率、单次使用量这三个因素。因此,基于这三个因素,可将市场渗透战略的实施方式概括如下。

1)增加产品客户数量

(1)转变非客户为企业产品的客户。产品进入市场到走向成熟的过程中,有些人会对新产品持怀疑或观望态度而成为非使用者,将这些非使用者转变为使用者可以增加企业产品的销售量。例如,线上平台商家采用七天无理由退换货、一年质保等种种措施消除消费者的顾虑,说服消费者购买相应产品。

(2)努力开发潜在客户。以各种广告、促销活动激发新客户的购买欲望,使之购买企业产品。例如,通过送赠品、满减促销、选择流量代言人的策略吸纳新的购买群体,使未曾使用过企业产品的潜在客户成为新的购买者。

(3)吸引竞争对手的客户。企业通过提高自己产品的质量、增加产品特点、改进产品样式、调整价格、优化服务、增加市场广告宣传、树立更好的企业形象和产品信誉等营销手段使竞争者的客户转向购买自己的产品。

2)提高产品使用人的使用频率

企业通过优化产品、增加宣传等手段增加客户使用产品的次数。例如,洗手液厂家向顾客宣传餐前餐后、外出归家应当及时消毒,宣传产品的消毒杀菌效果,增加顾客的洗手次数,从而增加顾客购买洗手液的数量。

3)增加产品单次使用量

企业改进产品特性、增加产品的新用途,使其能增加新用户和原用户的使用量。例如,某些护肤品公司暗示用户,使用本企业产品来进行皮肤护理时,厚敷效果会更好,更有助于肌肤保湿锁水。

4. 战略意义

1)市场渗透战略是企业经营的最基本的发展战略

(1)现有产品市场组合是企业经营的基础。现有产品市场组合是企业当前利润和流动资金的主要来源,企业的一切活动都依赖其提供资源支持。

(2)市场渗透战略风险最小,所需资源投入最少。企业未来产品市场组合与现有产品市场组合之间的差异,在一定程度上决定了企业未来经营所需资源投入的多少以及不确定性的大小,而不确定性又是企业经营风险的主要来源。市场渗透战略立足于现有产品和现有市场的组合,与未来产品市场组合之间的差异最小,因此其风险最小,所需投入资源也最少。相比之下,市场开发战略和产品开发战略的风险、所需资源投入较大,而多元化发展战略的风险最大、所需投入资源最多。

(3)为其他发展战略提供实施途径。从企业追求利润的本质出发,密集型发展战略的意图并不只是开发新的产品市场组合,更重要的是通过新的产品市场组合来获取利润。在市场开发战略、产品开发战略以及多元化发展战略实施的最后阶段,企业已经采取新的产品市场组合,而在此基础上继续实施市场渗透战略,更能充分实现企业盈利的最终目的。

2)潜在战略收益与产品生命周期

在产品市场组合生命周期的不同阶段,市场渗透战略的灵活运用都具有重要意义。

(1)产品在市场上处于萌芽期。通过有效的信息传播,将持有怀疑和观望态度的消费者转变为现实顾客,获得更多的销售额。

(2) 产品在市场上处于成长期。其有助于企业在成长期维护和巩固其市场定位,是企业获得并维持"明星类"业务的重要手段。

(3) 产品在市场上处于成熟期。产品销售和企业利润已达峰值,企业间的相对竞争地位基本稳定,市场总容量趋于饱和,企业可借助市场渗透战略来增加销售量与市场份额,进一步提高竞争地位,并延缓老产品的衰退。

5. 市场风险及应对

市场渗透战略可能会面临以下四种风险。

(1) 市场渗透战略的实施可能会使市场上出现许多竞争对手。

(2) 企业如果在现有业务上投入过多的资源与精力,则可能会错过更好的发展机会。

(3) 顾客兴趣的改变可能导致企业现有目标市场的衰竭。

(4) 一项大的技术突破甚至可能会使企业现有产品迅速变成一堆废物。

因此,企业在实施市场渗透战略时,应注意处理好以下问题。

(1) 在组织内树立市场导向观念,市场需求是任何企业生存的根本原因,企业产品只有能够以更加有效的方式满足顾客的需求,才会在激烈的竞争中占有一席之地。

(2) 密切关注外部环境的变化,对未来趋势进行恰当的预测。外部环境的变化会给企业战略的制定与实施带来直接或间接的影响,因此,企业在实施市场渗透战略时必须与外部环境的变化协调。

(3) 协调好市场渗透与市场开发、产品开发、多元化经营三种发展战略之间的关系。只有在充分挖掘现有业务的同时结合企业自身实力和外部市场需求的发展动向积极开拓新业务,才能从根本上预防市场渗透战略的潜在风险。

6.1.3 市场开发战略

1. 市场开发战略的内涵

市场开发战略是指企业在原有市场已趋于饱和时,打开新的销路,寻找和开发新的市场,满足新市场对产品的需要,进一步增加产品销量,从而促进企业的发展的战略。市场开发战略是由现有产品和新市场组合而成的战略,它要求企业以市场创新为主导,尽力为现有产品开发新的顾客群体或新的地方市场,满足新市场对产品

扩展阅读 6.1 汇源果汁的市场开发

的需要,从而增加企业产品的销售量。市场开发可以分为区域性开发、国内市场开发、国际市场开发等。中国手机厂商曾将国内已经饱和的智能手机推向国外市场,维持其增长速度,这就是国际市场开发的一个案例。

市场开发战略具有如下特点。

(1) 没有开发新的产品,只是对现有的资源进行了重新整合。

(2) 对市场进行了重新细分,以便从中寻找新的机会。

(3) 一般具有广阔的成长与利润空间,但需要较大的资源投入。

(4) 企业可能会面临成本增加、风险增加等阻碍因素。

市场开发战略模式要求企业能够拓展思路、放开眼界,准确有效地发现有特殊购物偏

好的消费者,并通过新渠道的建设将产品送到他们手中。实施这一战略需要注意,在新市场中企业要重新确定营销组合策略,以适应新的消费群体的需求和偏好。尽管这一战略有着一定的开拓性,但该战略仍是一个短期性的战略模式,不能降低因顾客减少或者技术落后而导致的经营风险。

2. 市场开发战略的适用性

在以下六种情况下,市场开发战略可能会卓有成效。

(1) 企业可以得到新的、可靠的、经济的以及高质量的分销渠道。

(2) 企业在其所经营的业务领域非常成功。

(3) 存在新的未开发或者未饱和的市场。

(4) 企业拥有扩大业务所需的资金和人力资源。

(5) 企业存在过剩的生产能力。

(6) 企业的主营业务属于区域扩张型或正在迅速全球化的产业。

3. 市场开发战略的实施方式

市场开发战略的实施一般有以下三种方式。

(1) 扩大现有市场饱和度,寻找潜在顾客。企业可以寻找现有产品的潜在用户,一些顾客尚未购买过企业的产品,但其对产品的兴趣仍有可能被激发。

(2) 扩大市场范围。企业可以通过建立新的销售渠道、采取新的营销组合、发展新的销售区域等方式扩大企业现有市场的销售外延,进而拓宽营销范围。例如,企业灵活运用中间商和销售商的销售途径以及向其他地区或国外发展等举措。

(3) 寻找新的细分市场。企业将现有产品打入新的市场,如一家以企事业单位为目标市场的电脑商,开始向家庭、个人销售电脑。

4. 市场开发战略的优劣势

1) 优势

(1) 现有产品无须进行大幅度改进就可以进入正在形成的新兴市场。

(2) 并未开发新的产品,较容易被消费者所接受。

2) 劣势

(1) 相较于市场渗透战略,市场开发战略的风险和资源投入较大。

(2) 要求企业的管理人员拓宽视野,重新确定营销组合。

(3) 企业对其所开辟的新市场可能并不熟悉,市场资料缺乏,销售力量薄弱,且可能导致企业竞争更加激烈。

(4) 市场开发战略属于短期性的战略模式,企业可能仍然面临顾客减少或技术落后等导致的经营风险。

6.1.4 产品开发战略

1. 产品开发战略的内涵

产品开发战略是指企业在现有市场上通过改进现有产品或开发新的产品以提高市

占有率和实现销售量增长的战略。产品开发战略是现有市场和新产品的组合战略,核心是刺激消费者的新需求、引导高品质产品和新品种产品的消费趋势。其具体做法包括:在现有产品的基础上,增加产品的品种,改变产品的外观、结构,或赋予产品新的特色和功能;推出不同档次、不同规格、不同式样的产品,满足消费者的差异化需求;利用现有技术开发全新产品等。例如一家粮食产品公司看准开发大米系列食品在现有市场的潜力,推出方便型、饮料型、糕点型、保健型等各种加工类型的产品。

通常,产品开发意味着大量的研发费用,并且企业实施产品开发战略面临的风险一般比其他战略更大。这是因为,企业开发的新产品不一定适应消费者的需求,并且企业对市场没有实践经验。尽管如此,对企业而言,新产品的开发仍是十分重要的战略,只有不断推出新的产品,才能更好地适应市场的变化,保持企业效益的持续增长。

2. 产品开发战略的适用性

当面临以下几种情况时,企业推行产品开发战略可能较为合适。

(1) 企业现有产品已得到广大顾客的青睐并且产品生命周期处于成熟期,这时企业可以通过改进产品或服务的性能来吸引老顾客尝试使用新产品。

(2) 企业处在高速增长、技术进步迅速的产业环境之中。

(3) 企业的研究与开发能力强大,能够开发出新产品以满足市场需求。

(4) 企业的主要竞争对手以类似价格提供更高质量的此类产品。

3. 产品开发战略的类别

1) 领先型开发战略

领先型开发战略是指企业抢先开发新产品并投放市场,以保持技术上的持续优势和市场竞争中的领先地位的战略。采取领先型开发战略的企业一般具有领先的技术水平、较强的研发能力、雄厚的资源和财力保障,对外重视顾客需求,对内注重教育培训。因此,这类企业开发出的新产品不易在短期内被竞争者模仿和超越,决策者具有冒险精神的企业可考虑采用该种开发策略。

2) 追随型开发战略

追随型开发战略又称为模仿式开发战略,采取该种产品开发战略的企业并不抢先投资研制新产品,而是在市场上出现成功的新产品后,进行仿制并适当改进,消除上市产品的最初缺陷而迅速占领市场。

这种战略要求企业具有较强的技术信息机构或高水平的技术情报专家,从而迅速跟踪和掌握竞争对手的研发动态与成果。并且,企业需要具备很强的消化吸收与创新能力,但这种战略可能会受到专利的威胁,善于洞察并能够及时解决消费者关心的问题的企业可以考虑采用这种开发战略。

3) 替代型开发战略

采取这种战略的企业有偿运用其他组织的研究与开发成果,替代自己研究和开发新产品。自主研究与开发能力不强、资源有限的企业宜采用这种战略。

4) 混合型开发战略

混合型开发战略以提高产品市场占有率和企业经济效益为准则,依据企业实际情况,混合使用上述几种产品开发战略。

4．产品开发战略的实施方式

企业产品开发战略的实施一般通过以下几种方式进行。

(1) 树立产品新特征。对现有产品增加新的特性，通过改变现有产品的物理特征、产品结构、部件等组合方式来形成新的产品特征。

(2) 挖掘产品新功能。增加新的产品功能或者形成产品功能系列，将具有互补功能的产品组合成一个整体产品。

(3) 提供质量支持。通过产品的与众不同、更优的服务以及更高的技术来实现差异化。

5．产品开发战略的层次

产品开发战略包括产品战略愿景、产品平台、产品线和产品开发项目四个层次，如图 6.1 所示。

图 6.1　产品开发战略层次

(1) 产品战略愿景。其是企业关于产品定位和市场目标的理念与愿景，对下一层次产品平台的性质、演化以及竞争地位提供指导。

(2) 产品平台。其是企业核心技术的集合，是使企业所有产品线和产品根植于此的公共平台。

(3) 产品线。其是基于产品平台的同类产品集合。产品线的规划是一个分时段的，基于市场、竞争要求和资源状况的有条件的产品开发计划，它决定着具体产品的开发路标和升级替代策略。

(4) 产品开发项目。其是基于产品线规划的单项新产品的开发，是产品线规划的具体实施。

6．产品开发战略的优劣势

1) 优势

(1) 产品开发战略涉及对现有产品的改进与完善以及新产品的研发，具有一定程度上的创新性。

(2) 消费者需求的不断变化、产品生命周期的客观存在等要求企业不断开发新产品以适应激烈的市场竞争，产品开发战略有助于企业提高自己在市场上的竞争能力。

2) 劣势

(1) 新产品的开发需要大量研发支出，因此相较于市场渗透战略、市场开发战略，产品开发战略的资源投入和风险可能会更大。

(2) 对企业提出了更高的技术要求，开发难度增大。密集型发展战略涉及不同的产品和市场组合，企业在实施战略的过程中，可能不仅面临新市场、新产品等单一战略选择，更多情况是上述几种战略选择的组合实施。企业可根据不同的市场特征，采用改进或改变产品或服务组合、渗透与开发并举等一系列战略实施提高产品销售量。

6.2 一体化发展战略

6.2.1 一体化发展战略概述

1. 一体化发展战略的内涵

一体化发展战略又称企业整合战略,是指企业在密集型发展战略实施的基础上,充分利用自身在产品、技术、市场上的优势,向经营领域的深度和广度拓展的战略。一体化发展战略要求企业有目的、有计划地将相互联系较为密切的经营活动采纳到企业自身的营销体系之中,重新组建成一个具有统一性的经济组织,并对其进行全盘的操控及调整配置。伴随着市场经济和网络经济的繁荣发展,原有的企业管理模式早已无法适应当今现代社会经济发展的趋势,面对复杂且不断变化的内外部环境,企业需要不断向更深、更广的领域探索与整合,以谋求其在激烈的市场竞争中的生存与发展。借助价值链模型,我们能够更好地理解一体化发展战略。价值链是由设计、生产、销售和配送一种产品或服务的前后相连的一系列活动组成的价值创造体系。价值链上的每一个活动都必须完成才能为顾客提供完整的产品或服务,但是企业可以灵活决定哪些业务由自己完成、哪些业务让其他企业来完成。一体化经营实际上就是某个企业沿着价值链的方向不断地进行纵向发展和横向扩张。一个企业所从事的价值链上的活动越多,其一体化经营程度就越高;反之,一体化经营程度就越低。一体化发展战略是企业自上而下、由内到外都需要进行协调配合才能够顺利实施的战略,因此在选择具体的实施方案前,企业必须全面分析自身产业链现状,再结合市场去选择制定出最适合企业自身发展的一体化发展战略。

2. 一体化发展战略的类型

一体化发展战略可分为横向一体化发展战略、纵向一体化发展战略和混合一体化发展战略。

横向一体化发展战略是对同行业内其他与自己同属于一个产业链环节的企业或资源进行整合,可以通过扩大生产流水线、增加销售网点或者与同行业企业联合等方式实现。纵向一体化是企业沿着自身产业链整合上下游的企业或资源。纵向一体化发展战略又可分为前向一体化发展战略和后向一体化发展战略,前向一体化发展战略是企业沿着产业链向下游分销方向扩展,而后向一体化发展战略则是企业沿着产业链向上游供应方向扩展。混合一体化发展战略区别于横向一体化发展战略和纵向一体化发展战略,是跨产业、跨市场的多个不同企业的联合,如图 6.2 所示。

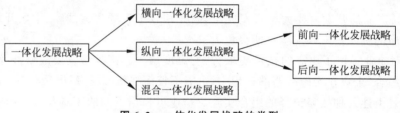

图 6.2 一体化发展战略的类型

采用一体化发展战略的企业通过收购、兼并或入股等途径实现了产业链条的完整和交易的内部化,增强了企业的竞争力以及对分销商、供应商的话语权和控制权。

3. 一体化发展战略的作用

1) 提高企业的经济效率,扩大经济规模,全面降低成本,提高经济效益

企业实行一体化发展战略,可以使企业在各个环节进行把控,从而提高各输出端口的利润率,将原本只能通过公司与公司对接的模式替换成从统一中心发出指令、各企业协同作用,从中可以避免很多不必要的开支,如协调控制、信息沟通、交易费用等,有效地控制管理成本,从整体出发,带动经济效益的提高。

2) 有利于提高企业的价格谈判能力以及对市场的控制能力

当企业系统不够完善,一体化不充分甚至不是一体化时,企业的行动就会受到供应商的限制,使企业处于被动地位,成为经销商和供应商的生产基地。而企业的一体化将会扩大公司的端口范围,从而有更多不同的供应商和经销商可供选择。上游企业的一体化可以有效地降低下游企业的采购成本,提高内部原材料的供应比例,降低供应商的议价能力,减少供应商所获利润;下游企业的一体化可以有效降低上游企业的销售成本,从而降低经销商的议价能力,减少经销商获利。一体化发展战略减小了上下游企业带来的压力,在面对市场冲击、价格不稳定时,企业可以内部赋能,实现利益的转化,在利益最大的环节将利润最大化,同时又能更加快速地了解市场信息,满足市场的需求,扩大公司的规模以及提升品牌形象。

3) 提高企业差异化能力,获得竞争优势

一体化可以接触到整个市场的需求信息,作出最快速的调节,不仅可以从各个环节获取利益,并且能够及时作出相应调整,依靠自身产品优势来获得更多消费端口消费者的喜爱,形成固定客户群体,获得市场竞争优势。

4) 有利于扩大市场份额,提高竞争者进入壁垒

消费者在经过层层供应商和经销商的剥削之后,往往要付出更多才能得到优质产品,而当企业拥有一条完整的一体化产业链后,可以为消费者提供更多实惠,同时企业也获得了更大的产品竞争力,有助于其进一步扩大市场和品牌影响,形成具有良性效益的循环,使潜在竞争者进入市场更加困难。

6.2.2 横向一体化发展战略

1. 横向一体化发展战略的内涵

横向一体化发展战略又叫作水平一体化发展战略,是指企业通过兼并或者联合同行业竞争者的方式,扩大企业的经营规模、降低内部成本、提高企业实力和竞争能力的发展策略。横向一体化发展战略常通过收购(利用资本购得对方)和合并(实力相当的公司之间集中资源创造新的组织)两种途径来实现,其本质是资本在同一产业和部门内的集中,企业在竞争比较激烈的情况下,采取收购、合并等手段,不仅能够减少竞争对手的数量,而且可以实现规模经济的持续发展,获得被并企业的市场、技术和经验,从而

扩展阅读6.2 海尔集团的横向一体化战略

提升企业间的互补性资源和能力。横向一体化发展战略作为企业发展的战略方针,是目前社会经济全球化战略管理中的一个重要发展趋势,是企业竞争者之间接管整合、收购合并的一种先进与新兴的经营管理模式,能够使企业在短期内快速地发展与壮大。在实施横向一体化发展战略过程中,企业要严格控制扩张的速度与范围,以免带来经营转变风险,如快速扩张会造成企业资源的投入量与市场扩张速度的不匹配,使企业面临人员、资源、技术上缺乏的问题,因此企业在构建横向一体化发展战略时,必须做好人力、物力、资源以及技术上的协调与控制。

2. 横向一体化发展战略的适用性

在以下五种情况下,推行横向一体化发展战略可能为企业带来显著成效。
(1) 企业在一个呈增长态势的产业中竞争。
(2) 企业拥有扩展规模所需要的资金和人才。
(3) 规模的扩大有助于实现规模经济效应,为企业带来竞争优势。
(4) 企业具有强大的整合能力,横向一体化能够为企业带来较大的经济效益。
(5) 当竞争者因为缺乏管理技能或需要获得其他企业的某种特殊资源而陷入困境时,企业可以考虑横向一体化,但如果竞争者是因为整个产业的销售量下降而造成的经营不善,则不应该选择横向一体化。

3. 横向一体化发展战略的优势

(1) 扩张企业的生产能力。横向一体化发展战略是企业生产能力扩张的一种形式,通过合并或联合,可以迅速提高企业的生产能力、扩大企业的规模,与企业自身的内部扩张相比较,这种扩张形式更为迅速、简单。
(2) 有效地实现规模经济,降低成本结构。横向一体化战略通过收购或合并企业达到规模扩张,可以获得充分的规模经济,从而大大降低成本,取得竞争优势。
(3) 快速获得互补性的资源和能力。通过收购往往可以获取被收购企业的技术专利、品牌等无形资产。
(4) 降低了行业内的竞争程度以及由于竞争带来的不确定性。企业间的兼并重组可以减少竞争对手数量,形成战略联盟,降低产业内的竞争程度,为企业的进一步发展创造一个良好的产业环境。
(5) 有效管理客户关系,提升产品差异性。通过收购或合作的方式,企业可以有效地建立与客户之间的固定关系,把握消费者需求变化规律,并以不同生产线的整合来提升产品的差异化水平。
(6) 有助于企业复制商业模式,将成功的商业模式广泛应用。

4. 横向一体化发展战略的劣势

(1) 管理协调的成本和难度增大。由于公司之间在历史背景、人员组成、业务风格、企业文化和管理体制等方面往往存在较大差异,横向一体化发展战略可能导致企业的管理成本和管理难度加大,以及管理效率下降。
(2) 政府法规限制。横向一体化容易造成产业内的垄断,因此各国法律都对此作出了限制。

(3) 规模过大可能造成组织臃肿,带来规模的不经济。

(4) 技术扩散风险加大。与同行竞争者的合作存在技术泄密或扩散的风险,可能导致企业的核心竞争力流失。

(5) 生产能力的迅速扩张对企业的市场把握能力提出了更高的要求,企业抵御风险的能力可能降低。

6.2.3 纵向一体化发展战略

1. 纵向一体化发展战略的内涵

纵向一体化发展战略又称垂直一体化发展战略,是指生产或经营过程相互衔接、紧密联系的企业之间实现一体化,即一个企业沿着某种产品或服务的价值链的前后方向进行延伸和扩展,包括将经营活动向后扩展到原材料供应和向前扩展到产品或服务的最终用户两种方式。推行纵向一体化的目的是加强核心企业对原材料供应、产品生产、营销以及服务等一系列过程的控制,全面掌握企业在市场中的竞争主动权,提高各个业务活动所带来的收益。每个企业的经营方式与市场占有领域不同,是否选择纵向一体化发展战略措施取决于企业内部的发展状态和竞争环境,企业需要客观分析自身可以整合哪些能力与资源,确定哪些活动在企业内部展开,哪些活动在企业外部展开,活动是否能够对企业发展起到至关重要的作用、能否降低企业成本、能否增强企业差别化、能否创造竞争优势等都是企业在纵向一体化发展战略制定和实施过程中需要综合考虑的因素。

扩展阅读 6.3 蒙牛集团一体化发展

2. 纵向一体化发展战略的类别

纵向一体化发展战略按物质流动的方向可以划分为后向一体化发展战略和前向一体化发展战略。

后向一体化发展战略是指将企业的价值链向后扩展,与供应商联合或者兼并供应商,使企业在其内部就能提供满足自身生产所需的全部或部分原材料、设备等的战略。例如服装企业去做布料的生产、印染,甚至去种棉花。当原有供应商具有可观的规模边际收益时,后向一体化可以将企业原先面临的成本投入转化为自身的利润来源。实施后向一体化发展战略能保证原材料的供应时间、供应质量,减少与供应商协调不畅带来的风险。

前向一体化发展战略是指将企业的价值链向前延伸,与用户企业联合的战略,其目的是更好地适应市场需求,生产更高质量要求的产品。例如汽车制造商建立自己的分销系统而不使用独立的代理商和零售商。实施前向一体化发展战略的一种有效途径是特许经营,企业通过这种方式分销它的产品和服务,将成本和机会分摊给多个加盟商,使业务得到快速扩展,如图 6.3 所示。

3. 纵向一体化发展战略的适用性

1) 后向一体化发展战略的适用性

当企业面临如下情况时,可考虑采取后向一体化发展战略。

(1) 企业当前的供应商供应价格过高或原材料运输成本过高,或者供应商不能满足

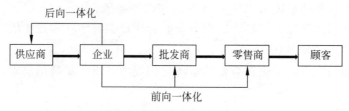

图 6.3　纵向一体化发展战略

企业对零部件、组装件、原材料等的各项需求。

（2）企业从事生产经营活动所需要的资源被上游寡头垄断企业所控制，且资源供应极其不稳定。

（3）企业的竞争者数量较多而上游供应商企业数量少且实力强，企业讨价还价能力弱。

（4）企业生产设施的专用性很高，对供应商原材料提供极为依赖。

（5）企业拥有为自己提供原材料这项新业务所需的资金和人力资源。

（6）企业当前的供应商利润空间很大。

（7）如果企业所在的产业正在高速增长或增长潜力较大，可以实行后向一体化，而当企业处于衰退产业中时，一体化则会削弱企业多元化的能力。

（8）当价格稳定这一优势特别重要时，企业可以采取后向一体化发展战略稳定原材料的成本，进而稳定相关的供应价格。

（9）当企业急需购买所需资源时，也可以考虑后向一体化发展战略。

2）前向一体化发展战略的适用性

当企业面临如下情况时，一般采用前向一体化发展战略。

（1）企业当前的分销渠道成本高昂或运行不可靠。

（2）企业可利用的分销渠道的数量、质量无法满足企业发展的要求。

（3）企业拥有独自销售自身产品所需要的资金和人力资源。

（4）当前的分销渠道能够获得较高的边际利润，前向一体化可使企业为自己的产品或服务制定更有竞争力的价格。

（5）企业当前所在产业增长迅速，或者可以预期获得快速增长。

（6）当生产力稳定这一优势特别重要时，企业可以采取前向一体化的策略预测产品的未来需求，减少产品生产的波动。

4. 纵向一体化发展战略的优势

（1）降低了市场交易成本。市场交易会产生庞大的讨价还价成本以及商业信用带来的风险成本，纵向一体化将外部市场活动内部化，将市场的各种交易成本转变成企业内部的管理成本，能够获得内部控制和协调的经济性。

（2）有助于开拓技术。在某些情况下，纵向一体化发展战略为企业提供了熟悉上下游相关技术的机会。这种技术信息对于基础经营技术的开拓与发展十分重要。例如专门生产零部件的生产企业通过前向一体化发展战略可以了解零部件进行装配的技术信息。

（3）能有效确保供给和需求。纵向一体化发展战略能够确保企业在产品供应紧缺时得到充足的供应,或在总需求很低时具有一个畅通的产品输出渠道,能够有效应对上下游企业随意中止交易带来的不确定性问题。但需要注意的是,交易过程中内部转让价格须与市场接轨。

(4) 提高该行业的进入和移动壁垒。企业实行一体化发展战略,特别是纵向一体化发展战略,可以使关键的投入资源和销售渠道控制在自己的手中,从而使行业的新进入者望而却步,防止潜在竞争者进入本企业的经营领域。企业实施一体化发展战略,不仅保护了自己原有的经营领域,而且扩大了经营业务,同时限制了所在行业的竞争程度,使企业的定价有了更大的自主权,从而获得更大的利润。

(5) 削弱供应商与客户的价格谈判能力,弱化供应链的管理。上游原材料供应商市场分布状况、一个供应商到另一个供应商的"转换成本"高低、原材料资源是否稀缺等问题都会影响到企业与上游供应商间博弈的讨价还价能力,而下游的非终端购买商家决定着企业产品能否迅速进入市场,且产品最终消费者的信息反馈也需要通过下游商家传递,纵向一体化可以削弱供应商与客户的议价能力,减小上下游企业带来的压力,并能够弱化供应链的管理。

(6) 提高企业的差异化能力。纵向一体化发展战略可以在管理层控制范围内提供一系列额外价值,以此来提高本企业区别于其他企业的差异化能力,从而保持自身的核心竞争力。例如烟厂为了保证生产出高质量的香烟,对周围烟农进行扶持,使他们专为该烟厂提供高质量的烟草。

(7) 进入高回报产业。如果企业正在利用的供应商或经销商有着较高的利润,则企业可以通过纵向一体化提高其总资产回报率,并可以制定更有竞争力的价格。

(8) 防止被竞争对手所排斥。竞争者的广泛一体化能够占有许多优质的供应商和客户资源,使企业面临被排斥的处境。纵向一体化发展战略能够提升企业在特定市场和行业内的规模和竞争力,避免被竞争者排斥。

5. 纵向一体化发展战略的劣势

(1) 面临较高的全面退出障碍,可能带来风险。纵向一体化发展战略,尤其是后向一体化发展战略,一般涉及的投资数额较大且资产专用性较强,在所投资的设施耗尽以前放弃这些投资的成本很大,这可能导致企业无法将其资源调往更有价值的地方,使企业面临较高的退出障碍和商业风险。

(2) 产生高昂的管理成本。纵向一体化发展战略迫使企业从事不擅长的业务活动,在管理和协调上都会遇到各种难以预料的困难,增加了企业的内部管理成本。

(3) 不利于价值链上各阶段生产能力的平衡。价值链上各活动最有效的生产运作规模可能并不一致,这就使得完全一体化很难达到。对于某项活动来说,如果它的内部能力不足以供应下一阶段的活动,其差值部分就需要从外部购买;而如果内部能力过剩,就必须为过剩部分寻找顾客,如果生产了副产品,就必须进行处理。

(4) 需要不同的技能和管理能力,加大了管理难度。实行一体化发展战略后,企业的管理层次与管理幅度都大大增加,企业管理所需的生产、营销、服务等各种职能都更加复杂,尤其是企业文化的融合,这些都对企业管理者的管理素质和管理技巧提出了更高的要求。

(5) 降低了生产的灵活性,延长了新产品上市的时间。企业选择纵向一体化发展战略将会导致产品设计方面的局限性，对厂房和原材料来源的巨额投资，常常妨碍新产品设计或材料品种的完善，延长企业将新产品推向市场的时间。

（6）弱化激励效应。纵向一体化发展战略意味着通过固定的关系来进行购买与销售，也就是将原有的市场交易内化为内部交易。上游企业的经营激励可能会因为是在内部销售而不是在市场上竞争而有所减弱；而下游企业同样也会由于是在企业内部购买产品，而不会像从外部供应商购买时那样激烈地讨价还价。因此，内部交易会减弱员工降低成本、改进技术的积极性，降低企业运作的效率。

6. 纵向一体化发展战略的替代方式

纵向一体化发展战略的目的是降低成本结构，并完善核心业务下的产品差异化，但也存在一些替代的方式来获得纵向一体化的一些优势效果。

1）短期合同和竞争性报价

短期合同使企业可以在短期的一段连续时间内以合同价格从供应商处购买原材料或向分销商销售产品。竞争性报价是供应商针对同一产品相互竞价，可以迫使供应商之间竞争，从而降低产品购买价格。但是，短期合同和竞争性报价缺乏对供应商的长期承诺，供应商可能减少研发投资，甚至转向企业的竞争对手，导致企业难以获得纵向一体化的相关收益。

2）战略联盟与长期合同

与短期合同相比，建立战略联盟或签订长期合同可以使供应商和企业、企业和分销商之间达成协作关系，两者都承诺寻找降低成本和提高差异化的方法。

3）建立长期合作关系

建立长期的合作关系必须避免欺诈行为的发生。企业可通过以下途径规避欺诈行为。

（1）获得合作对手的抵押品。

（2）获取对方可靠的承诺。

（3）保持市场规律，约束市场供应商，防止供应商依赖长期合同与承诺而产生惰性，可通过定期签订承诺合同或者同时与其他供应商签订合同等手段来实现。

6.2.4 混合一体化发展战略

混合一体化发展战略是指处于不同产业部门、不同市场且相互之间没有特别的生产技术联系的企业之间的联合，包括三种形态。

（1）产品扩张型，即与生产和经营相关产品的企业联合。

（2）市场扩张型，即一个企业为了扩大竞争地盘而与其他地区生产同类产品的企业进行联合。

（3）毫无关联型，即与生产和经营彼此之间毫无联系的产品或服务的若干企业之间的联合。

只有当企业具备一定的雄厚资金和人才，并结合自身实际情况和企业周边的市场经济区域状态，才可以考虑构建混合一体化的经营管理模式，并且只有在企业考虑好经营方向和核心业务的基础之上,采取一系列的企业产品扩张或市场扩张策略,才可以分散企业的经营风险,实现不同部门之间的依靠、互补以及资源共享。企业在进行混合一体化的同时,要注意拓展和完善其发展速度与内部资源的良好匹配,避免由于快速扩张而带来的业务和经营上的混乱,进而造成不必要的损失和后果。

6.3 多元化发展战略

6.3.1 多元化发展战略的内涵

多元化发展战略又称多角化发展战略,是指企业为了分散经营风险、实现长期持续性发展和价值的最大化,同时经营两种或两种以上基本经济用途不同的产品或服务的发展战略。多元化战略是企业在内外部因素的联合驱动下而实施的一种发展战略,实施多元化发展战略的企业会进入一个以上的产业来开拓新市场,针对不同的产业市场生产相应的产品和提供对应的服务,进而实现价值最大化,分散单一经营而带来的风险。当企业扩张到一定规模,就会充分利用现有的资源、技术和品牌优势,进入一些相关或不相关的行业去生产经营,使自身的资源发挥最大效用。多元化经营是企业在权衡自身资源和能力的基础上,寻求企业发展与市场机会的最优组合,是企业产品经营和资本经营的综合表现。多元化发展战略涉及企业多项业务的组合,因而也对企业提出了更高的管理要求。

扩展阅读 6.4 联想控股的多元化之路

需要注意的是,多元化经营与产品差异是两个不同的概念。产品差异是指同一市场的细分化,但在本质上是同一产品,而多元化经营则是同一企业的产品进入异质市场,是增加新产品的种类和进入新市场两者同时发生的。由此可见,多元化经营属于经营战略中的产品-市场战略范畴,而产品差异则属于同一产品的细分化。

6.3.2 实施多元化发展战略的动因

理论上讲,企业是否实行多元化发展战略是由其所处的内外部环境共同决定的。外部环境是指吸引企业进入新业务领域的环境状态和存在机会,可能是企业合理定位后追求的富有吸引力的机会,也可能是以某种威胁形式存在的环境状态。外部环境既能促使本质上呈现主动性的扩张产生,也能促使本质上呈现防御性的扩张产生。内部环境是指存在于企业内部的、能够促进扩张活动的条件。就本质而言,内部因素在多数情况下是主动的,它产生于企业更加充分地利用和开发其现有资源的愿望。外部环境和内部因素的共同作用,决定了企业是否选择多元化发展战略。

1. 外部环境迫使企业选择多元化发展战略

1) 市场势力理论

市场势力理论认为,多元化经营的企业具有集聚能力,这是企业在不同市场上市场能力作用的共同结果。生产多种产品并跨越多个市场的企业,不需要把一个特殊市场看作企业经营策略的决定因素而努力实现每种产品利润的最大化。企业在一个特殊市场上的力量不仅是因为企业在该市场中所具有的优势地位,还因为企业在其他市场上的扩张。通过多样化市场策略而不是采取传统的营销策略,企业就可以开发和占有新的市场而保持竞争力。

2) 获得范围经济效益

范围经济是企业经营范围扩大带来的经济性。范围经济的存在本质在于企业对多个业务可共享的剩余资源的利用。在任意特定时期,大多数企业的资源中存在剩余,然而企业所拥有的许多富有价值的资源是异质的或深入企业内部的,或者由于交易费用的存在,这些资源难以出售或出租。而通过多元化经营,企业自身开发利用的这些资源便成为其获取范围经济的重要途径,企业可以利用现有的资源、生产力、核心技术、营销能力和渠道以及管理能力发展相关产业,实现范围经济。

3) 规避行业萎缩

任何产品、行业都有自己的生命周期,当行业处于衰退期或者市场限制企业原有主导业务成长和获利时,企业进入新行业就成为必然选择。在市场集中度高的行业,少数企业在市场、成本上占有绝对优势,其他企业要想获得高增长率只有进入其他行业。

4) 政府反垄断措施影响

党的二十大报告强调:"加强反垄断和反不正当竞争,破除地方保护和行政性垄断,依法规范和引导资本健康发展。"由于要限制高产业集中率的出现,当企业扩大某一产品市场份额超过反垄断法限制时,其扩张行为就要受到制止。因此,单纯的横向扩张和纵向扩张就会受到限制。为此,企业常常改变扩张方向,谋求在不受法规限制的产业领域扩张成长,因而多元化经营成为企业扩张的一种重要手段。

2. 内部因素促使企业选择多元化发展战略

1) 分散经营风险

单一经营企业在市场饱和或市场需求变化时风险极大,企业实行多元化发展战略,就如同投资多种股票,使企业分散风险。当公司所有权与经营权分离时,管理者可以如同股东在资本市场上分散投资一样,依靠多元化战略分散其经营风险,从而在市场中处于有利地位。

2) 资源剩余

在目标能够达成的前提下,如果企业的剩余资源太多,远超扩张需要,企业可能会尝试多元化发展战略,利用剩余的资源开拓新的业务领域,提高资源的利用效率。企业的多元化程度将由其拥有的剩余资源决定。

3) 纠正企业目标偏差

企业发展需要制定战略目标。一般来说,如果能够达到既定目标,企业开拓新产业领域、实行多元化经营的动机就不强烈;而当企业在现有的产品和市场范围内持续经营无法达成预定目标时,企业的发展受到了阻碍与限制,则管理层可能考虑发展多元化经营来纠正企业目标偏差,避免现有业务下降。目标偏差对多元化经营有杠杆效应,目标偏差越大,企业进行多元化经营的动力就越大。

4) 委托-代理理论

当企业的所有权和经营权分离时,管理层就可能会以牺牲企业所有者利益为代价,追求其自身利益的最大化。管理者可以通过扩大公司规模进而提高自身收益,管理者更愿意将企业剩余资金投放在一些资金占用高、营业收入较高但收益率可能不高的项目上,这样可以快速扩张企业资本,因此,管理者倾向于多元化发展。

6.3.3 多元化发展战略的适用性

企业是否适合多元化经营,不仅取决于其所在行业及业务领域的状况,还取决于其资源能力,判断多元化发展战略是否可行具有如下可供参考的标准。

1. 企业的主营业务具备强大的核心竞争力

企业的核心竞争力往往体现在主业上,主营业务是企业利润的主要源泉和生存基础,企业应该在做大做强主营业务的基础之上逐步实现多元化。一方面,主营业务的实力为多元化提供了风险缓冲;另一方面,主营业务的成功会助推企业在市场上的认可度,使得多元化更容易成功。

2. 企业的财务结构稳健,财务状况较好

财力支持是企业实施多元化发展战略的基础,处于财务危机的企业难以实施多元化发展战略,而正在实施多元化的企业也可能由于资金链断裂导致失败,因此企业只有在具有较强的财力保障的情况下,才可以考虑实施多元化。财务状况良好的具体表现为:资产负债率较低;资产流动比率较高;现金流较为稳定,即有稳定的资金筹措来源。

3. 具备转向其他行业或经营领域所需的资源和管理能力

企业已经具备了多业务经营所需的资源、能力、管理广度和管理深度,并且多元化经营所带来的管理复杂度及管理成本的提高不至于抵消掉多元化所带来的优势。

4. 新业务与现有业务应存在一定的资源共享性或能力互补性

企业现有的业务和资源需要为准备进入的业务提供一些竞争优势,或者新的业务能增强现有的经营业务的竞争优势。开展多元化的目的不是要让新业务削弱企业的资源能力,而是要增强企业的综合竞争能力。

5. 新业务的原主业处于生命周期的成熟期或衰退期

企业实施多元化发展战略需要结合原主业所处的生命周期位置进行考虑,若原主业还未到达成熟期,仍有较大的上升空间,则没有必要急于实施多元化;若原主业进入成熟期或衰退期,已取得较大的优势和市场占有率或者已进入规模不经济状态,则可以考虑实施多元化战略。

6. 现有业务的市场趋于饱和,而新业务具备足够的吸引力

判断一个行业是否有吸引力的标准主要在于该行业的市场环境是否有利于长期盈利,以及企业是否具备有利的竞争条件。如果企业目前全力经营的行业或业务领域市场已经趋于饱和,增长乏力,而进入新行业能够带来稳定利润且能获得新的竞争优势,则可以考虑采取多元化。

7. 多元化的成本不能过高

进入新行业或业务领域的成本须在合理的范围之内,不能高到影响公司现有盈利能力的程度。新业务的吸引力越大，进入成本就会越高，为了多元化而削弱现有的盈利能力是不明智的。

8. 具备良好的外部条件

多元化发展战略需要仔细考察宏观经济环境、文化环境、资源环境、经济和产业政策、市场情况等，如果准备进入的行业和产品供不应求，行业内竞争不太激烈，对于这样的行业和产品应该及时进入，以抢占市场先机。实施多元化需要具备整体性眼光和变化性眼光。如果企业无视环境变化，一味追求多元化，反而会给企业带来风险和危机。企业面临着各种各样的发展机会，若不结合自身资源优势、战略布局以及外部环境就盲目涉足多元化，则很可能造成多元化失败。

应该综合运用以上八项标准来判断企业是否真的要进行多元化经营，以及进行何种程度的多元化经营。

6.3.4　多元化发展战略的层次

根据多元化企业各业务之间的关联程度，多元化发展战略的层次可分为低层次多元化、中高层次多元化和极高层次多元化三类。

1. 低层次多元化

低层次多元化经营的企业将精力集中于某单一业务或某主导业务上。

（1）单一业务型。95%以上的收入来自某个单一业务。

（2）主导业务型。70%～95%的收入来自某个单一业务。

2. 中高层次多元化——相关多元化

相关多元化又称同心多元化，是指企业增加新的、与原业务相关的产品或服务，这些业务在技术、市场、经验等方面与原有业务存在相互联系。

相关多元化能够将企业现有的资源基础从原有产业充分利用到其他产业中去，给企业带来不同业务经营的机会和优势。实施相关多元化战略的企业可以利用不同业务之间的战略匹配形成某些独特价值链活动中的规模经济。由于新业务与原有核心业务在生产、运营、销售等方面具有较大的重叠性和相关性，因此，企业在开发新产品时可以通过利用原始工业技术、销售渠道和客户群来迅速扩展新业务，节约精力和成本。同时，新业务从开发到实行的过程中势必会遇到一些问题，这时企业原有业务中积累的经验和方法技术能够为新业务服务，有效地解决相关问题。另外，实施相关多元化的企业能够在多个相互关联的领域内从事价值创造活动，通常比在单一领域内经营的企业有更强大的市场控制力和影响力。

根据业务关联的角度不同，相关多元化可分为下列三种。

（1）技术相关型。各种产品或劳务都以相同技术为统一的核心。

企业可以通过现有的资源，如产品生产技术、专业知识、能源设备及相关生产经验拓展新的产品，并将企业的经营范围在同一圆心下向外部拓展。技术相关型多元化的特点是，虽然原产品与新产品的基本用途可能不同，但二者在技术上有着很强的关联性。

（2）销售相关型。多种产品或劳务都以相同市场为统一的核心。

企业通过同一市场的销售渠道实现经营的多元化。销售相关型多元化的特点是，虽然原产品与新产品的基本用途可能不同,但二者具有高度的市场关联性,可以利用原来的分销渠道销售新产品。

(3) 销售技术相关型。各种产品或劳务以相同的市场、技术为统一的核心。

3. 极高层次多元化——非相关多元化

非相关多元化又称离心多元化,是指企业既不依赖原有技术,也不以现有市场为基础,进入一个与原有核心业务几乎没有关联的新产业,即新业务所采用的经营方法、生产技术、市场销售渠道、管理模式与之前所经营产业存在较大差异。例如餐饮企业进入互联网行业中、保健品企业进入护肤品产业中等。

非相关多元化经营可以分散企业的经营风险,还能使企业把现有资源更多地投资于具有良好利润前景的产业以获得更大的利润回报。但是,非相关多元化需要大量的资金支持,并且给企业的整体管理协调和资源分配带来更大的挑战,企业必须拥有优秀的组织管理能力和资源调配能力。这是因为,企业的资源和精力都是有限的,且新的业务会抢夺原有业务的资源,如果高层管理者不能对资源进行合理的配置与管理,不仅会导致新业务寸步难行,还会使原有的核心业务丧失竞争优势,导致企业总体陷入经营不善的地步。因此,非相关的多元化通常是大公司选择的策略,当原有产业市场趋于饱和时,大公司将资本投资于前景良好的其他产业,以寻找新的利润增长点,并有效分散经营风险。

相关多元化和非相关多元化的联系与区别如表6.3所示。

表6.3 相关多元化和非相关多元化的联系与区别

特 征	类 别	
	相关多元化	非相关多元化
主导业务占比	70%以下	
业务关联性	新业务与现有业务相关	新业务与现有业务几乎无关
目的	获取相关产业间的融合优势 充分利用剩余资源	寻找新的利润增长点 获得稳定的现金流量 规避技术或市场风险
适用情况	增加新的相关产品将显著促进现有产品的销售; 企业能够以具有高度竞争力的价格提供新的相关产品; 新的相关产品所具有的季节性销售波动恰好可弥补现有产品生命周期的波动	当前产业或市场缺乏吸引力,而企业不具备转向相关产品或市场的技能; 现有产品或服务的收入能在开发新的不相关产品后得到显著提升

6.3.5 多元化发展战略的优势与劣势

1. 多元化发展战略的优势

1) 有效分散和规避经营风险,增强借债能力

企业将精力集中于单一行业或市场更容易受到宏观经济波动或偶然性事件的影响,从而造成亏损甚至倒闭,而多元化经营使得企业将资源分散到不同产品或行业经营中,即

"不将鸡蛋放在同一个篮子里",这能够有效避免企业对单一产品或市场的过度依赖,使企业在遭受某一产品或经营领域的挫折时,可以通过在其他产品或行业的经营成功来弥补亏损,提高企业的抗风险能力。同时,公司各个业务单元之间的协同作战增强了公司的整体竞争力,这使公司在抵御外来的竞争威胁和环境变化所带来的风险时更加灵活,也更具抵抗力。另外,由于实施多元化的企业相对风险较低,其借债能力也会有所提高,更易从资本市场中获得融资。

2) 产生协同效应,实现资源效用的最大化

协同效应,是将两个东西有机合并,产生"1+1>2"的综合效应。如果一个公司所涉足的业务领域具有相关的技术、相似的价值链、相似的生产流程、统一的原材料采购,可以共享的分销渠道或其他可以协同的资源,那么同其他单一业务经营的公司相比,它就具备了一定的潜在优势。多元化经营的公司可以在各业务单元间共享原材料、设备、技术、人才、市场、信息等资源,发挥相关业务单元的协同优势,提高资源的利用效率和效用价值。

3) 实现范围经济

范围经济是由于经营业务范围扩大而带来的经济性。特定投入都具有一定的最小规模(不可分性),这种投入在生产一种产品时难以得到充分利用,而生产两种或两种以上产品,则可以将这种投入的成本在不同产品中分摊,降低单位成本,实现范围经济。

4) 扩大企业收入和利润来源

互相独立的多业务经营所带来的收入增长只是一种粗放型的增长,它并不能带来公司整体利润的必然增长。而成功的多元化有助于实现企业利润的多元化,无论是兼并收购还是合资经营,进入新的业务领域都将大大拓宽企业的业务范围,使企业收入在短时间内获得大幅增长。

5) 建立企业内部资本市场,缓解资金不足

在当前宏观经济环境下,资金严重制约着企业的发展,融资成为企业生存的关键因素。一般来说,当专业化经营的企业无法按照合理的成本筹措到足够的资金时,就不得不放弃一些能获利的投资项目,而多元化经营为企业营造了一个很大的内部资本市场,企业可以通过内部不同方面资金的调度在一定程度上解决资金不足的困境,从而抓住更多的投资和获利机会。

2. 多元化发展战略的劣势

1) 面临一定的系统风险

企业在进行多元化经营时,不可避免地要面对多种产品和市场,这些产品在生产工艺、技术开发、营销手段上可能不尽相同,而这些市场在开发、开拓、渗透、进入等方面也可能具有明显的差别,可能出现由于对新业务的不熟悉或能力的不足而导致失败的情况。另外,由于企业将精力同时分散于各个经营方向,其内部原有的分工、协作、职责、利益平衡机制可能会被打破,管理协调的难度和成本大大增加,在资源重新配置和维持企业竞争优势方面可能面临较大的挑战。

2) 资产分散化使企业失去主导产品的优势

企业在一定条件下、一定时期内,所有的资源是一定的、有限的,如果企业内生产经营单位过于分散,就容易失去原有主导产品、主营业务的竞争优势。多元化战略使得企业资

产分散化,企业可能将主要的精力和资源分配给新的行业,侧重培育新产品和新市场,企业经营重心发生改变,从而在一定程度上减弱原有的专业化程度甚至威胁到原来的核心竞争优势。

3) 机会成本及相关财务风险加大

多元化经营有一定的资金回收期,因此具有较大的机会成本。同时,盲目涉足多元化会带来巨大的财务风险,在自身财力不雄厚的情况下实施多元化只会扩大风险,加重企业负担。如果能有限度地进行多元化经营,不仅会减小资金筹措与配置的压力,而且可以增强连带作用、提高成功率,使企业集团稳定持续发展。

4) 易出现决策失误

企业在进入新领域时,可能面临产业或时机选择失误的风险,若企业选择错误的时机进入市场,或者选择一个错误的产业,则企业原有的资源和资金都会受到严重影响,甚至可能面临巨额的亏损。另外,在进入新的产业之后,由于企业所有者与高层经理对新的业务可能并不熟悉,因此很难作出明智的决策,一旦出现决策失误,则可能面临失败。

5) 产生内部冲突问题,管理质量下降

多元化经营可能导致企业文化冲突、多重目标与有限资源间冲突等内部冲突问题,使管理机制融合更为困难,企业集团总部往往因管理负荷过重而导致管理质量下降,这将直接影响企业在产品市场的发展,甚至有可能导致企业出现亏损。

6) 进入和退出困难

进入和退出一个行业是存在壁垒的,企业进入新产业后必须不断注入后续资源,且由于产业竞争态势的不断变化,需要时刻动态调整自己的经营策略。另外,若企业因在新市场前景不好、业绩不佳等想要退出,则可能由于各种因素的阻挠,使资源无法顺利转出,面临巨大的退出障碍。

7) 市场整体风险可能加大

多元化经营的各产业仍面临共同的风险,在宏观力量冲击下,多元化经营的资源分散有可能反而加大风险。

6.4 成长型发展战略

6.4.1 成长型发展战略概述

1. 成长型发展战略的内涵

成长型发展战略又称发展型战略或扩张型战略,是指企业在宏观层面上选择对外扩充经营业务,扩大企业规模,使企业竞争力由弱到强、经营管理制度和企业组织结构由低级到高级,逐步发展成为实力雄厚的大企业的战略。成长型发展战略是企业经营者向更高层次目标发展的一种战略态势,强调企业采用非价格手段同竞争对手抗衡。例如新产品和新技术的开发、管理效率提升等一系列为企业创造核心竞争优势的举措,适用于外部环境较为有利、内部资源保障较为充足的情况,其核心目的是建立和

扩展阅读6.5 对等合并:想要实现并不容易

巩固企业的竞争优势。

从企业发展的角度来看,任何成功的企业都需要经历长短不一的成长型发展战略实施期,这是因为本质上讲只有成长型发展战略才能不断地扩大企业规模,使企业获得强大的竞争能力。当企业跨越创业初期阶段,内部的各种机制已基本建立和健全时,企业进入成长期。成长期是企业发展的最快时期,规模效益开始显现,市场能力加强,销售量增加,品牌知名度逐渐提高,此时在外部市场竞争的压力和自身成长需要的双重作用下,通过扩张增强企业的竞争力,已成为企业持续健康成长的必然发展方向。企业需以发展为核心,不断开发新的产品,开拓新的市场,采用新的生产方式和管理方式,增强产品或服务的生产能力和销售能力,扩大企业产销规模,逐步提升企业在市场中的竞争力。

成长型发展战略对于企业的利益相关者来说是一种比较受欢迎的战略选择。对股东而言,成长型发展战略意味着可能获得更高的投资回报,从而有更高的投资积极性;对员工而言,成长型发展战略意味着更多的加薪和更多的岗位发展空间;对于顾客而言,成长型发展战略意味着获得更加物美价廉的产品以及更方便的购物环境;对社会而言,成长型战略意味着带来更多的就业机会。企业在选择成长型发展战略前,需要仔细分析内外部环境。外部环境通常包括宏观经济环境、产业和行业状况、科技、社会、法律等要素,而内部环境则主要包括资金、人力、信息等内部资源、能力要素。在外部存在发展空间、内部能够有效供给的情况下,采用成长型战略成功概率相对较高。

2. 成长型发展战略的特征

与其他类型的战略态势相比,成长型发展战略具有以下特征。

(1) 能够使企业成为行业中的快速发展者。实施成长型发展战略的企业不一定比整个经济增长速度快,但它们往往比其产品所在的市场增长得快。市场占有率的增长可以说是衡量增长的一个重要指标,成长型发展战略的体现不仅应有绝对市场份额的增加,更应有在市场总容量增长的基础上相对份额的增加。

(2) 能改善企业的经营效果,获取高水平的利润。实施成长型发展战略的企业往往比那些处在同等环境中的企业拥有更高的销售收入和更快的利润增长。这是因为这些企业发展速度更快,更容易获得显著的规模经济效益,从而降低生产成本,获得超额的利润率。

(3) 需投入大量资源。一般来说,实施成长型发展战略的企业需要投入大量的人力、资金、信息等资源,提高内部有效供给,同时加强市场开发,提高产品的市场占有率,增强企业的竞争实力。

(4) 企业倾向于采用非价格的手段同竞争对手抗衡。采取成长型发展战略的企业在新产品和市场开发、管理模式上都力求具有竞争优势,因而通常不会采取损伤自己的价格战,而是以相对更为创新的产品或服务以及管理上的高效率作为竞争手段。

(5) 成长型发展战略鼓励企业的发展立足于创新。党的二十大报告强调:"加快实施创新驱动发展战略""创新是第一动力"。成长型发展战略引导企业通过创造新的产品和需求,开发新市场、新工艺等手段促进消费、创造消费,以把握更多的发展机会,谋求更大的回报。

(6) 创造适宜的外部环境。与简单地适应外部条件不同,采用成长型发展战略的企业倾向于通过创造以前本身并不存在的某物或对某物的需求来改变外部环境,并使之适合自身。这种去引导或创造合适的环境是由其发展特性所决定的:要真正实现既定的发展目标,势必要有特定的合适的外部环境,被动适应环境可能对企业的长期发展不利。

3. 成长型发展战略的适用性

成长型发展战略是一种最流行、使用最多的战略。虽然成长型发展战略能够带给企业某些好处,但并不是所有的企业都适合采取成长型发展战略。企业在采取成长型发展战略之前,必须分析自己是否有条件采取该战略。

(1)分析战略规划期内的外部宏观经济和产业经济状况。企业要实施成长型发展战略,就必须从环境中获得更多的资源。一方面,如果未来阶段宏观环境和行业微观环境较好,则企业比较容易获得这些资源,也就降低了实施该战略的成本。另一方面,从需求的角度看,如果宏观环境和中观环境走势都较为乐观的话,消费品的需求者和投资品的需求者都会有一种理性的预期,认为未来的收入会有所提高,因而其需求幅度将会有相应的增长,从而保证了企业成长型发展战略的需求充足。从上面的分析可以看出,在选择成长型战略之前必须对经济走势做一个较为细致的分析,良好的经济形势往往是成长型战略成功的条件之一。

(2)企业须有能力获得充分的资源来满足成长型发展战略的要求。由于采用成长型战略需要较多的资源投入,因此从企业内部和外部获得资源的能力就显得十分重要。在资源充分性的评价过程中,企业必须问自己一个问题:"如果企业在实行成长战略的过程中由于某种原因暂时受阻,它是否有能力保持自己的竞争地位?"如果答案是肯定的,则表明企业具有充分的资源来实施成长型战略;反之则不具备。

(3)成长型发展战略必须符合政府管制机构的政策法规和条例等的约束。世界上大多数国家都鼓励高新技术的发展,因而一般来说这类企业可以考虑使用成长型战略。

(4)判断成长型发展战略的合适性还要分析企业文化。如果一个企业的文化是以稳定性为主旋律的话,那么成长型发展战略的实施就要克服相应的文化阻力。当然,企业文化也并不是一成不变的,事实上,积极和有效的企业文化培育必须以企业战略作为指导依据。这里要强调的只是企业文化可能会给某种战略的实施带来一定的成本,而并不是认为企业文化决定企业战略。

4. 选择成长型发展战略的动因

(1)追求发展是企业这种有机组织的本质的要求。

(2)企业可以通过发展扩大自身价值,这体现了经过扩张后的企业市场份额和绝对财富的增加。这种价值既可以成为企业职工的一种荣誉,又可以成为企业进一步发展的动力。

(3)在动态的环境竞争中,增长是一种求生的手段。由于扩张发展,企业可以获得过去不能获得的崭新机会,并通过不断的变革和发展创造更高的生产经营效益,避免企业组织的老化,使企业总是充满生机和活力,从而能在不同的环境中适应并生存。

(4)成长型发展战略能保持企业的竞争实力,实现特定的竞争优势。如果竞争对手都采取成长型发展战略,而企业仍在采取稳定型战略或紧缩型战略,则企业很可能在未来的竞争中处于劣势。

（5）环境因素的影响。当外界环境中存在着明显的威胁和机会时，只有采取成长型发展战略才能有效地避开这种威胁并把握机遇。

（6）一些能源型企业随着自身能源的不断减少，必须通过扩张来获取新的能源，以保证企业的持续发展。

（7）管理者追求个人利益。许多管理者把增长等同于成功，从而追求成长型战略。这种认识上的错误是因为没有意识到简单的总量增长有时可能意味着效率和效益的下降。另外，增长快的企业更容易掩饰其失误和低效率，并且企业增长得越快，管理者就越容易得到升迁或奖励，因此管理者可能出于对个人利益的追求而盲目选择成长型战略。

5. 成长型发展战略的风险及应对

（1）在采用成长型战略获得初期的效果后，企业很可能由于盲目的发展而导致其资源平衡受到破坏。为克服这一弊端，企业需要在做每一个战略态势决策之前都重新审视和分析企业的内外部环境，判断企业的内部资源状况和外部机会，以此决定未来一段时期内的战略部署。

（2）过快的发展很可能降低企业的综合素质，使企业的应变能力降低，可能出现内部危机和混乱。这主要是由于企业新增机构、设备、人员太多而未能形成一个有机的相互协调的系统。针对这一问题，企业可以考虑设立一个战略管理的临时性机构，负责统筹和管理扩张后企业内部各部门、人员之间的协调，在各方面的因素都融合在一起后，再考虑取消这一机构。

（3）实施成长型发展战略容易导致企业管理者更多地注重投资结构、收益率、市场占有率、企业的组织结构等问题，而忽视产品的服务与质量、企业内部管理工作的改善等问题，重视宏观发展而忽视微观问题，因而不能使企业达到最佳状态。这一问题的应对，需要企业管理者对成长型战略有一个正确而全面的理解，要意识到企业的战略态势是企业战略体系中的一个部分，因而在实施过程中必须通盘考虑。

6.4.2　成长型发展战略的实现途径

成长型发展战略的实现途径主要包括内部创业、企业并购与战略联盟三种。

1. 内部创业

1）内部创业的内涵

内部创业是企业从自身角度出发，依靠现有组织所拥有的资源和能力来进行业务的拓展与开发。内部创业的核心思想是要打破常规，充分利用自身资源尝试新的项目，通过相关技术的研发以及资源的升级，利用自己发展出来的新的生产技术、设备、市场渠道以及新型管理能力等建立不同的生产模式或生产车间，生产与原有产品不同的新产品进而迈入新的行业领域。当企业在现有业务中拥有竞争力，可以利用竞争力组合进入新业务领域时，内部创业常常具有优势。

内部创业意味着更高的行业进入壁垒，企业需要自己开发供应商、组建生产线、建立销售渠道、开展市场推广、招聘和培训员工、应对激烈的竞争并重新建立竞争优势等。以内部创业的方式开拓新业务,企业需要投入更多的资金和人力资源,通过加大研发形成独特的优质资源以及产品开发能力,特别是生产新产品的技术与专业知识。由此可见,从零开始自主创业将面临比直接收购或战略联盟更多的困难,整合难度加大,且需要更长的时间来达到同样的规模和市场地位。

2) 内部创业的适用性

当面临以下情况时,企业选择自主创业的方式进行扩张可能更为合适。

(1) 所进入行业处于投入期,竞争结构还没有完全建立,如新兴行业。

(2) 行业中原有企业所采取的报复性措施的成本超过了由此所获得的收益,使得这些企业不急于采取报复性措施。

(3) 行业中原有企业对新进入者打开市场的策略和行动反应迟缓或缺乏效率。

(4) 目标行业或业务领域中存在很多相对较小的公司,新进入者可以避免一开始就与强大的竞争对手直接对抗。

(5) 企业已经拥有开展有效竞争所需要的全部或大部分技术。

(6) 企业在核心业务模式中掌握一种或多种独特竞争能力,并且这种能力在新行业可以被利用或重组。

(7) 企业现有技术、生产设备同新项目有一定的关联性,致使企业自主创业所需的成本比直接收购的成本更低。

(8) 企业内部创业所增加的新的生产能力不会给行业的整体供需平衡带来负面影响。

(9) 通过内部创业的方式进入新领域,有利于发展企业现有的业务,使经营结构改变。

3) 内部创业的失败原因

33%~60%上市的新产品未能取得足够的经济回报,对于内部创业的高失败率通常有三种解释。

(1) 企业进入规模过小。从长期来看,大规模进入要比小规模进入拥有更强的获利能力。

(2) 商业化程度过低。企业可能因为缺乏商业化或错误地营销一种没有需求的技术而失败。由此可见,开发基于创新的技术时必须时刻牢记市场的要求,正确分析市场机会。

(3) 战略贯彻、实施不当。企业必须首先明确战略目标,理解如何建立竞争优势,在新业务开发的整个过程中贯彻落实战略方针。

4) 内部创业的成功要素

成功的内部创业通常具有以下特点。

(1) 具有明确的战略目标,能够从总体上把握运用内部创业战略的时机、规模、资源和周期。

(2) 企业能够有效地运用自身的研究与开发能力,使研发与总体战略目标保持一致。

(3) 加强研发与市场营销的联系,确保企业的研发是为了市场的需求而进行。

(4) 严格筛选与监控内部创业活动,确保实现预期的市场份额目标。

2. 企业并购

1) 企业并购的内涵

企业并购是指发生在不同企业之间的收购或合并，收购是指收购企业购买目标企业的资产、营业部门或股票，从而控制、影响被并购企业的交易行为；合并是两家或多家公司依照法律程序重新组合，最后形成一家新的公司，原先参与合并的所有公司被解散，只有新的实体继续运作。

通过并购的方式，企业可以快速获得被并购企业的资源和能力，增加自身的市场、产品种类和优势，在整合企业本身所拥有的资源后，能够快速进入被并购企业原来所从事的行业，或通过相关的技术研发进入其他新行业。

并购是企业进入不同行业目标市场的一条捷径，也是目前跨行业多元化盛行的一种方式。不同于内部发展路径，企业并购的整合周期更短、效率更高，这主要是因为并购能使企业直接跨越难以逾越的行业进入壁垒。这些进入壁垒包括行业管制、技术要求、供应商网络的建立、规模要求以及培育市场的前期投入等。企业如果从零开始建立满足新行业竞争所必需的资源能力和竞争优势，则其达到一定水平的市场地位可能需花费很长时间，且可能需要付出额外的代价。通过合并或收购的方式进入目标行业，则可使企业直接获得较为理想的资源及市场份额，并以此为基础开展进一步的经营。

2) 企业并购的类型

（1）根据双方所处行业情况，企业并购可分为三种类型：横向并购、纵向并购和混合并购。

横向并购也称水平并购，是并购双方属于相同行业、销售同类商品或给予消费者同一范围服务的企业间进行并购。此类并购能够扩大企业生产规模、降低生产成本、减弱行业内竞争、提高市场占有率。

纵向并购也称垂直并购，是生产过程或经营环节紧密相关的企业间的并购行为，一般为上下游企业之间的并购。纵向并购可以加速生产流程、降低交易成本（如转手时的相关税费、组织成本、原材料采购成本等）。

混合并购是生产和经营彼此没有关联的产品或服务的企业间的并购行为。混合并购的主要目的是分散经营风险，提高企业的市场适应能力。

（2）根据委托方式，企业并购可分为直接并购与间接并购。

直接并购是由并购方直接向目标公司提出所有权要求，双方通过一定程序进行磋商，共同商定完成并购的各项条件。

间接并购是指并购公司先设立一个子公司或控股公司，然后再以子公司名义并购目标公司。

（3）根据并购方并购的态度或动机，企业并购可分为善意并购和敌意并购。

善意并购主要通过双方友好协商，互相配合，制定并购协议。

敌意并购是指并购企业秘密收购目标企业股票等，最后使目标企业不得不接受出售条件，从而实现控制权的转移。

3）并购后整合

并购后整合是指并购双方组织及成员为了调整企业的组成要素,使其融为一体,而对企业盈利及成长能力进行保护、转移、扩散、积累,最终实现预设并购目标的过程。

(1) 战略整合。战略整合是指并购企业根据并购双方的资源条件和外部环境,将目标企业纳入其自身发展规划后的战略安排,或对企业整体经营战略进行的调整。战略整合并不是每个并购过程都会发生的,它取决于并购的动机。动机的不同决定了战略整合的有无及内容和程度的不同。如果是为了资产上市套现、收购股权增值以及财务性收购而进行的并购,则不存在战略整合活动。根据并购企业双方之间战略资源、能力相互依赖性的高低以及被并购企业自治程度的高低,可以把并购后整合战略分为保留型、共生型、控股型、吸收型四种类型。

(2) 资源整合。资源本身并不能够为企业带来竞争优势,企业的竞争优势来源于多种资源的独特组合。并购企业资源整合是指并购双方相互使用、复制对方的优势资源并形成良好的资源关系。这种资源转移包括有形资源的转移和无形资源的共享。

资源整合的目标是最大效率地利用企业的所有资源,同时创造出强大的竞争力。党的二十大报告提出:"深化人才发展体制机制改革""人才是第一资源"。其中,人力资源整合具有重要意义。现代企业的竞争很大程度上是人才的竞争,人力资源是企业最重要的资源,是企业竞争力最重要的来源。在企业的并购整合过程中,人力资源整合是尤为重要的环节。人力资源整合与重组问题是保证企业并购完成后经营运转和健康发展的核心问题,是决定企业并购成败的关键所在。并购后企业人力资源整合的实施方案应包括以下几个方面:成立并购过渡小组;稳定人力资源政策;选派合适的整合主管人员;加强沟通;必要的人事调整;建立科学的考核和激励机制。

(3) 文化整合。企业之间价值观念的差异是企业并购后整合过程中一切冲突的根源。文化整合就是要以原有优势的企业文化为基础,通过两种异质文化之间的交流、碰撞、吸收、渗透而建立起来更加具有生命力与市场竞争力的新的企业文化体系。文化整合的成败很大程度上决定了企业并购活动的成败。

4）企业并购失败的原因

(1) 存在融合问题,整合不同企业的企业文化具有一定的困难。

(2) 公司过高估计了并购潜在的经济效益。

(3) 收购的成本过高,导致企业负担过重。

(4) 并购前对目标企业的评估、审查不足。

3. 战略联盟

1）战略联盟的内涵

战略联盟是指两个或两个以上的企业为实现资源共享、风险或成本共担、优势互补等特定战略目标,在保持自身独立性的同时,通过股权参与或契约联结的方式建立较为稳固的合作伙伴关系,并在某些领域采取协作行动,从而取得"双赢"效果的合作形式。

战略联盟的实质是企业在自愿的基础上,相互交流信息,分享产品、技术和服务,谋求共同发展的行为,是合作伙伴之间为达成共同利益而组建的联盟,是一种企业间的契约。战略联盟能够使企业间存在的相互依赖的资源和具有互补性的经济活动得到重新的组合与延伸,降低交易成本和联盟企业的市场风险,获取更多的潜在利润,实现共赢。

2) 战略联盟的特点

(1) 边界模糊。战略联盟并不像传统的企业具有明确的层级和边界,而是一种你中有我、我中有你的局面。

(2) 关系松散。战略联盟主要是以契约式联结起来的,因此合作各方之间的关系十分松散,兼具了市场机制与行政管理的特点,合作各方主要通过协商的方式解决各种问题。

(3) 机动灵活。战略联盟组建过程十分简单,无须大量附加投资,并且合作者之间关系十分松散,战略联盟存在时间不长,解散十分方便,因此可以灵活适应外界环境的变化。

(4) 动作高效。合作各方将核心资源加入联盟中来,联盟的各方面都是较为完善的,在这种条件下,联盟可以高效动作,完成一些独立企业难以完成的任务。

3) 战略联盟的主要形式

(1) 合资。合资是战略联盟最常见的一种形式,是指两家或两家以上的企业共同出资、共担风险、共享收益,组建新企业进入新的市场领域,合作各方将各自的优势资源投入合资企业中,从而使其发挥单独一家企业所不能发挥的效益。

(2) 研究与开发协议。为了某种新产品或新技术,合作各方签订一个联发协议。研究与开发协议汇集了各方的优势,加快了开发速度,各方共担开发费用,降低了各方开发费用与风险,大大提高了成功的可能性。

(3) 定牌生产。如果合作企业中一方有知名品牌但生产力不足,而另一方有剩余生产能力,则另一方可以为对方定牌生产。拥有剩余生产能力的一方可充分利用其闲置生产能力,谋取一定的利益,而对于拥有品牌的一方,则可以降低投资或并购所产生的风险。

(4) 特许经营。通过特许的方式组成战略联盟,其中一方具有重要的无形资产,可以与其他各方签署特许协议,允许其使用自身品牌、专利或专用技术,从而形成一种战略联盟。许可方不仅可以获取收益,而且能够利用规模优势加强对无形资产的维护,而受许可方则可扩大销售、谋取收益。

(5) 相互持股。合作各方为加强相互联系而持有对方一定数量的股份。这种战略联盟中的各方关系相对紧密,而双方的人员、资产无须合并。

4) 战略联盟的成功要素

(1) 慎重选择合作伙伴。合作伙伴应具有企业所缺乏或重视的能力,且各方之间需具有良好的兼容性。

(2) 建立良好的合作关系。好的合作伙伴不会为了自己的目的而机会主义地利用其合作伙伴。

(3) 加强相互沟通并做好战略联盟的管理工作。

4. 成长型发展战略实现途径的优缺点比较

成长型发展战略实现途径的优缺点比较如表 6.4 所示。

表 6.4 成长型发展战略实现途径的优缺点比较

实现途径	优 点	缺 点
内部创业	易于控制和比较	妨碍企业获得外部资源和能力；妨碍新观念的产生
企业并购	可快速进入新的行业市场；能够获得外部资源和能力	需花费大量资金；难以找到合适的并购对象；易造成文化冲突，对管理能力提出了更高的要求
战略联盟	不需承担并购所需的大量资金；可通过合作弥补资源和能力上的不足	联盟各方的动机并不相同，追求利益不尽一致；容易出现信任危机

6.5 稳定型发展战略

6.5.1 稳定型发展战略的内涵

稳定型发展战略是指企业在内部条件和外部环境的约束下，遵循与过去相同的战略目标，维持原有的经营规模和经营范围，将资源集中于现有业务领域，以此来培育或维持竞争优势的战略。该战略对产品、市场等方面采取以守为攻，以安全经营为宗旨，使企业的资源分配和经营状况基本保持在目前的状态与水平上，是一种不冒较大风险的战略。

稳定型发展战略适用于外部环境较为稳定、企业文化偏保守的情况，是企业维持当前发展水平，以期实现稳定的、非快速增长的一种战略。处于成熟期的企业一般采用稳定型战略，企业遵循的经营方向、正在经营的产品和面向的市场领域，以及企业在其领域内所达到的产销规模和市场地位等都大致不变或只有较小幅度的增长或减少，持续为同类顾客提供同样的产品和服务。

稳定型发展战略主要以前期战略为依据和参照，以保持产品、市场、技术的稳定和巩固提高为着力点，力求确保"五个稳定"：一是组织稳定，通过组织和协调，把企业内部彼此相关但却分离的职能、企业外部既参与共同的经济活动又拥有独立经济利益的关联方整合成一个完整的价值系统，明确各部门、各岗位职权，理顺协作与沟通关系，改善组织管理；二是人员稳定，注重对富有管理能力和专业技术特长人才的培育和管理，为企业日后发展积蓄力量；三是产品稳定，主要是维护与挖掘现有产品的优势，改变产品质量与功能，降低成本，树立品牌声誉；四是市场稳定，在已有市场上进行市场渗透，维持好与已有客户的关系，修复原有销售渠道，不在市场开拓方面投入过多的资金和精力；五是技术稳定，主要是改进与完善具有优势的技术，以期改进生产过程，提高生产效率，充分发挥技术在产品生产中的作用。在战略实施期间，企业可充分利用此战略调整期，通过内外部资源整合，增强企业核心竞争力。企业需做好战略发展规划，在认真调研和分析内外部资源配置现状的基础上，积极推进企业的资源整合，将资源向具有竞争优势的主业领域、优势职能部门和子公司集聚，做大做强优势业务和产业，形成企业的核心竞争优势；完善公司治理机制，加快推进规范的董事会建设步伐，积极引入外部董事或独立董事制度，优化董事会结构；决策层与执行层、决策权与执行权应基本分开，以使决策更加科学、管理更加有效，增强内部管控能力，为企业实现可持续发展提供坚实的体制保障。

在具有较高可预测性的行业或较小动荡的外部环境中，企业通过采取稳定型发展战略，能够将经营风险和难度控制在自身资源和能力范围之内，培育具有企业属性的核心能力，为企业将来在复杂多变的外部环境中谋求生存和发展奠定坚实的基础。

6.5.2 稳定型发展战略的特点

稳定型发展战略的核心，是在维持稳定的经营现状的基础上，提高企业既有生产条件下的经济效益。这种战略一般具有如下几个特点。

（1）企业基本满足于过去的经济效益水平，决定继续追求与过去相同或相似的经济效益目标。例如，企业过去的经营目标是在行业竞争中处于市场领先者的地位，稳定型战略意味着在今后的一段时期里企业仍然以这一目标作为其经营目标。

（2）保持现有的产品组合形式不变，继续用与过去基本相同的产品或劳务为原有的顾客或目标市场提供服务，这意味着企业在产品上的创新相对较少。

（3）在战略期内，保持与上一战略期大致相同的市场占有率、产销规模或略有增长，稳定和巩固企业现有的市场地位，保持现有的竞争实力或略有增强。与增长型战略不同，这里的增长是一种常规意义上的增长，而非大规模的、迅猛的发展。例如在市场占有率保持不变的情况下，企业的销售额随总的市场容量的增长而稳步增长，而这种情况并不属于典型的增长战略。

从以上特征可以看出，稳定型战略主要依据于前期战略，坚持前期战略对产品和市场领域的选择，并以前期战略所达到的目标作为本期希望达到的目标。因而，实行稳定型战略的前提是企业过去的战略是成功的。对于大多数企业来说，稳定型发展战略也许是最为有效的战略。

6.5.3 稳定型发展战略的类型

1. 按战略目标偏离当前战略起点的程度划分

按战略目标偏离当前战略起点的程度，可将稳定型发展战略划分为以下两种类型。

1）无增战略

无增战略是企业在经过各种条件分析之后，决定维持现有战略不变的一种战略形式。这种战略按照原有战略方针在原有经营领域内进行经营，且其在行业中的市场地位、产销规模、效益等都希望维持在现有水平不变。无增战略的成败往往取决于企业内外部环境的稳定程度，如果外部环境发生重大变化，企业在激烈的竞争下可能遭遇挫折。

采用该战略的企业可能基于以下两个原因：一是企业过去的经营相当成功，且内外部环境没有发生重大变化。二是企业并不存在重大的经营问题或隐患，因而战略管理者没有必要进行战略调整，或者战略调整会给企业带来资源分配上的巨大困难。在这两种情况下，企业的管理者和员工可能不希望企业进行重大的战略调整，因为这种调整或许会在一定时期内降低企业的利润总额。

2）微增战略

微增战略是企业在保持稳定的基础上略有增长和发展的战略。这种战略强调小幅度的增长,如稳定而小幅度地提高市场占有率,改善市场地位,或者随市场的稳步增长而小幅度扩大产销规模,也包括谨慎地推出新产品和扩大市场面。

2. 按战略的具体实施情况划分

按战略的具体实施情况,可将稳定型发展战略划分为以下几种类型。

1）无变化战略

无变化战略即基本没有变化的战略,与前文提到的无增战略相同。

2）维持利润战略

维持利润战略是一种以牺牲企业未来发展来维持目前的利润水平的战略。该战略注重短期效果而忽略长期利益,其根本意图往往是渡过暂时性的难关,因而常在经济形势不景气时被采用,以维持过去的经济状况和效益,实现稳定发展。需要注意的是,维持利润战略只是一种渡过难关的临时战略,如使用不当,可能会使企业的元气受到伤害,影响持久竞争优势的获得和企业的长期发展。

企业采取维持利润战略可能出于以下几种原因:第一,企业满足于现有的利润水平,并认为短期内无法通过改变而获得更高的利润水平,因而希望继续保持这种状态;第二,在经济不景气或行业出现萎缩趋势时,企业为维持过去的经营利润而采取该战略;第三,投资人分红压力或经理人的管理目标压力导致企业以追求急功近利为目标;第四,上市公司为了适应管理政策的要求(如配股条件等),而需要维持利润水平;第五,企业需要利用金牛业务的利润开拓新的市场。

3）暂停战略

暂停战略是指企业在高速扩张、开拓新的经营领域之后,为了巩固成果,防止经营规模超出其管理资源所能达到的限度而采取的调整资源、暂时放慢发展速度的战略。在经过一段时间的快速发展后,企业可能会遇到一些问题,如变得缺乏效率,难以管理,或者通过购买或内部发展而新增的事业部或分公司使得管理人员过度紧张,造成各种资源过于分散等。此时企业可采取暂停战略,在一段时间内进行修整,降低企业的目标和发展速度,重新配置资源,进行结构调整,让企业积蓄能量,为今后的发展做准备。例如在采用并购发展的企业中,往往会在新收购的企业尚未与原来的企业很好地融合在一起时,先采用一段时间的暂停战略,以便有充分的时间来重新实现资源的优化配置。

一般而言,企业选择暂停战略是必要的,因为企业在扩张、发展阶段,需要短时间内投入与消耗大量资源,而企业的资源又是有限的,所以当企业初步实现其扩张目标后,就必然要经过一个巩固、调整时期。否则,企业长期处于不稳定状态,一旦某一方面出现致命漏洞,将可能导致企业前功尽弃。

4）谨慎前进战略

如果企业外部环境中某一重要因素难以预测或变化趋势不明显,企业的战略决策就要有意识地放慢实施进度,等待势态明朗,以做到稳中求胜,这就是所谓的谨慎前进战略。例如,某些受国家政策影响较为严重的行业中的企业,在国家公布一项可能影响该行业发展的法规之前,很可能采取谨慎前进战略,稳步向前发展。

6.5.4 稳定型发展战略的适用性

采取稳定型发展战略的企业,一般处在市场需求及行业结构稳定或者较小动荡的外部环境中,因而企业所面临的竞争挑战和发展机会都相对较少。然而,有些企业在市场需求以较大的幅度增长或是外部环境提供了较多的发展机遇的情况下也会采取稳定型战略。这些企业一般来说是由于资源状况不足以使其抓住新的发展机会而不得不采用相对保守的稳定型战略态势。下面分别讨论采用稳定型发展战略的外部环境和企业内部实力的适用条件。

1. 外部环境

外部环境的相对稳定性会使企业更趋向于稳定型发展战略。影响外部环境稳定性的因素很多,大致包括以下几个方面。

(1)宏观经济状况。如果宏观经济在总体上保持总量不变或总量低速增长,这就势必会影响到企业所处行业的发展,使其无法以较快的速度增长。此时,市场需求及其规模保持稳定或者缓慢增长,企业就会更加倾向于采用稳定型战略,以适应外部环境。

(2)产业的技术创新度。如果企业所在的产业技术相对成熟且更新速度较慢,则企业过去采用的技术和生产的产品无须经过较大的调整就能满足消费者的需求和与竞争者的抗衡,这使得产品系列及其需求保持稳定,从而使企业趋向于采纳稳定型战略。

(3)消费者需求偏好的变动。当消费者的需求偏好发生较为频繁的转移时,为保持竞争地位,企业势必会在产品特性和营销策略上有所变动,而这种策略上的变动毫无疑问将影响到企业的整体战略。企业若继续采用稳定型战略态势的话,则很可能陷入被动。从这点来看,稳定型战略适合消费者需求偏好较为稳定的企业。

(4)产品生命周期或行业生命周期。对于处于行业或产品的成熟期的企业来说,产品需求、市场规模趋于稳定,产品技术成熟,新技术的开发和以新技术为基础的新产品的开发难以取得成功,因此以产品为对象的技术变动频率较低,同时竞争对手的数量以及企业在行业内的竞争地位都趋于稳定,这时提高企业的市场占有率、改变市场的机会很少,因此较为适合采用稳定型战略。

(5)竞争格局。如果企业所处行业的进入壁垒非常高或由于其他原因使得该企业所处的竞争格局相对稳定,竞争对手之间很难有悬殊的业绩差别,此时改变竞争战略所带来的业绩增加往往是不尽如人意的,而采用稳定型战略则可能是获得最大收益的途径。

企业在制定战略时,必须注重对上述影响环境稳定性因素的分析和预测,明确外部环境现状和未来发展是否具有稳定性的特点。当然,稳定的外部环境只是实行稳定型战略的条件之一,关键还在于企业的经营实力和所处市场的地位。

2. 外部环境和企业内部实力的综合分析

(1)当外部环境较好、行业内部或相关行业市场需求增长时,企业的发展机会较多,但这并不意味着所有的企业都适于采用成长型战略。如果企业资源不充分,如资金不足、研发力量较差或人力资源有缺陷无法满足成长型战略要求,就无法采用扩大市场占有率的战略。在这种情况下,企业可以采取以局部市场为目标的稳定型战略,以使企业有限的资源集中在具有优势的细分市场，维持稳定的竞争地位。

（2）当外部环境相对稳定时，资源较为充足和资源较为稀缺的企业都应当采取稳定型战略，以适应外部环境，但两者的做法可以不同。前者可以在更为广阔的市场上选择自己的资源分配点，而后者应当在相对狭窄的细分市场上集中自身的资源，以求稳定型增长。

（3）当外部环境不利，如行业处于生命周期的衰退阶段时，资源丰富的企业可以采取保持行业内领先地位或者以取得短期效益为目标的稳定型战略；而对于那些资源不够充足的企业，如果它们在某个特定的细分市场上具有独特的优势，则也可以考虑采用稳定型的战略。

6.5.5 稳定型发展战略的利弊

实行稳定型发展战略一般具有以下几个优势。

（1）企业的经营风险相对较小。选择稳定型发展战略的企业在运营过程中基本维持原有的产品和市场领域，从而可以利用原有的生产经营领域和销售渠道，避免了开发新产品和新市场所必需的大量资源投入，以及激烈的竞争抗衡和开发失败所产生的巨大风险。

（2）能够避免因战略改变而重新配置资源的困难。由于经营领域与过去大致相同，因而稳定型发展战略不必考虑原有资源的增量或存量的调整，也无须改变资源的分配模式，从而大大减少了资源重新组合所必然造成的物质浪费和时间损失。相对于其他战略态势而言，稳定型发展战略显然要容易很多。

（3）可以防止因发展过快而导致的损失。在行业迅速发展的时期，许多企业无法看到潜伏的危机而盲目发展，结果造成资源的巨大浪费。稳定发展的战略比较容易保持企业经营规模和经营资源、能力的平衡协调，有助于防止过快、过急发展而造成的重大损失。

（4）能够积蓄能量，为将来发展做充分准备。稳定型发展战略可以使企业在基本维持现有的产销规模、市场占有率和竞争地位的情况下，调整生产经营活动的秩序，强化各部门、各环节的管理，能够为企业提供一个较好的休整期，使其积蓄更多的能量和资源，保存实力，以便为今后的发展做好充分的准备。从这个意义上讲，适时的稳定型发展战略将是成长型战略的一个必要的酝酿阶段。

（5）有助于保持人员安排上的相对稳定，充分利用已有的各方面人才，发挥其积极性和潜力，减少人员调整、安置所造成的种种矛盾以及重新招聘和培训的费用，提升管理效率。

当然，这种战略也存在一定的缺陷，尽管稳定型战略本身是在谋求最小风险，但其也蕴含着一定的风险，主要表现在以下几个方面。

（1）稳定型发展战略的执行是以市场需求、竞争格局等内外条件基本稳定为前提的，一旦企业对自身定位和外部环境判断失误，就会打破战略目标、外部环境、企业实力三者之间的平衡，使企业陷入困境，或失去发展机遇，或不足以抵御外部环境对企业造成的冲击（如竞争对手的兼并威胁等）。同时，稳定型发展战略也决定了企业的主要经营活动及资源配置的方向，如果方向定位错误，势必会使企业徒劳无功甚至丧失发展机遇。

（2）特定细分市场的稳定型战略也会有较大的风险。由于资源有限，企业通常会在局部特定细分市场上采用稳定战略，如果对这部分细分市场的需求把握不准，企业可能会更加被动。

（3）长期采用稳定型发展战略常导致企业的风险意识减弱，甚至形成害怕风险、回避风险的企业文化，这会大大降低企业对风险的敏感性、适应性和冒风险的勇气，甚至滋长不思进取的懒惰情绪，从而增加了以上风险的危害性和严重性。这或许是稳定型战略的真正弊端和最大风险所在，是战略决策者应予以高度重视的问题。因此，企业在实施稳定型战略的同时，还应在内部进行必要的危机意识教育，同时模拟各种经营危机的情景，制定风险应对预案，居安思危，树立敢于面对风险、迎接挑战的企业文化。

稳定型发展战略的优势和缺陷都是相对的，企业在具体的执行过程中必须权衡利弊，准确估计风险和收益，并采取合适的风险防范措施。只有这样，才能保证充分发挥稳定型战略的优势。

6.6 紧缩型发展战略

6.6.1 紧缩型发展战略的内涵

紧缩型发展战略是指企业在原有经营领域中处于不利地位且无法改变这种状况时，为规避更大的风险和损失，而选择从目前的经营领域和战略基础水平上收缩和撤退的战略，是偏离战略起点较大的一种经营战略。

扩展阅读 6.6 紧缩战略使克莱斯勒起死回生

紧缩型发展战略适用于外部环境不利、自身条件较弱的情况，是企业从目前经营领域撤退以避开威胁的一种策略，常用于多元化企业剥离不良资产、出售非核心资产套现、适应经营环境变化需要等。当企业步入衰退期时，现有的经营状况、资源条件以及发展前景常常不能应付外部环境的变化，难以为企业带来满意的收益，甚至威胁企业的生存。为使自身摆脱不利的竞争地位，扭转这种局面，企业一般选择紧缩型战略，重整旗鼓，在原经营领域或已经改变的经营领域中重新建立自己的竞争优势。

与稳定型发展战略和成长型发展战略相比，紧缩型发展战略是一种相对消极的发展战略。有时，只有采取收缩和撤退的措施，才能抵御竞争对手的进攻，避开环境的威胁，迅速地实行自身资源的最优配置。可以说，紧缩型战略是一种以退为进的战略。

企业采用不同的紧缩型战略可能出于不同的动机，紧缩型战略能够帮助企业在外部环境恶劣的情况下，节约开支和费用，在经营不善的情况下最大限度地降低损失，也能帮助企业更好地实现资产的最优组合。

任何企业的发展都不是直线成长的，而是处于曲折发展的过程中。企业应根据市场变化、自身实力以及竞争对手情况采取不同的战略，有进攻、有撤退、有扩张、有收缩，经常地、自觉地调整自身的产业结构和产品结构，以保证企业内部资源配置的最优化，故退出与进入一样，也是构成企业发展战略的重要组成部分。

6.6.2 紧缩型发展战略的特点

归纳起来,紧缩型发展战略具有以下几个特点。

(1) 对企业现有的产品或市场领域实行收缩、调整和撤退的措施,削减某些产品和市场面,放弃某些产品线和服务线系列,甚至完全退出原来的某些经营领域。

(2) 逐步缩小企业的产销规模,降低市场占有率,同时相应地降低某些经济效益指标水平。

(3) 对企业资源采取较为严格的控制并尽量削减各项费用开支,只投入最低限度的经营资源,以期改善财务状况,因而紧缩型战略的实施往往同时伴随大量的裁员。

(4) 与成长型发展战略和稳定型发展战略相比,紧缩型发展战略具有明显的短期性与过渡性。一般来说,企业只在特殊时期采取紧缩型战略,其根本目的并不在于长期节约开支,停止发展,而是在于摆脱困境,保存力量,渡过危机,当企业经营状况好转、内外部条件具备时,再进入其他对企业发展更为有利的领域中去。

6.6.3 紧缩型发展战略的类型

1. 按促使企业采取紧缩型发展战略的基本原因划分

按促使企业采取紧缩型发展战略的基本原因,可将紧缩型发展战略分为三种不同的类型。

1) 适应型紧缩战略

适应型紧缩战略是企业为适应外界环境而采取的紧缩型战略。由于外部环境变化,经济陷入衰退之中,企业产品或服务的市场需求缩小,资源紧缺,企业在现有的经营领域中处于不利地位,且采用稳定型发展战略尚不足以维持目前的经营状况,此时企业可通过适应型紧缩战略避开环境的威胁,摆脱经济困境。其中,衰退的原因可能是宏观经济调整、紧缩作用于行业的供应、生产、需求等而引起的突发性、暂时性衰退;也可能是行业本身进入衰退期而必然出现市场需求减少、规模缩小的渐进式衰退。

2) 失败型紧缩战略

这是指企业因经营失误(例如战略决策失误、产品开发失败、内部管理不善等)造成竞争地位下降、经济资源短缺、财务状况恶化等问题,只有撤退才有可能最大限度地减少损失、保存企业实力时被迫采取的战略。

3) 调整型紧缩战略

与上述两种类型的紧缩战略不同,企业采取调整型紧缩战略的原因,既不是经济衰退,也不是经营失误,而是为了谋求更好的发展机会,实行某种更长远的目标,需要集中并更有效地配置和利用现有的资源和条件。为此,要对企业中那些不能带来满意利润、发展前景不够理想的经营领域采取收缩或放弃的办法。从根本上来说,调整型紧缩战略是一种以长远发展目标为出发点的积极紧缩战略。

2. 按实现紧缩型发展战略的基本途径划分

按实现紧缩型发展战略的基本途径,可将紧缩型发展战略分为以下四种类型。

1) 选择性收缩战略

选择性收缩战略是指企业在现有的经营领域不能维持原有的产销规模和市场面时,不得不采取缩小产销规模和市场占有率的紧缩战略。其基本特点是选择某些较为有利的、能够发挥自身优势的、具有可观发展前景的市场面,抢先占据优势地位,获得较大收益,同时逐步缩小并退出其他无利可图的市场面。企业采取选择性收缩战略可能基于以下原因:①企业在某个领域的市场已处于饱和状态,或在该领域市场占有率低,且今后很难扩大;②某个领域投资回报率(ROI)过低,并且企业无法扭转这一局面;③企业在该领域严重亏损,不得不进行撤退。选择性收缩不一定是完全撤出某个经营领域,收缩的程度如何可依照不同情况而定,也可以收缩至一定份额停止,然后维持下去。

2) 转向战略

转向战略是指当企业现有经营领域市场吸引力微弱、失去发展活力而趋向衰退,市场占有率受到侵蚀,经营业绩下滑而影响企业生存,或者发现了更好的发展领域和机会时,为了从原有领域脱身,对原有业务进行压缩投资、控制成本以改善现金流,从而为其他业务领域提供资金的战略方案。

转变战略一般分为战略性转变和操作性转变。战略性转变是指企业在原有经营领域中或进入的新经营领域中进行的战略转变,如改变组织结构、调整产品结构等。操作性转变是指提高效率、降低成本或投资、缩减资产等战略选择。

一般来说,企业采取转向战略的原因有以下几点:①企业拥有明显的特殊能力,但在一定时期内未能做到持续地实现企业目标;②企业面临经济不景气、生产效率低、竞争者取得创新突破等情况;③企业受到低效率、低盈利、低员工士气和来自股东压力的困扰;④长时间内,企业未能有效利用外部机会,规避外部威胁,发挥内部优势和克服内部劣势,换言之,企业的战略管理者遭遇失败,可能将被更有能力的人取代;⑤财务状况下降,一般发生在物价上涨导致成本上升或需求降低使财务周转不灵时;⑥企业已经成长得足够大、足够快,需要大规模内部改组。企业在判断是否需要采取转向战略时,需要权衡成本与收益,当该项经营业务还能够长期盈利,并且长期继续经营所获得的价值大于清算价值时不应该采取转向战略。

转向战略可通过以下措施来配合进行:①调整企业组织和战略方针,包括改变企业的关键领导人,在组织内部重新分配责任和权利,重新定位战略等手段,其目的是使企业适应已发生变化的外部环境。②降低成本和投资,包括压缩日常开支,实施更严格的预算管理,减少一些长期投资的项目,推动自动化生产流程,适当减少某些管理部门或降低管理费用。在某些必要的时候,企业也会以削减人员作为压缩成本的方法。③增加收入,包括提高产品价格、加强推销等举措,以此来增加企业的现金流入。④减少资产,包括出售与企业基本生产活动关系不大的土地、建筑物和设备,关闭废弃工厂,压缩产品系列,出售某些在用的资产,再以租用的方式获得使用权,出售一些盈利的产品等,以此来为新的经营领域提供资金支持。⑤加速回收企业资产,包括加速应收账款的回收期,派出讨债人员收回应收账款,降低企业的存货量,尽量出售企业的库存产成品等。

转向战略会使企业的经营主力向具有不同技术或市场基础的新产品进行转移,这有时会涉及基本经营宗旨的变化,其成功的关键是管理者明晰的战略管理理念,即必须决断是对现存的业务给予关注还是重新确定企业的基本经营宗旨。

3）放弃战略

放弃战略是指将企业的某个主要部门转让、出售或者停止经营的战略，这个部门可以是一个经营单位、一条生产线或者一个事业部。实施放弃战略通常是为了摆脱一些盈利能力较差、耗用资金过多或者与企业战略不相匹配的业务，从这些业务中收回资金，加强其他部门的经营实力，利用腾出的资源发展新的事业领域或改善企业的经营素质，伺机抓住更大的发展机会。放弃战略能够降低企业的多元化程度，有助于其将注意力集中在核心业务上，提升竞争优势，同时也可将收集到的资金用于将来的战略性收购或投资中。

当企业面临以下六种情况时，可考虑实施放弃战略：①企业已经执行了选择性收缩战略和转向战略，但是均未能达到预期的效果；②某个业务单元需要的资源超过了企业所能供应的范围，且该业务不具备竞争性；③当某个业务单元是造成整个企业业绩不佳的主要原因时，可考虑放弃该业务单元；④由于市场、客户、雇员、价值和需要大相径庭，企业的某项业务和其他业务不相称；⑤企业急需大笔资金，却又无法从其他渠道及时筹得；⑥企业某些业务单元的存在或做法抵触政府的法令法规，以至于对企业构成严重威胁。

企业采取放弃战略往往是一个"艰难"的抉择，意味着企业要舍弃自己苦心经营许多年的某些部门、单位或领域。特别是当这些部门、单位或领域退出障碍较大时，放弃将会更加困难。通常，放弃战略在实施过程中会遇到一些阻力，主要包括：①结构上或经济上的阻力，即一个企业的技术特征及其固定资本和流动资本妨碍其退出，例如一些专用性强的固定资产很难退出。②公司战略上的阻力。如果准备放弃的业务与其他的业务有较强的联系，则该项业务的放弃会使其他有关业务受到影响。③管理上的阻力。企业内部人员，特别是管理人员对放弃战略可能会持反对意见，因为这往往会威胁到他们的业绩考核。管理阻力的克服，可考虑以下办法：在高层管理者中，形成"考虑放弃战略"的氛围；改进工资奖金制度，使之不与放弃战略相冲突；妥善处理管理者的出路问题等。

4）清算战略

清算战略是指企业受到全面威胁，无力扭亏增盈，濒临破产时，通过将企业的全部资产转让、出售或者停止全部经营业务的运营来结束企业的生命的战略，适用于无力清偿债务而所有其他战略全部失灵的企业，可分为自动清理和强制清理两种。

清算意味着经营失败，因此是一种在情感上令人难以接受的战略。然而，在确实毫无希望的情况下，尽早地制定清算战略，可以有计划地逐步降低企业股票的市场价值，尽可能多地收回企业资产，从而减少全体股东和员工的损失。因此，在特定情况下，相较于顽固地坚持经营已经无法挽回败局的事业，致使企业的资产流失或无端损耗，清算战略也是一种明智的选择。需要特别指出的是，清算战略的净收益是企业有形资产的出让价值，而不包括其相应的无形价值。

企业选择清算通常是基于以下三种情况：①企业已经实施了选择性收缩战略、转向战略以及放弃战略，但都没有显著成效；②当企业面临的唯一选择是破产时，清算战略代表了以企业的资产来获得最大可能现金流的一种较为有序和有计划的方式；③通过出售企业的资产，可以使股东的损失降到最低。

6.6.4 紧缩型发展战略的适用性

采用紧缩型发展战略的企业可能是出于不同的动机,从这些动机来看,紧缩型战略可分为适应型紧缩战略、失败型紧缩战略、调整型紧缩战略三种。下面分别讨论这三种不同动机的紧缩型战略的适用性。

适应型紧缩战略是企业为适应不利的外界环境(经济衰退,产业进入衰退期,对企业的产品或服务的需求减小等)而采取的一种战略。因此,适应型紧缩战略适用于企业已经预测到或感知到外界环境对企业经营的不利性,并认为采用稳定型战略尚不足以支撑企业顺利渡过危机的情况。需要注意,如果企业可以同时采用稳定型战略和紧缩型战略,并且两者都能使企业避开外界威胁、为今后发展创造条件,则企业应当尽量采用稳定型战略,这是因为相较于紧缩型战略,稳定型战略的冲击力要小得多,因而对企业可能造成的伤害也会较小。

失败型紧缩战略适用于企业经营失误导致出现重大问题(产品滞销,经营状况恶化,投资无法收回等)的情况。这里涉及一个"度"的问题,即究竟在出现何种严重经营问题时才考虑实施紧缩型战略。要回答这一问题,需要对企业的市场、财务、组织机构等方面做一个全面的评估,认真比较实施紧缩型战略的机会成本,经过细致的成本收益分析,最终确定战略方针。

调整型紧缩战略的动机是谋求更好的发展机会,使有限的资源分配到更有效的位置上。因而,调整型紧缩战略的适用条件是企业存在一个回报更高的资源配置点。为此,企业需要对当前的业务单位和实施紧缩型战略后的资源投入的业务单位进行比较,在存在较为明显的回报差距的情况下,可以考虑采用调整型紧缩战略。

6.6.5 紧缩型发展战略的利弊

紧缩型发展战略一般是在企业经营不善或外部环境恶化的条件下,企业不得已采取的一种战略,这种战略的实施可以为企业带来以下几个方面的好处。

(1) 有利于正确判断经营领域的盈亏状况,及时清理、放弃无利可图或亏损的领域,清除经营累赘,提高效率,节约各种开支和费用,增加收益,改善财务状况,使企业顺利渡过难关。

(2) 采用转向、放弃战略,企业能够更加有效地调整资源配置,集中优势于有利可图的领域,提高经营效率和竞争能力,在不断适应市场需要的同时,使自身取得新的发展机会。

(3) 在企业经营不善的情况下最大限度地降低损失。在许多情况下,盲目且顽固地坚持经营无可挽回的事业,并不是一种明智的选择。及时清算,能够最大限度地减少损失,避免发生拖欠债款,且有助于保持一个相对有力的行业结构和竞争局面。

(4) 帮助企业更好地实现资产的最优组合。如果不采用紧缩型战略,当企业面临一个新的机遇时,只能运用现有的剩余资源进行投资,这样做势必会影响企业在这一领域发展的前景。相反,通过采取适当的紧缩型战略,企业往往可以将不良运作处的部分资源转移到新的经营领域内,从而实现长远利益的最大化。

紧缩型发展战略也存在一些缺点,主要表现为以下几点。

(1) 采取缩小经营的措施,往往会削弱技术研究和新产品开发的能力,减少设备投资,甚至陷入消极的经营状态,影响企业的长远发展。

(2) 实行紧缩型发展战略通常需要对人员进行调整,如裁减人员、更换高层领导人等,处理不好将会导致人才流失、员工士气低落、工人与管理者的矛盾和对立加剧,以及专业技术管理人员对战略实施的抵制等问题,反而会加剧经营管理的难度,限制企业提高效率。

(3) 在宏观经济或行业处于衰退期时,紧缩经营将导致企业总体的供求关系缩小,影响经济的回升或加速行业的衰退,形成恶性循环,反而抑制企业的发展。

(4) 实行紧缩型战略的尺度难以把握,盲目采用紧缩型战略可能会扼杀具有发展前途的业务和市场,使企业的总体利益受到伤害。

(5) 采取放弃战略时,若优柔寡断、措施不当,有可能延误时机,甚至拖垮企业。

结尾案例

本章小结

(1) 公司层面战略对象是企业战略业务单元的整体组合,是对企业业务边界和市场范围的整体计划,是公司总部管理控制企业战略业务单元经营行为的最高准则。对某一特定企业而言,其业务与市场领域无非有扩大、维持、缩减三种选择,分别对应了成长型发展战略、稳定型发展战略、紧缩型发展战略三种公司层战略。

(2) 成长型发展战略强调的是充分利用外部环境为企业提供的有利机会,努力发掘和运用各种资源,以求得经营领域与市场范围的扩张和发展。根据企业选择发展的经营业务内容和范围,成长型发展战略可分为密集型发展战略、一体化发展战略、多元化发展战略三类,分别以点、线、网三种方式进行扩张。成长型发展战略主要有内部创业、企业并购以及战略联盟三种实现途径。

(3) 根据产品-市场战略组合矩阵,考虑新产品和新市场的开发情况,密集型发展战略可被划分为四个维度,分别是市场渗透(现有产品-现有市场)、市场开发(现有产品-新市场)、产品开发(新产品-现有市场)、市场组合(新产品-新市场)。

(4) 一体化发展战略是企业在密集型发展战略实施的基础上,充分利用自身在产品、技术、市场上的优势,向经营领域的深度和广度进行拓展的一种战略。一体化经营实际上是企业沿着价值链的方向不断地进行纵向发展和横向扩张。纵向发展即纵向一体化,包括沿产业链向下游分销方向扩展的前向一体化,以及沿产业链向上游供应方向扩展的后向一体化;横向扩张即横向一体化,是对同行业内竞争者进行整合的方式,通常通过收购和合并两种途径来实现;混合一体化是跨产业、跨市场的不同企业间的联合。

(5)多元化发展战略是同时经营两种或两种以上基本经济用途不同的产品或服务的一种发展战略。多元化可分为低层次、中高层次、极高层次三个层次。低层次多元化经营的企业将精力集中于某单一业务或某主导业务上;中高层次多元化即相关多元化,分为技术相关型、销售相关型和销售技术相关型三种;极高层次多元化即非相关多元化,是不依赖现有技术和市场的多元化战略。

(6)稳定型发展战略是企业维持当前发展水平,以期实现稳定的、非快速增长的一种战略。从战略的具体实施来看,其可分为无变化战略、维持利润战略、暂停战略和谨慎前进战略四种类型。实施稳定型战略需要综合考虑企业的外部环境和内部实力两方面因素,当外部环境较为稳定或企业资源难以满足成长型战略要求时,可采取稳定型战略。

(7)紧缩型发展战略是企业从目前经营领域和战略基础水平上收缩和撤退的战略。与稳定型战略和成长型战略相比,紧缩型战略是一种相对消极的战略,具有明显的短期性和过渡性。依据战略的实现途径,可将紧缩型战略分为四类:选择性收缩战略、转向战略、放弃战略和清算战略。企业采取紧缩型战略可能是出于不同的动机:适应型紧缩是为了适应不利的外界环境;失败型紧缩适用于经营失误导致出现重大问题的情况;调整型紧缩的动机是谋求更好的发展机会。

(8)企业也可以采取混合型战略,即将成长型、稳定型、紧缩型三种战略组合使用,适用于经营行业或领域较广的大型集团企业,通过对不同战略业务单元采取不同的战略,可以使得集团的总体效益实现最大化。

 即测即练

第 7 章 战略选择

本章学习要点

1. 了解企业战略选择的基本原则。
2. 掌握战略方案形成的过程。
3. 理解和掌握影响战略选择的影响因素。
4. 理解和运用 SWOT 分析、业务组合分析等方法。

开篇案例

7.1 战略选择的基本原则与方案形成

7.1.1 战略选择的基本原则

战略选择具有以下基本原则。

1. 经济性

扩展阅读 7.1 一颗黄豆的成长历程

战略选择的经济性包含两方面内容：一是战略选项要有较强的营利性，有利于提高企业业绩，比如，提高企业的盈利能力和股票价格等；二是战略选项要求相对较低的成本，即选择和执行该战略所需的资源较少，比如，战略选择所需的信息成本、预算成本以及实施所花的时间成本等较低。

企业的经营活动必然涉及一些不确定因素的风险活动，不可能预期将来的情况，因而只能追求当前利润的最大化，这个利润在早期的经济理论中被认为是当期或短期的利润。但在现实中，一个健康运作的企业，在作出决策时不仅要考虑短期利润的最大化，而且要考虑企业未来经营与发展，即从长远来看，要选择企业成功可能性较大的战略。因此，在进行战略方案选择时，必须进行相应的投资收益分析，即通过对公司获利、成本与效益、所有者利益等方面分析,对特定的战略可能产生的收益进行评价。

在选择战略的时候必然要考虑成本的因素。从战略角度来研究成本形成与控制的战略成本管理(strategic cost management,SCM)思想,是20世纪80年代在英、美等国管理会计学者的倡导下逐步形成的,20世纪90年代以来,对这一思想与相关方法的讨论日趋深入。所谓战略成本管理,就是以战略的眼光从成本的源头识别成本驱动因素,对价值链进行成本管理,即运用成本数据和信息,为战略管理的每一个关键步骤提供战略性成本信息,以利于企业竞争优势的形成和核心竞争力的培育。在战略选择阶段就是要对选项进行战略成本管理预期估算,同时也要考虑所选择的战略涉及的资金、信息和时间等要素的成本性。

2. 可行性

可行性指的是要基于公司内外部环境综合考虑所选择的战略是否可行。一是要求企业战略与企业的长期发展和外部环境相适应,并达到巩固其竞争地位的目的;二是要求企业自身可以成功实施战略,涉及资金支持、人力资源支持、技术能力支持、管理能力支持等方面。综合起来概括如下。

信息资源的可获得性。信息资源是研究工作的基础,战略选择工作所要求的信息资源一定要充分、可靠、及时,而且有些是关于战略制定背景、战略执行效果、战略目标实质、区域社会经济环境状况、决策者、执行者的具体情况等方面的一手资料。要获得如此众多的信息资源,一方面需要做大量的调研工作,耗费大量时间和精力;另一方面由于认识上的不足,有些涉及战略背景、战略实质方面的一手资料的获得(尤其是对于正在制定中的战略)对于管理者来说难度极大。

充足的人力资源、物力资源和技术支持是战略选择工作内部重要的前提条件。在保证战略选择其他原则的条件下,战略选择工作必须尊重客观现实,不能顾此失彼,没有较好的内部资源作为后勤保障,再好的战略也只是纸上谈兵,不能付诸实施。同时,在制定企业战略目标时必须在全面分析企业的内部优势和劣势以及外部环境机会和威胁的基础上判断企业经过努力后所能达到的程度。既不能脱离实际将目标定得过高,也不可妄自菲薄把目标定得过低。作为企业的一种决策,战略选择工作一定要对企业内部的资源有较好的量化统计,这也是战略选择重要的评判指标。

3. 共识性

企业战略的实施和评价主要是通过企业内部人员与外部公众来完成的,因此,战略选择目标首先必须能被他们理解并符合他们的利益。为了对企业管理活动的结果给予准确衡量,战略选择目标应该是明确的、可以检验的,并能够具体地说明将在何时达到何种结果。目标的定量化是使目标有检验性的最有效的方法。事实上,还有许多目标难以数量化,时间跨度越长、战略层次越高的目标越具有模糊性,此时,应当用定性化的术语来表述其达到的程度,一方面明确战略目标实现的时间,另一方面须详细说明工作的特点。只有当完成战略目标的各阶段都有明确的时间要求和定性或定量的规定时,战略目标才会变得具体而有实际意义。目标本身是一种激励力量,特别是企业目标充分体现了企业成员的共同利益,使战略目标和个人小目标很好地结合在一起时,就会极大地激发组织成员的工作热情和献身精神。一方面,企业战略的表述必须具有激发全体职工积极性和发挥潜力的强大动力,即目标具有超感召力和鼓舞作用;另一方面,战略目标必须具有挑战性,但又是经过努力可以达到的,因而员工对目标的实现充满信心和希望,愿意为之贡献自己的全部力量。

4. 动态性

企业处在不断变化、难以预测甚至不可预测的市场环境当中,战略方案必须具有一定柔性,体现对于环境变化的适应性,因此这里提出战略选择的动态性原则。由于科技不断进步,经济不断发展,政策法规不断变化,全球化信息网络和市场格局的逐步形成,企业所面临的竞争环境动态性、不确定性、复杂性等特征表现得尤为显著,企业在原来既定战略下的实施与企业目标之间形成一定的偏差。这就要求企业具有一定的应变能力,能够随着环境的变化调整战略,减小上述偏差给企业带来的影响。

7.1.2 战略方案的形成

战略管理者从来不认为企业能从所有可供选择的战略方案中均受益,因为现实中存在数不清的行动方案以及无数实施这些战略的路径。因而,企业有必要开发出一组易于管理、颇具吸引力的战略备选方案,同时给出这些战略各自的优点、缺点、成本和收益。

扩展阅读 7.2 屠龙与铱星公司的失败

在拟订和评价战略方案过程中,企业应当让先前参加过使命陈述、外部分析和内部分析的管理人员和一般员工参与其中。就像前述的战略制定活动一样,来自企业不同职能部门和事业部的员工都应当参与这一过程。这种参与有利于管理人员和员工更好地理解公司正在做什么和为什么这样做,同时也能促使他们更加自觉地承担起实现企业目标的责任。

所有战略分析和选择的参与人员,都应从各自的需要出发掌握公司内外信息。这些信息,再加上企业的使命陈述,能够促使参与者从内心深处认为某一特定的战略恰好是自身受益最大的选择。在这一思考过程中,企业应当鼓励参与者充分发挥各自的创造力。

参与者所提出的全部备选战略方案,都应该经过一次或是一系列会议的讨论。这些战略方案都应以书面的形式呈现。当参与者提出的全部可行战略都被列出并得到充分理解之后,所有参与者根据吸引力的强弱来对这些战略排序。"1"代表"不应该被实施";"2"代表"有可能被实施";"3"代表"应该可能被实施";"4"代表"确实应当被实施"。通过这一过程,将会得到一个可以代表小组集体智慧、按照优先选择排序的最佳战略方案排列。

一个完美的战略方案的形成大致要经过以下三个阶段:信息输入、资源匹配以及战略决策。各个阶段中均包含不同的分析方法,它们同时适合于所有的规模与类型的组织,并能帮助战略家们确定、评价和选择战略方案,如图 7.1 所示。

1. 信息输入阶段

本阶段概括了制定战略所需要的基本输入信息,主要包括的分析方法有外部环境分

```
┌─────────────────────────────────────────────────────────────────┐
│ 阶段一：信息输入                                                    │
│                                                                 │
│ 外部环境分析矩阵         竞争态势矩阵          内部因素评价矩阵          │
├─────────────────────────────────────────────────────────────────┤
│ 阶段二：资源匹配                                                    │
│ SWOT 矩阵（威胁—机会—劣势—优势矩阵）    战略地位与行动评价矩阵              │
│ （SPACE）                                                         │
│ 波士顿咨询集团矩阵（BCG）   内部—外部矩阵（IE）   大战略矩阵（GSM）         │
├─────────────────────────────────────────────────────────────────┤
│ 阶段三：战略决策                                                    │
│ 定量战略计划矩阵（QSPM）                                            │
└─────────────────────────────────────────────────────────────────┘
```

图 7.1　战略方案的形成

析矩阵、竞争态势矩阵和内部因素评价矩阵。

在这一阶段，根据信息输入的要求，管理者需要在战略制定过程之初就将主要信息定量化。在输入阶段的矩阵中，在考虑内部因素及外部因素相对重要性的基础上作出一些小的决策，有利于更为有效地构建和评价备选战略方案。决定不同因素的适当权重及评分需要战略管理者有良好的判断力。

2. 资源匹配阶段

战略被定义为企业对资源、能力等内部因素与外部因素带来的机会、威胁进行匹配。战略制定中的匹配阶段着重通过排列关键内部及外部因素产生可行的备选战略方案。这一阶段主要的分析方法有 SWOT 矩阵、战略地位与行动评价矩阵（SPACE 矩阵）、波士顿矩阵（BCG Matrix）、内部—外部矩阵、大战略矩阵。这些方法根据在输入阶段获得的信息对外部机会、威胁与内部优势、劣势进行匹配。值得注意的是，将内外成功关键要素进行"匹配"是有效产生可行备选战略方案的关键。例如，营运资本过剩（内部优势）的企业可以通过收购一家新能源汽车企业而充分利用新能源汽车产业超 150% 的年增长速度（2021 年）带来的外部机会。这一实例是简单的一一对应匹配。在大多数情形下，内外部关系要比这复杂得多，这就要求对于每一个制定的战略来说，进行的匹配都是多方面的。常见的进行匹配的基本原则如表 7.1 所示。

表 7.1　外部、内部关键因素匹配原则

关键内部因素	关键外部因素	战略方案
能力过剩（内部优势）	新能源汽车产业 2021 年超 150% 的年增长率（外部机会）	收购新能源汽车公司
能力不足（内部劣势）	两家主要的外部竞争者退出本产业（外部机会）	通过收购竞争者的设施实行水平一体化
很强的研发实力（内部优势）	年轻人的数量在减少（外部威胁）	为中、老年人开发新产品
低落的员工士气（内部劣势）	强有力的工会活动（外部威胁）	推出新的员工健康福利一揽子计划

任何组织,不论军事的、生产的、服务的、政府的还是体育的,都必须制定好的战略,以取得成功。通过发挥优势来把握机会的战略,可以被认为是进攻战略;而在规避威胁的同时弥补劣势的战略则可以被认为是防御战略。每个组织都有一些可以用来进行匹配形成战略方案的外部机会与威胁、内部优势与劣势等要素。正如电子商务中提出的,互联网本身就给企业带来巨大的机会与威胁。

3. 战略决策阶段

这一阶段的主要技术方法就是定量战略计划矩阵(QSPM)。它使用第一阶段的输入信息对第二阶段提出的可行战略方案作出客观评价,并且能够揭示出各个备选战略的相对吸引力,从而为选择特定的战略提供客观的基础。

分析与直觉的结合,为进行战略决策提供了基础。前面讨论的匹配技术,则帮助我们制定备选战略方案。参与战略分析和选择活动的管理人员与员工,很可能对其中许多战略方案提出建议和意见。通过匹配分析得出的任何战略方案,都可以在讨论后被列入可行的备选方案之中。参加人员可以对这些战略方案给出1~4分的评分,以便得到一个清楚的最佳战略方案的优先排列顺序,一个战略方案的形成过程也就结束了。

7.2 战略选择的影响因素

战略选择的影响因素是指在战略选择过程中存在的促进或阻碍管理人员作出战略选择的各种行为因素。一般来说,备选战略提出以后,就要进行战略的选择。战略选择是确定企业未来战略的一种决策。战略决策者经常面临多个可行方案,往往很难作出决断。企业如果对风险持欢迎态度,战略选择的范围和多样性便会得到拓展,风险大的战略也能被人接受。相反,企业对风险持畏惧、反对态度,选择的范围就会受到限制,风险型战略就会受到排斥。

企业战略态势的选择会对企业的未来产生重大的影响,因而进行这一决策必须非常慎重。在实际工作中,企业管理者往往在对各项可能的战略态势进行全面评价以后,发现好几种方案都是可以选择的。在这种情况下,有些因素会对最后决策产生影响,这些因素在不同的企业和不同的环境中起到的影响作用是不同的,但了解这些因素对企业管理者制定合适的战略方案来说是非常必要的。总的来说,企业战略选择的影响因素有以下几方面。

1. 企业过去的战略

对大多数企业来说,过去的战略常常被当成战略选择过程的起点,这样,一个很自然的结果是,进入考虑范围的战略数量会受到企业过去战略的限制。由于企业管理者是过去战略的制定者和执行者,因此,他们常常不倾向于改动这些既定战略,这就要求企业在必要时撤换某些管理人员,以削弱失败的目前战略对企业未来战略的影响。

2. 管理者对风险的态度

企业管理者对风险的态度影响着企业战略态势的选择。风险承担者一般采取一种进攻性的战略,以便在被迫对环境的变化作出反应之前作出主动的反应。风险回避者一般采取一种防御性战略,只有环境迫使他们作出反应才不得不这样做。风险回避者相对来说更注重过去的战略,而风险承担者则有着更为广泛的选择。

3. 企业对外部环境的依赖性

企业总是生存在一个受到股东、竞争者、客户、政府、行业协会和社会影响的环境之中。企业对这些环境力量中的一个或多个因素的依赖程度也影响着企业战略管理的过程。对环境较高的依赖程度通常会减少企业在其战略选择过程中的灵活性。此外,当企业对外部环境的依赖性特别大时,企业不得不邀请外部环境中的代表参加战略态势的选择。

4. 企业文化和内部权势关系

任何企业都存在着或强或弱的文化。企业文化和战略态势的选择是一种动态平衡,是相互影响的过程。企业在选择战略态势时不可避免地要受到企业文化的影响。企业未来战略的选择只有充分考虑到与目前的企业文化和未来预期的企业文化相互包容与相互促进的情况下才能被成功实施。另外,企业中总存在着一些非正式的组织。由于种种原因,某些组织成员会支持某些战略,反对另一些战略。这些成员的看法有时甚至能够影响战略的选择,因此,在现实的企业中,战略态势的决策或多或少地都会打上这些力量的烙印。

5. 时期性

时期性指允许进行战略态势决策前的时间限制。时间限制的压力不仅减少了能够考虑的战略方案的数量,也限制了可以用于评价方案信息的数量。有研究表明,在时间的压力下,人们倾向于把否定的因素看得比肯定的因素更重要,因而往往作出更加具有防御性的策略。另外,时期性还包括战略规划期的长短,即战略的时期着眼点。战略规划期长,则外界环境的预测相对复杂,因而在做战略选择时的不确定性因素更多,这会使战略方案的决策的复杂性大大增加。

6. 竞争者的反应

在战略态势的选择中,还必须分析和预计竞争对手对本企业不同战略方案的反应,企业必须对竞争对手的反击能力作出恰当的估计。在寡头垄断的市场结构中,或者市场上存在着一个极为强大的竞争者时,竞争者反应对战略选择的影响更为重要。

7. 治理因素

从公司治理的产生和发展来看,公司治理可以分为狭义的公司治理和广义的公司治理。狭义的公司治理是指所有者(主要是股东)对经营者的一种监督与制衡机制,即通过一种制度安排,来合理地界定和配置所有者与经营者之间的权利及责任关系。公司治理的目标是保证股东利益的最大化,防止经营者对所有者利益的背离,其是通过股东大会、董事会、监事会及经理层所构成的公司治理结构来实现的内部治理。广义的公司治理是指通过一整套包括正式或非正式的、内部或外部的制度来协调公司与所有利益相关者之间(股东、债权人、职工、潜在的投资者等)的利益关系以保证公司决策的科学性、公正性,从而最终维护公司各方面的利益。

随着公司制企业的不断发展，现代公司呈现出股权结构分散化、所有权与经营权分离等典型特征，由此产生了公司治理问题。在公司所有权与经营权分离的情况下，公司所有者与经营者之间利益不一致，经营者为了自身的利益，有可能损害股东的利益；同时，股权结构分散化使得公司的股东们无法在集体行动上达成一致，从而导致对公司经营者的监督弱化，也会使股东和其他利益相关者的利益被经营者损害、掠夺的风险增加，经理人对于股东的"内部人控制"问题便产生了。后来，随着公司股权结构由分散转为集中，特别当资本市场缺乏对小股东利益的保护机制时，对公司经营活动具有控制力的大股东的行为就更加不容易被约束，他们可能以牺牲众多的中小股东利益为代价，通过追求自利目标而非提升公司价值目标来实现自身利益最大化，传统的所有者与经营者的代理矛盾也逐步转变为大股东与中小股东之间的矛盾，即导致了终极股东对于中小股东的"隧道挖掘"问题。以上两种问题都会导致战略方案的选择不科学合理，使公司的整体利益难以最优化。

8. 政治因素

政治因素是指一个国家或地区的政治制度、体制、方针政策等方面。这些因素常常影响着企业的经营行为，尤其是对企业的战略选择行为有着较大影响。政治因素具体包括：政局稳定状况、政府行为对企业的影响、政府对组织发展及其作用所持的具体态度和推行的基本政策（例如，产业政策、税收政策、进出口限制、价格管制、外汇管制等）以及这些政策的连续性和稳定性、各政治利益集团对企业经营活动产生的影响。

7.3 战略选择的工具与方法

7.3.1 SWOT 分析

通过对企业资源和能力的分析，企业能够识别其自身的优势和劣势。分析企业资源和能力的目的，就是能够在运营中发挥优势、克服劣势。企业在制定自己的战略时除了应充分利用环境中所提供的机会与威胁之外，还必须把企业的优势、劣势和环境中的机会、威胁结合起来进行综合分析，进而评价企业的宗旨和目标，给企业恰当定位，制定出最适合企业发展的战略。

扩展阅读 7.3 根据案例的 SWOT 分析

SWOT 分析法又称为态势分析法，20 世纪 80 年代初起源于美国。SWOT 四个英文字母分别代表：优势（strength）、劣势（weakness）、机会（opportunity）、威胁（threat）。SWOT 分析法通过调查研究与企业密切相关的各种主要内部优势和劣势、外部的机会和威胁等，进而制定企业相应的发展战略、计划以及对策等。SWOT 分析法常常被用于制定企业发展战略和分析竞争对手情况，是外部环境分析和战略方案构思最常用的方法之一。

1. 优势与劣势

竞争优势（S）是指一个企业超越其竞争对手的能力，或者指企业所特有的能提高企业竞争力的东西。例如，当两个企业处在同一市场或者说它们都有能力向同一顾客群体提供产品和服务时,如果其中一个企业有更高的盈利率或盈利潜力,那么,我们就认为这个企业比另外一个企业更具有竞争优势。竞争优势可以是以下几个方面。

(1) 技术技能优势:独特的生产技术、低成本生产方法、领先的革新能力、雄厚的技术实力、完善的质量控制体系、丰富的营销经验、上乘的客户服务、卓越的大规模采购技能。

(2) 有形资产优势:先进的生产流水线、现代化车间和设备、丰富的自然资源储存、吸引人的不动产地点、充足的资金、完备的资料信息。

(3) 无形资产优势:优秀的品牌形象、良好的商业信用、积极进取的公司文化。

(4) 人力资源优势:关键领域拥有专长的职员、积极上进的职员、很强的组织学习能力、丰富的经验。

(5) 组织体系优势:高质量的控制体系、完善的信息管理系统、忠诚的客户群、强大的融资能力。

(6) 竞争能力优势:产品开发周期短、强大的经销商网络、与供应商良好的伙伴关系、对市场环境变化的灵敏反应、市场份额的领导地位。

竞争劣势(W)是指企业在运营过程中由于资源不足、缺乏能力等使其在竞争中处于劣势的条件。可能导致企业内部劣势的因素有以下几种。

(1) 企业缺乏具有竞争价值的技能技术。

(2) 企业缺乏有竞争力的有形资产、无形资产、人力资源、组织资产等。

(3) 企业在关键领域里的竞争能力正在减弱或丧失。

2. 机会与威胁

随着经济、社会、科技等诸多方面的迅速发展,特别是世界经济全球化、一体化过程的加快,全球信息网络的建立和消费需求的多样化,企业所处的环境更为开放和动荡。这种变化几乎对所有企业都产生了深刻的影响。正因为如此,环境分析成为一种日益重要的企业职能。

环境机会(O)是影响公司战略的重大因素。公司管理者应当确认每一个机会,评价每一个机会的成长和利润前景,选取那些可与公司财务和组织资源匹配、使公司获得竞争优势的潜力最大的最佳机会。环境机会主要体现在以下几个方面。

(1) 客户群的扩大趋势或产品细分市场。

(2) 技能技术向新产品新业务转移,为更大客户群服务。

(3) 前向或后向整合。

(4) 市场进入壁垒降低。

(5) 获得并购竞争对手的能力。

(6) 市场需求增长强劲,可快速扩张。

(7) 出现向其他地理区域扩张、扩大市场份额的机会。

环境威胁(T)指的是在企业的外部环境中,那些对企业的盈利能力和市场地位构成威胁的因素。企业管理者应当及时确认危及企业未来利益的威胁,作出评价并采取相应的战略行动来抵消或减小它们所产生的影响。构成企业的外部环境威胁一般有以下几种情况。

(1) 出现将进入市场的强大的新竞争对手。
(2) 替代品出现抢占了企业市场销售额。
(3) 主要产品市场增长率下降。
(4) 汇率和外贸政策的不利变动。
(5) 人口特征、社会消费方式的不利变动。
(6) 客户或供应商的议价谈判能力提高。
(7) 市场需求减少。
(8) 容易受到经济萧条和业务周期的冲击。

在企业面临的机会与威胁和自身拥有的优势与劣势的基础上形成 SWOT 组合战略。

(1) 优势—机会(SO)战略是一种发挥企业内部优势并且利用企业外部机会的战略。所有的管理者都希望自己的企业处于这样一种状况：可以利用自己的内部优势去抓住和利用外部趋势与事件所提供的机会。企业通常首先采用 WO、ST 或 WT 战略而达到能够采用 SO 战略的状况。当企业存在重大弱势时，它将努力克服这一弱势并寻求变为优势的可能。同样，当企业面临巨大威胁时，它将努力回避这些威胁以便集中精力利用这些机会。

(2) 劣势—机会(WO)战略的目标是通过利用外部机会来弥补内部劣势。一种可能的 WO 战略是通过与这一领域有生产能力的企业组建合资企业而获得这一技术。另一种 WO 战略可以聘用所需人才或培训自己的人员，使他们具备这方面的技术能力。

(3) 优势—威胁(ST)战略是利用本企业的优势回避或减小外部威胁的影响。这并不意味着一个很有优势的企业在发展中总要遇到威胁。在目前的很多产业中，竞争企业模仿本企业的计划、创新及专利产品构成对企业的一种巨大威胁。

(4) 劣势—威胁(WT)战略是一种旨在减少内部劣势同时回避外部环境威胁的防御性技术。一个面对大量外部威胁和具有众多内部弱势因素的企业处于竞争环境中最不安全和不确定的境地。实际上，这样的企业很可能正面临被并购、收缩、宣告破产和结业清算，因而不得不为自己的生存寻求新的空间。

SWOT 分析的步骤如下。

(1) 列出企业的优势和劣势与可能的机会与威胁。
(2) 优势、劣势与机会、威胁相组合，形成 SO、ST、WO、WT 策略。
(3) 对 SO、ST、WO、WT 策略进行甄别和选择，确定企业目前应该采取的最优战略与策略。

如表 7.2 所示，第一类型的企业(SO)具有良好的外部机会和有利的内部条件，可以采取增长型战略(如开发市场、增加产量等)来充分掌握环境提供的发展良机。第二类企业(WO)，虽然面对良好的外部机会，但是受内部劣势的限制，因此可以采取扭转型战略，设法清除内部不利的条件，以便尽快形成利用环境机会的能力。第三类企业(ST)，虽然有强大的内部实力，但外部环境存在威胁，宜采用多样化战略，一方面使自己的优势得到更充分的利用，另一方面使经营的风险得以分散。第四类型企业(WT)，内部存在劣势，外部面临巨大威胁，可以采取防御型战略，设法避开威胁和消除劣势。SWOT 分析示例如图 7.2 所示。

表 7.2 SWOT 分析矩阵

外部环境	内部环境	
	内部优势(S)	内部劣势(W)
外部机会(O)	利用内部优势 把握外部机会	利用外部机会 克服内部劣势
外部威胁(T)	利用内部优势 回避外部威胁	克服内部劣势 回避外部威胁

	外部优势(S) · 资金雄厚； · 覆盖率高，达到70%； · 现有食品供应链及烹饪方式、服务系统、管理系统已成完善体系； · 员工百分之百本地化；建立培训基地、口味本土化、原料本土化、供应基地本地化。	内部劣势(W) · 食品容易导致热量过剩从而造成肥胖； · 肯德基的价位对于中国普通人来说较高； · 菜谱品种还是很狭隘，很容易导致人们吃腻。
外部机会(O) · 中国自古就是一个爱吃的民族； · 人们开始快节奏的生活，适宜快餐业的发展； · 中国人民生活水平提高，越来越多人接受肯德基。	优势+机会(SO) · 优势促销，要明确时间并给出承诺； · 吸引大量特许加盟商加盟，针对一、二、三线城市，根据其不同的消费能力进行开平价及高级餐厅； · 兼并不善经营的企业和山寨企业，如麦青基，啃地鸡。	劣势+机会(WO) · 加强推广健康运动，消耗多余的油脂，降低顾客对油炸食品的顾虑； · 加强对食品量的改进，做到统一标准：价格一样，量也一样； · 加强对员工的培训，提高员工素质和文化水平。尽量留住职业化员工、减少兼职员工； · 努力提高食品的品质和卫生，一定要符合国家卫生的标准。
外部威胁(T) · 来自同行业的激烈竞争如麦当劳、德克士等快餐业巨头的竞争； · 原材料涨价，成本上升； · 劳动力价格上涨； · 其他餐饮业如酒店等带来的竞争。	优势+威胁(ST) · 进一步加强广告力度，让品牌深入人心； · 针对自身不足，开发餐饮新品种，尤其是冷饮系列； · 加强职业员工培训，促使认同企业文化，降低离职率，降低劳动力成本。	劣势+威胁(WT) · 注意质量问题、卫生问题、店面形象问题和口碑问题； · 提高食品的品质，要符合国家卫生的标准； · 适当对其门面进行必要的改进，如增加厕所数量。

图 7.2 SWOT 分析示例

7.3.2 业务组合分析模型

对于拥有多业务单元或者多条不同产品线的企业来说，如何管理这些不同的产品线和业务单元，使其能使企业投资回报最大化，成为企业管理过程中重要的内容之一。佛雷德把业务组合定义为，一个企业的各自主经营的分公司或分部（利润中心）结构。企业在其规模增长的同时，要充分考虑到自身的内外环境，了解哪些业务

扩展阅读 7.4 波士顿咨询集团法的应用法则

是企业的核心业务，哪些是应该主动舍弃的业务，或者说了解自己应该从事多少产品或产品线的经营。在业务组合分析中，企业将产品线和业务单元视为一系列能带来投资回报的投资项目。本节介绍投资组合分析方法中比较有代表性的两种：波士顿矩阵和内部—外部因素评价矩阵。这两种方法都是为促进多样化经营企业的战略制定而专门设计的分析方法。

1. 波士顿矩阵分析

波士顿矩阵认为决定产品结构的基本因素一般有两个：行业吸引力与企业实力。行业吸引力包括企业销售量（额）增长率、目标市场容量、竞争对手强弱及利润高低等。其中

最主要的是反映行业吸引力的综合指标——销售增长率,这是决定企业产品结构是否合理的外在因素。企业实力包括市场占有率,技术、设备、资金利用能力等,其中市场占有率是决定企业产品结构的内在要素,它直接显示出企业竞争实力。波士顿矩阵图显示了企业各分部在市场份额和行业增长速度方面的差别,使多业务单元企业通过考察各分部的相对市场份额地位和行业增长速度而管理其业务组合。其中在行业中的相对市场占有率可定义为该业务单元在其行业中的份额与该行业最大竞争对手的市场份额之比。波士顿矩阵的 x 轴代表相对市场份额,轴的中位值一般为 0.5。行业吸引力用行业销售增长率的大小来表示,用 y 轴代表的行业增长百分比定为 $-20\%\sim20\%$,其中中位值为 0。以上数值是波士顿矩阵常用的数值范围,必要时可以根据企业的具体情况而确定其他数值范围。如图 7.3 所示。

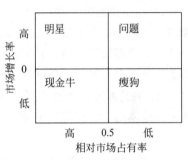

图 7.3 波士顿矩阵

销售增长率与市场占有率既相互影响,又互为条件:行业吸引力大,销售增长率高,可以显示产品发展的良好前景,企业也具备相应的适应能力,实力较强。如果仅有行业吸引力大,而没有相应的高销售增长率,则说明企业尚无足够实力,则该种产品也无法顺利发展。相反,企业实力强,而行业吸引力小的产品也预示了该产品的市场前景不佳。

通过以上两个因素相互作用,会出现四种不同性质的产品类型,形成不同的产品发展前景:一是销售增长率和市场占有率"双高"的产品群(明星类产品);二是销售增长率低、市场占有率高的产品群(现金牛类产品);三是销售增长率高、市场占有率低的产品群(问题类产品);四是销售增长率和市场占有率"双低"的产品群(瘦狗类产品)。

(1)明星业务,是指处于高增长率、高市场占有率象限内的业务。这类业务的产品有可能成为企业的现金牛产品,需要加大投资以支持其迅速发展。采用的发展战略是:积极扩大经济规模和市场机会,以长远利益为目标,提高市场占有率,加强竞争地位。发展战略需要对明星业务进行大量投资,以保持或加强其主导地位。这部分业务可采用的战略包括:前向、后向一体化,市场渗透,市场开发,产品开发和合资经营等。

(2)现金牛业务,是指处于低增长率、高市场占有率象限内的业务,已进入成熟期。其财务特点是销售量大,业务产品利润率高、负债比率低,可以为企业提供资金,而且由于增长率低,也无须增大投资,因而成为企业回收资金,支持其他业务,尤其是明星业务投资的后盾。对这一象限内的大多数业务,市场占有率的下跌已成不可阻挡之势,因此可采用收获战略,即所投入资源以达到短期收益最大化为限。①把设备投资和其他投资尽量压缩;②采用榨油式方法,争取在短时间内获取更多利润,为其他业务提供资金。对于这一象限内的销售增长率仍有所增长的业务,应进一步进行市场细分,维持现存市场增长率或延缓其下降速度。一般采用产品开发或集中多元化经营战略等。

(3)问题业务,是处于高增长率、低市场占有率象限内的业务。前者说明市场机会大、前景好,而后者则说明在市场营销上存在问题。其财务特点是利润率较低,所需资金不足,负债比率高。例如在产品生命周期中处于引进期、因种种原因未能开拓市场局面的新产品即属此类问题的产品。对问题业务应采取选择性投资战略,即首先确定对该象限中那些经过改进可能会成为明星业务的进行重点投资,提高市场占有率,使之转变成明星业务;对其他将来有希望成为明星业务的则在一段时期内采取扶持的对策。

（4）瘦狗业务,是处在低增长率、低市场占有率象限内的业务。其财务特点是利润率低、处于保本或亏损状态,负债比率高,无法为企业带来收益。对这类业务应采用撤退战略：逐渐撤退,对那些销售增长率和市场占有率均极低的业务应立即淘汰或者是将剩余资源向其他业务转移。

波士顿矩阵的主要优点在于,能使人们很容易地认识到企业各业务单元的现金流动、投资特性以及需求。充分了解了波士顿矩阵的特性能为企业作出明的战略目标。通常有四种战略目标分别适用于不同的业务：一是发展,以提高经营业务的相对市场占有率为目标,甚至不惜放弃短期收益。二是投资维持现状,目标是保持业务单位现有的市场份额,对于较大的"金牛"可以此为目标,以使它们产生更多的收益。三是收割,这种战略主要是为了获得短期收益,目标是在短期内得到尽可能多的现金收入。对处境不佳的金牛类业务及没有发展前途的问题类业务和瘦狗类业务应视具体情况采取这种策略。四是放弃,目标在于清理和撤销某些业务,减轻负担,以便将有限的资源用于效益较高的业务。这种目标适用于无利可图的瘦狗类和问题类业务。一个企业必须对其业务加以调整,以使其投资组合趋于合理。

2. 传统观点与新观点的对比

将传统观点、新观点结合企业实际,为企业量身定制战略,还应考虑诸如创新和技术等激活市场的手段。波士顿矩阵传统观点与新观点的对比如图 7.4 所示。

分类	传统观点	新观点
现金牛	• 由于其强大的市场地位能够产出大量现金。由于它们的市场非常稳定或者增长非常缓慢,因此不需要大量投资。从中吸取过量的现金,还期待它们只是转变为明星。	• 企业在一个稳定的市场上拥有强大的地位。你拥有生产设施、分销渠道、关于顾客的知识——这是企业进一步发展的良好基础。试着使这个非常熟悉的业务重新焕发活力,而不是把你的未来押在那些饥渴的明星业务上。
明星	• 在快速增长的市场中,拥有强大的市场地位。向它们投资,因为它们是公司的未来,即使在短期内它们可能并非有利可图。	• 这是快速增长的市场,它们总会导致竞争者的涌入、生产能力过剩、每家的市场份额很低,大部分厂家都在亏损。保持低姿态,让别人去承受最初启动的痛苦,然后当有人受够了这一切,希望退出时,进行廉价收购。
问题	• 在增长的市场中,拥有弱小的市场地位。由于其弱小的市场地位,几乎不产生现金。如果拥有足够的投资,能够转化为明星。	• 在增长的市场中,拥有弱小的市场地位,贪婪的新进入者将大量涌入。迅速地将你的业务卖给那些被市场增长率所打动的企业。再过一段时间,他们才会意识到,他们得到的是在过度饱和的市场上的一只瘦狗。
瘦狗	• 在稳定的市场上,拥有弱小的市场地位。由于市场不再增长,能够获得的市场份额都是来自其他竞争者撤出投资。	• 在稳定的市场上,拥有弱小的市场地位。你的竞争对手可能已经满足了,在数年中他们一直投资不足,甚至可能希望退出。主动出击——在日本企业挖掘出潜力之前,钢琴、球型轴承和拉链一直被视为瘦狗。

图 7.4 波士顿矩阵传统观点与新观点的对比

3. 内部-外部因素评价矩阵

内部-外部因素评价矩阵（内部-外部矩阵）和波士顿矩阵一样,都是用矩阵图表示企业在其行业中所处地位的工具。内部-外部矩阵是在由 GE 公司（通用电气公司）提出的多因素业务经营组合矩阵基础上发展起来的,即用内部因素与外部因素取代多因素业务矩阵中的竞争能力和行业吸引力。

内部-外部矩阵中,纵坐标(EFE)是对企业外部环境所包含的机会与威胁的评价值及企业对外部环境所作出反应的程度。EFE加权值越高,说明企业越能利用外部有利的市场机会和减少外部竞争威胁的不良影响,即企业在外部环境方面处于优势。EFE加权值越低,说明企业越是面临着严峻的竞争威胁,而且企业不能有效地利用有利的市场机会和消除竞争威胁的不利影响,即企业在外部环境方面处于劣势。横坐标(IFE)是对企业内部各因素综合分析得出的加权值。它反映了企业内部的综合实力和竞争能力。IFE加权值越高,说明企业的综合实力和竞争能力越强,即企业在内部状况方面处于强势。IFE加权值越低,说明企业的综合实力和竞争能力越差,即企业在内部状况方面处于弱势。用九个象限对企业的所有产品或业务进行分类,再把这九个象限分成具有战略意义的三个区间。这样就把企业的产品或业务分成三种类型,然后根据不同类型产品的特点采取不同的发展战略。

在IE矩阵的横坐标中,IFE加权评分数为1.0~1.99代表企业内部的劣势地位,2.0~2.99代表企业内部的中等地位,而3.0~4.0代表企业内部的优势地位。相应地,在纵坐标上,EFE加权评分为1.0~1.99代表企业面临着较严重的外部威胁,而2.0~2.99代表企业面临中等的外部威胁,3.0~4.0代表企业能较好地把外部威胁的不利影响减少到最小程度。

可以把IE矩阵分成具有不同战略意义的三个区间:第一,IE矩阵对角线第Ⅲ、Ⅴ、Ⅶ格;第二,IE矩阵对角线左上方的第Ⅰ、Ⅱ、Ⅳ格;第三,IE矩阵对角线右下方的第Ⅵ、Ⅷ、Ⅸ格。IE矩阵如图7.5所示。

		IFE总加权评分		
		强 (3.0~4.0)	中 (2.0~2.99)	弱 (1.0~1.99)
EFE总加权评分	高 (3.0~4.0)	Ⅰ	Ⅱ	Ⅲ
	中 (2.0~2.99)	Ⅳ	Ⅴ	Ⅵ
	低 (1.0~1.99)	Ⅶ	Ⅷ	Ⅸ

图7.5　IE矩阵

(1) 落入Ⅰ、Ⅱ、Ⅳ象限的业务应被视为增长型和建立型业务。一般采取加强型战略(市场渗透、市场开发和产品开发)或一体化发展战略(前向一体化、后向一体化和横向一体化)或投资/扩展战略。

(2) 落入Ⅲ、Ⅴ、Ⅶ象限的业务适合采用稳定型战略,或选择/盈利战略。如市场渗透和产品开发战略等。

(3) 落入Ⅵ、Ⅷ、Ⅸ象限的业务应采取剥离型战略或收割/清算型战略。

IE矩阵与BCG矩阵相似的地方有:它们都是用矩阵的方式对企业的所有产品或业

务进行分类；它们分析的思路都是从内部和外部两个方面对企业的产品或业务进行评价；它们都是一种组合矩阵分析法，即可用于分析企业最佳的业务组合战略和确定企业每项业务的发展战略。不同之处为：虽然两个矩阵都是从内部和外部两个方面进行分析，但IE矩阵是从综合的角度分析内部和外部因素的，即IE矩阵比BCG矩阵需要有更多的企业内部和外部的信息；两个矩阵的轴线也不同，BCG矩阵是把纵轴和横轴分成高低两种情况，形成四个象限进行分析，IE矩阵则是把纵轴和横轴分成高、中、低三种情况，形成九个象限后又分成三个战略区间进行分析的。

7.3.3 定量战略规划矩阵

定量战略规划矩阵是用于确定各可行战略的重要程度和其可行战略行动的相互吸引力的一种分析技术。定量战略规划矩阵是战略决策阶段的重要分析工具。该分析工具能够客观地指出哪一种战略是最佳的。定量战略规划矩阵利用前阶段的分析结果来进行战略评价，其分析原理是这样的：将前阶段制定的各种战略分别评分，评分是根据各战略是否能使企业更充分地利用外部机会和内部优势，尽量避免外部威胁和减少内部弱点四个方面，通过专家小组讨论的形式得出。得分的高低反映战略的最优程度。也就是说，定量战略规划矩阵的输入信息是内外部因素等评价结果（由EFE矩阵、IFE矩阵、竞争态势矩阵分析得出）和战略备选结果（由SWOT矩阵、SPACE矩阵、BCG矩阵、IE矩阵和大战略矩阵分析得出），最后得出的结果反映战略的最优程度。虽然定量战略规划矩阵是基于事先确认的外部及内部因素来客观评价备选战略的工具，然而，良好的市场直觉判断对QSPM仍然是必要且极为重要的。定量战略规划矩阵的基本格式，如图7.6所示。

关键因素	权重	战略1	战略2	战略3
关键外部因素				
经济				
政治/法律/政府				
社会/文化/人口/环境				
技术				
竞争				
关键内部因素				
管理				
市场营销				
财务				
生产作业				
研究与开发				
信息系统				

图7.6 定量战略规划矩阵的基本格式

定量战略规划矩阵顶部一行包括从 SWOT 矩阵、波士顿矩阵、IE 矩阵和大战略矩阵中得出的备选战略。这些匹配工具通常会产生类似的可行战略。需注意的是，并不是说匹配技术所建议的每种战略都要在定量战略规划矩阵中予以评价，战略分析者必须运用良好的直觉对行业的丰富经验剔除一些明显不可行的战略选择，只将最具吸引力的战略列入定量战略规划矩阵中。定量战略规划矩阵的左边一列为关键的外部因素和内部因素，顶部一行为可行的备选战略。具体地说，定量战略规划矩阵的左栏包括从 EFE 矩阵和 IFE 矩阵直接得到的信息。在紧靠关键因素的一列中，将标出各因素在 EFE 矩阵和 IFE 矩阵中所得到的权数。在定量战略规划矩阵中一个重要的概念是战略的最优程度。它是根据各战略对外部和内部因素的利用和改进程度而确定的。定量战略规划矩阵中包括的备选战略的数量和战略组合的数量均不限，分析的结果并不是非此即彼的战略取舍，而是一张按重要性和最优程度排序的战略清单。建立定量战略规划矩阵的步骤一般如下。

（1）在定量战略规划矩阵的左栏列出公司的关键外部机会与威胁、内部优势与弱势。这些信息直接从 EFE 和 IFE 矩阵中得到。普遍认为定量战略规划矩阵中应至少包括 10 个外部和 10 个内部关键因素。

（2）给每个外部及内部关键因素赋予权重。这些权重应与 EFE 和 IFE 矩阵中的相同。权重一般设在第二栏中。

（3）考察匹配阶段各矩阵并确认企业可考虑实施的备选战略。将这些战略分别置于定量战略规划矩阵的顶行，最好是将各战略分为互不相容的若干组。

（4）确定吸引力分数，用数值表示各组中各个战略的相对吸引力。吸引力分数确定法为：依次考察各外部或内部关键因素，提出"这一因素是否影响战略的选择?"回答"是"，对这一因素对各战略进行比较；回答"否"，不给该组战略以吸引力分数。吸引力评分范围一般是：1＝没有吸引力；2＝有一些吸引力；3＝有相当吸引力；4＝很有吸引力。

（5）计算出吸引力总分，方法是权重乘以吸引力分数。吸引力总分越高，战略的吸引力就越大。

（6）计算吸引力总分和，由定量战略规划矩阵中某备选战略列的吸引力总分相加而得。备选战略组中各战略吸引力总分和之差表明了各战略相对于其他战略的可取性。

定量战略规划矩阵的优点是可以相继地或同时地考察一组战略并且能在决策过程中将有关的外部和内部因素结合起来考虑。定量战略规划矩阵中可以同时评价的战略或战略组数量和层级不受任何限制，可以评价公司层、业务层等。定量战略规划矩阵使人们注意到影响战略决策的各种重要关系，在规划矩阵中关键因素不会被不适当地忽视或者偏重。矩阵建立过程中，会加入主观性的决策，但这对于整体战略制定的质量一般情况下影响不是很大。定量战略规划矩阵经过适当修改便可用于大型和小型的、营利和非营利性的组织，实际上可以被应用于任何类型组织。定量战略规划矩阵尤其可以提高跨国公司的战略决策水平，因为它可以同时考察很多关键性因素和战略。

定量战略规划矩阵的局限性首先在于它总是要求直觉性判断和经验性假设。权重和最优程度分数的确定都要依靠主观判断。尽管这些判断所依据的是客观信息，但不同的战略分析专家也可能应用相同的方法得出不同的结论。这种差别是由于他们的经验和微妙的直觉的不同造成的。而定量战略规划矩阵的另一个局限性则是其结果的科学性取决于它所基于的前阶段战略分析中得出的信息质量以及信息匹配的质量。

结尾案例

本章小结

（1）企业在制定战略时必须考虑成本与收益、战略能否顺利实施、战略是否得到利益相关者的认可以及战略是否具备一定的柔性。因此，战略选择的基本原则是经济性原则、可行性原则、共识性原则和动态性原则。

（2）战略方案的制定分为信息输入、资源匹配与战略决策三个阶段。制定一个企业的战略方案，首先需要制定战略的参与者运用外部环境分析矩阵、内部因素评价矩阵、竞争态势矩阵等分析工具分析企业内外部环境，尽可能地获取更多的信息；其次，在输入足够多的信息之后，企业可以运用SWOT分析将企业内部优势、劣势与外部机会、威胁进行匹配，对于多样化经营的企业可以使用波士顿矩阵与内部—外部因素评价矩阵来确定最佳的业务组合方式，以达最大化地利用资源；最后，企业运用定量战略规划矩阵可以考察一组战略的综合得分，以判断何种战略为最优解，实现战略决策的制定。

（3）战略选择影响因素是指在战略选择过程中存在的促进或阻碍管理人员作出战略选择的各种行为因素。一般说来，备选战略提出以后，就要进行战略的选择。企业战略态势的选择会对企业的未来产生重大的影响，因而作出这一决策时必须非常慎重。在实际工作中，企业管理者往往在对各项可能的战略态势进行全面评价以后，发现好几种方案都是可以选择的，在这种情况下，有些因素会对最后决策产生影响，这些因素在不同的企业和不同的环境中起到的影响作用是不同的，但了解这些因素对企业管理者制定合适的战略方案来说非常必要。总的来说，企业战略的影响因素有：企业过去的战略、管理者对风险的态度、企业对外部环境的依赖性、企业文化和内部权势关系、时期性、竞争者的反应、治理因素、政治因素。

（4）企业内外部分析工具最常用的是SWOT分析法又称为态势分析法，20世纪80年代初起源于美国。SWOT四个英文字母分别代表：优势、劣势、机会、威胁。SWOT分析法通过调查研究与企业密切相关的各种主要内部优势和劣势、外部的机会和威胁，进而制定企业相应的发展战略、计划以及对策等。SWOT分析法常常被用于制定企业发展战略和分析竞争对手情况，是外部环境分析和战略方案构思最常用的方法之一。

（5）为促进多样化经营企业的战略制定而专门设计的分析方法包括波士顿分析矩阵和内部—外部因素评价矩阵。

（6）波士顿矩阵认为一般决定产品结构的基本因素有两个：行业吸引力与企业实

力。行业吸引力包括企业销售量（额）增长率、目标市场容量、竞争对手强弱及利润高低等。其中最主要的是反映行业吸引力的综合指标——销售增长率，这是决定企业产品结构是否合理的外在因素。企业实力包括市场占有率，技术、设备、资金利用能力等，其中市场占有率是决定企业产品结构的内在要素，它直接显示出企业竞争实力。波士顿矩阵图显示了企业各分部在市场份额和行业增长速度方面的差别，使多业务单元企业通过考察各分部的相对市场份额地位和行业增长速度而管理其业务组合。

（7）内部-外部因素评价矩阵（内部-外部矩阵）和波士顿矩阵一样都是用矩阵图表示企业在其行业中所处地位的工具。内部-外部矩阵是在由 GE 公司提出的多因素业务经营组合矩阵基础上发展起来的，即用内部因素与外部因素取代多因素业务矩阵中的竞争能力和行业吸引力。

（8）战略决策过程中使用的工具有定量战略规划矩阵，定量战略规划矩阵分析的战略为战略制定第二阶段资源匹配阶段分析的备选战略，通过输入战略制定第一阶段的企业内外部信息以确定企业关键内外部因素，然后给这些因素赋予权重，给考察好的备选战略进行吸引力打分，最终吸引力总分最高的战略即为最优战略。

即测即练

第 7 章　战略选择

第 8 章 战略实施与控制

本章学习要点

1. 掌握战略实施中的计划方法。
2. 理解战略实施与组织结构的关系。
3. 掌握战略实施中的资源管理方法。
4. 掌握战略实施中的领导方法。
5. 理解并掌握战略实施中的控制与评估。

开篇案例

8.1 战略实施的阶梯理论

企业所制定的战略会跨越很长的时间,通常要在数年内才能实现。在这样长的时间内,环境会发生各种变化。环境的不确定性可能会使既定的战略受到冲击。如何确保企业的战略目标在这种状态下能够顺利实现,如何确定各个阶段的具体目标,是战略实施中至关重要的问题。

扩展阅读 8.1 华为数字化转型之路

美国学者黑依(Michael Hay)和威廉森(Peter Williamson)于 1991 年提出的战略阶梯理论(Strategic staircases)对于制定长期战略计划提供了支持。

战略阶梯理论提出了一种循序渐进的滚动式发展的思想,它强调战略与人力的发展应该是有计划和有先后顺序的;战略实施不应同时进行不同的目标和活动,因为这样将造成资源及活动的冲突、矛盾和分散。因此,战略实施必须按部就班循序渐进,如图 8.1 所示。

该理论的贡献主要有两点。

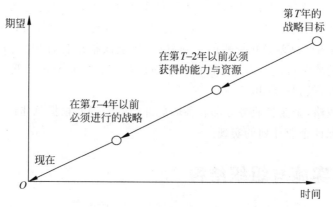

图 8.1　战略阶梯理论

（1）提出了由未来向现在推演的概念。首先必须确定第 T 年的战略目标，由此才能确定在第 $T-2$ 年以前必须达到的战略目标，即必须获得哪些资源和形成何种能力，以确保最终目标的实现。同样的，为实现第 $T-2$ 年的战略目标，要确定在第 $T-4$ 年以前必须获得的资源和形成的能力。以此类推，直至现在。这样可以保证战略实施的一致性、协调性和优势性，使企业建立长期的竞争优势。

（2）将战略实施与能力发展和资源的获得联系起来，作出了滚动式的安排，当很多战略活动要实现时，尤其当资源有限时，这是一个很好的计划。该理论提供了战略实施的时间表，由此我们可以知道应该如何一步一步地实施战略。

我国台湾地区的一本战略教材中列举了某文具公司运用战略阶梯理论制定长期战略行动计划的实例，如图 8.2 所示。

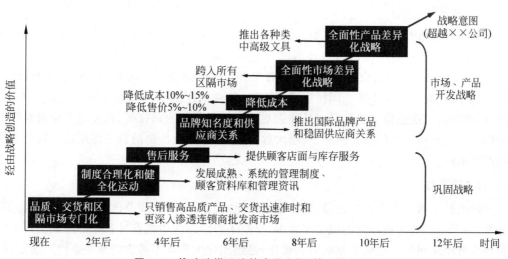

图 8.2　战略阶梯理论的应用实例（某文具公司）

该公司确定了在未来 10 年内超越竞争对手××公司的战略目标。为达到此目标，公司按照战略阶梯理论制定了三个阶段的实施计划：第一阶段（前 3 年）实施巩固战略，在这一阶段通过提高产品质量、加强销售管理以及完善制度管理等手段来打好基础；第二阶段(接下来的3~4年)实施市场及产品开发战略,此阶段通过打造知名品牌、加强供应商及客户管理、降低成本、降低售价等战略行动逐步形成差异化优势;第三阶段(最后的3~4年)为全面的产品差异化战略的实施阶段,用全面推出各种中高档文具产品来实现超越竞争对手的战略目标。通过上面的各个阶段战略实施计划的实现,整个战略的实施过程保持一贯性,做到一脉相承。

为了实施战略,企业各业务分部和各职能部门的经理要根据总体计划的要求,制定各自的行动计划保证企业计划的实现。

8.2 战略实施与组织结构

战略的成功实施需要得到组织上的保证,只有当企业的战略与其内部各因素之间相互适应和匹配时,战略实施才更有可能取得成功。企业战略的变化往往会导致组织结构的变化,组织结构的重新设计又能够促进企业战略的实施,企业的战略与组织结构之间是一个动态的匹配过程。

扩展阅读8.2 "精益小队"保驾护航

8.2.1 组织结构的基本概念和内涵

组织结构是指组织内各构成要素以及它们之间的相互关系,是对组织复杂性、规范性和集权化程度的一种量度,它涉及管理幅度和管理层级的确定、机构的设置、管理职能的划分、管理职责和权限的认定及组织成员之间的相互关系等。组织结构的内涵包括以下"三性"。

1. 复杂性

复杂性是指组织结构内各要素之间的差异性。它包括组织内的专业化分工程度、垂直领导的层级数以及组织内人员及各部分地区分布情况等。这其中最重要的三个方面是:第一,部门划分和组合的状况。企业按某种方式来划分为完成各种特定业务的部门。第二,管理层级和管理幅度。同样规模的组织,管理幅度的不同导致了管理层次的不同。第三,指挥链。这是指从组织高层延伸到基层的一条持续的职权线,它界定了谁向谁报告工作。组织结构中部门划分的多少、层次数的不同,以及指挥链的长短都反映了其复杂性程度的不同。

2. 规范性

规范性是指一个组织的记录、规章制度、工作程序、生产过程及产品的标准化程度等。通常,一个组织的各种制度的成文率多少,反映了组织结构中规范性程度的高低。规范性是约束组织按照既定规则正常运转的保障,是组织化生产必不可少的前提条件。通常,高规范性意味着高效率,但高规范性也意味着组织缺乏灵活性。

3. 集权性

集权性是指组织内决策权的集中程度。如果大多数决策都是高层管理者作出,下层员工无权参与决策,则组织是集权的;反之,则组织的分权化程度较高。组织结构的集权和分权是一个相对的概念,在现实中,绝对集权或分权的组织是不存在的。当今,由于企业的外部环境趋向于复杂和不稳定,为了保持组织适应环境的能力,组织更倾向于分权。

一个企业组织的结构,不论是按职能划分部门的直线职能型组织,或是按产品(或事业部)划分部门的事业部型组织,或是按区域划分部门的地区分布型组织,还是按项目划分部门的矩阵式的组织,其实质性的差别就在于其复杂性、规范性和集权性方面各有不同。企业组织结构的设计就是要根据企业战略的要求,对其作出恰当的选择。

8.2.2 组织结构服从于战略

战略实施需要组织的保证和支持。因此,企业的组织设计必须符合战略意图,必须能够为战略服务,使战略能够有效执行。另外,随着企业战略的调整和改变,组织结构必须随时作出相应的变革。

扩展阅读 8.3 艾家生活的战略实施

最早系统地论述战略对组织结构影响的是美国历史学家钱德勒,他在深入研究了大量美国企业的发展历史后,在《战略与结构》一书中论述了企业从开始时的单一产品战略发展到后来的多种经营战略的过程中,其组织结构也随同变化的规律。单一战略要求与之适应的、有效的组织结构应该是简单而高度集权的,规范程度和复杂程度都比较低。随着企业从单一经营发展到多种经营的战略,必然会产生横向组织结构的设立。如果企业为自身发展而采取纵向一体化战略,就必须对其纵向的组织结构进行调整。企业的成长与发展引发了部门化、相互独立的产品小组以及各式各样的网络型组织结构的出现。否则,企业就会因组织结构的不适应而无法提高其效率。钱德勒的战略-结构理论如表 8.1 所示。

表 8.1 钱德勒的战略-结构理论

时间	T	$T+1$	$T+2$
产品多样化程度	低	中	高
相应的组织结构	简单结构	职能型结构	部门化结构
"三性"特点	集权↑规范↓复杂↓	分权↑复杂↑	分权↑复杂↑

美国的迈尔斯(R. E. Miles)和斯诺(C. C. Snow)从竞争战略的方面论述了战略与组织结构的简单关系。他们在其《组织战略、结构和程序》一书中,将组织分为与四种战略类型相适应的四种组织类型。这四种战略类型为防守型战略、进攻型战略、分析型战略和反应型战略。

采用防守型战略的企业组织在某一狭小的细分市场内通过经营有限的系列产品,寻求经营的稳定性,通过高度的专业分工和标准化的经营活动来防守自己的阵地,通过有限的产品开发、有竞争力的产品价格或高品质的产品使自己得到稳定发展。与此战略相适应,这类企业在组织结构中就形成了高度水平差异化、高度规范化、高度集权和严密控制及具有复杂的沟通层次的组织结构。例如风行世界的肯德基和麦当劳连锁店都属于此类企业组织。

采用进攻型战略的企业组织正好与之相反,它们的重点是寻求和探索新产品与新市场机会，它们希望在动荡变化的环境中开拓机会。因此，灵活性对进攻型的组织至关重要。没有灵活性就不可能快速地更新产品，捕捉进入新市场的机会。与之相适应的组织结构应具有柔性、分权性和低规范性，以避免过多地束缚人们的手脚。国际上一些电子仪器行业公司大多采用这种战略。

分析型战略试图取防守型战略和进攻型战略两者优点，寻求最小的风险和最大的利益机会。它们快速地拿来进攻型企业已经进入市场的新产品，再进行模仿复制并使自己的复制品进入市场。分析型战略企业一方面要有能力对进攻型企业的创新作出快速的反应，而另一方面又要保持在它们稳定的产品和市场领域中高效地运作。为实现此目标，它们形成了由两部分组成的组织结构：一些部门实行高度标准化、规范化、机械化与自动化，以获得高效益；一些部门则具有高适应性和灵活性，实行分权和低规范性。如美国的数字设备公司、IBM等都具有这方面的特点。

反应型战略又称被动型战略，是一种万不得已的战略。其本质是无能力对环境作出主动反应。造成这种局面的原因之一，就是未能随环境的变化而改革自己的组织结构。

表8.2归纳了迈尔斯和斯诺的战略-结构的各种类型。由于反应型战略是低效的，故在表中被省略。

表8.2 迈尔斯和斯诺的战略-结构的类型

战略类型	战略目标	面临环境	组织结构特征
防守型战略	稳定和效率	稳定的	高度的劳动分工，高度的规范化，集权化，严密的控制系统
分析型战略	稳定和灵活性	变化的	适度的集权控制，对一部分实行劳动分工，规范化程度高，对一部分实行分权制和低规范化
进攻型战略	灵活性	动荡的	低劳动分工，低规范化，部门化，松散机构，分权化

1．业务层战略的组织结构设计

企业运用不同形式的职能型组织结构支持业务层成本领先战略、差异化战略和成本领先与差异化整合战略的实施。其中，三种重要结构特征能从本质上说明职能型组织形式的不同，这三种维度分别是专门化（指完成工作所需专业职位的形式和数量）、集权化和规范化。

1）成本领先战略的组织结构

企业实施成本领先战略是希望通过生产和销售大量的标准化的产品来取得成本最低的竞争优势。成本领先的职能型结构的基本特征是简单的报告关系机制、较少的决策层和权力结构、集中化的参谋团队，以及强调生产过程优化而不是新产品研发，如图8.3所示。这种组织结构鼓励一种促使所有员工力图降低成本来完成工作的低成本文化。

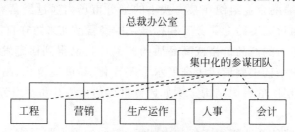

图8.3 实施成本领先战略的职能型结构

说明：

（1）生产运作是主要职能。

（2）强调工艺而不是新产品的研究与开发。

（3）需要一个较大的、集中化的协调部门。

（4）过程是程式化的，并需要相应的文化。

（5）结构是机械的，每个岗位都需要严格的规定。

这种组织结构的是集权的，其决策权集中在集中化的参谋团队手中，以降低每个组织职能的成本，同时确保某一职能成本的进一步降低不会影响到其他职能的生产水平。

这种组织结构是高度专业化的，员工单一专业的特定工作行为提高了工作效率，同时降低了企业的成本。由集中化参谋团队制定的高度规范化的作业程序规则，指导成本领先的职能型结构中工作的完成。

2）差异化战略的组织结构

企业实施差异化战略是希望通过生产和销售非标准化的产品使顾客感觉到企业在以不同的方式为客户创造价值。实施差异化战略的职能型结构如图8.4所示，它是相对复杂的报告关系、经常性使用交叉职能的产品开发团队、更加关注产品研发和营销职能。这种组织结构鼓励一种促使所有企业员工力图使当前产品具有差异化和开发新的高度差异化的产品的文化。

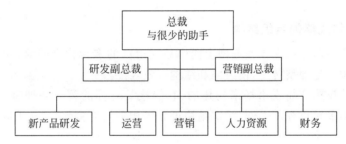

图8.4　实施差异化战略的职能型结构

说明：

（1）营销是不断产生新产品创意的主要部门。

（2）强调新产品开发。

（3）非常分权，但在营销与研发部门之间要有某些集权的人来使这两个部门保持紧密联系。

（4）较少的程式化，以鼓励新产品创意和快速反应。

（5）整个结构是有机的，岗位职责的规定不很严格。

持续的产品创新需要企业所有员工关心和研究市场的变化，以期作出快速反应。这就要求决策过程的分权化；新产品的开发经常需要成立"项目攻关小组"，这就意味着组织结构的专门化程度不高；同时快速的产品开发需要员工们广泛地交流想法、频繁地互动。因此，很少有正式的规则和流程来约束他们。

3）成本领先与差异化整合战略的组织结构

企业实施成本领先与差异化整合战略，希望通过生产和销售相对较低的成本与适度差异化的产品来创造价值。

一般而言,成本领先战略与差异化战略具有较大的内在矛盾,其主要原因在于两者的战略重点和战术行为是不同的。比如为获得比竞争对手更低的成本,企业要将重点放在生产和制造过程控制上,并减少产品的变动;相反,为了获得差异化上的领先地位,要强调营销和新产品的研发。但是,正如前面所述,两种组织结构的特性是不同的。因而为了实施成本领先与差异化整合战略,管理者就要整合出一种组织结构,如建立跨部门的协调机制,形成部分集中化、部分分散化的决策模式。此外,任务的设计是半专业化分工的,规划的程序既要求一些正式的工作任务,也要求一些非正式的工作任务。

4) 集中战略的组织结构

集中战略的组织结构是较为灵活多样的,主要视企业规模和市场覆盖的地理范围而定。如果企业的规模较小,简单结构是最佳选择;如果企业的规模较大,那么就需要考虑职能型结构。

在实施差别化集中战略的企业,小批量、灵活性生产和R&D(研究与发展)是企业的核心部门,再辅之以营销部门的支持,企业就可以对技术的变化作出快速的反应。在这样的企业中,低程式化和低集权化是非常重要的。

实施成本领先战略的企业,对成本的严格控制是非常重要的,这要求企业在成本控制方面必须建立严格的(高程式化的)规范,相应地,所有涉及成本的审批权力也要高度集中。

2. 企业总体战略的组织结构

当企业由单一业务或主导业务型走向产品或市场的多元化经营时,就要求企业组织结构从职能结构向分部型转变,使战略和结构有效匹配。

分部通常是按照产品或市场来构建的,它们接受总部的领导并拥有一定的自主权。按照产品或市场多元化程度不同,组织结构可分为相关约束多元化、相关联系多元化和不相关多元化。

1) 相关约束多元化战略的组织结构

实施相关约束多元化战略的企业是通过各部门之间竞争力(产品、技术或分销渠道)的共享来提高公司的范围经济性(由于每个部门都和其他部门能力共享而导致的成本节约)。部门间竞争力的共享有赖于合作,这里包括无形资源和有形资源的合作,因此必须得到高层管理者的支持。相应地,为了协调各部门之间的关系,某些活动的集中非常必要。通常承担各部门协调工作的职能部门应当具有较高的地位和权威,由企业最高领导者直接领导。

除了集中,在相关约束多元化的企业中,一些其他的结构整合机制非常必要。例如部门之间的直接沟通、在各部门之间建立联络员制度、建立临时团队和联合攻关小组等。

在实行相关约束多元化的企业中,最终形式是建立矩阵组织,这是将职能和产品结合起来的双重结构,这种结构能更好地改善企业不同部门间的协调程度。

为了建立各业务部门间的联系,人员的定期与不定期交换制度也是一个常用的方法。此外,诸如联合培训等方法对增进各部门之间的相互了解、相互合作也很有意义。

对相关约束多元化企业,采用如图8.5所示的合作型组织机构是一种较好的选择。

在这种形式的组织结构中,可以共享的职能和需要在各分部之间建立协调机制的主要职能集中在上一层,下面的各个业务分部在接受总部领导的同时,在业务之间建立广泛的联系。

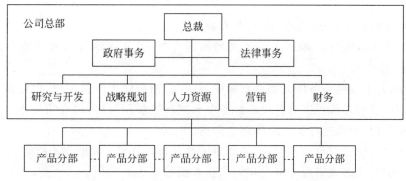

图 8.5　实施相关约束多元化战略的合作型结构

说明:
(1) 在所有分部之间建立紧密的整合机制。
(2) 战略规划、人力资源和市场营销在总部集中,以培育各个部门之间的合作。
(3) 研究与开发通常需要集中。
(4) 奖酬按客观标准分配,除了考虑分部的绩效还要考虑整个公司的绩效。
(5) 在文化上强调合作和分享。

2) 相关联系多元化战略的组织结构

实施相关联系多元化的大企业,某些业务相关程度较高,而另一些业务则很少相关。对于这种类型的多元化企业,战略业务单元结构是较好的选择,如图 8.6 所示。这种结构由三个层次组成:公司总部、战略业务单元和分部群。首先,企业根据各项业务之间的相关性将相关或联系较密切的业务部门归并为一个战略业务单元,然后再通过总部将各个战略业务单元组织起来。在这类企业中,不同战略业务单元之间的分部群,通过分享产品和市场的能力来创造范围经济和可能的规模经济。

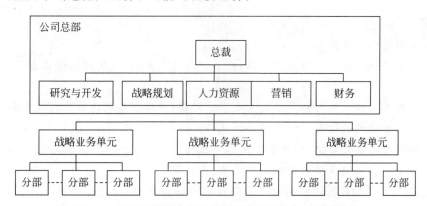

图 8.6　实施相关联系多元化战略的战略业务单元型结构

说明:
(1) 分部之间通过战略业务单元连接,而各个战略业务单元之间是相互独立的。
(2) 战略规划是总部的最主要职能,它辅助总裁对各个战略业务单元的战略进行审批。
(3) 战略业务单元有权决定内部的预算分配。
(4) 总部各职能对战略业务单元只起顾问作用,不直接参与战略业务单元的经营管理。

在这里,每个战略业务单元都是利润中心,它们拥护较大的自主权,以便对市场作出及时的反应。虽然总部可以对各战略业务单元进行控制和考评,但在需要不同战略业务单元间的协作时,总部的控制能力将是有限的。

在这种结构中还有另一个问题,就是由于总部与各分部之间增加了战略业务单元,总部在全面、准确、及时地掌握业务变化的信息方面的能力有所削弱。为此,企业需要恰当地制定信息沟通制度,以便及时地汇集重要信息。

3) 不相关多元化战略的组织结构

实施不相关多元化战略的企业通过高效的内部资本配置或业务的重组、收购和剥离来寻求创造价值。这种企业适于采用竞争型(competitive form)组织结构,如图 8.7 所示。在这种结构中,企业强调各不相关业务分部间完全的独立性,不再共享企业优势。因此各分部也不再发展整合策略。

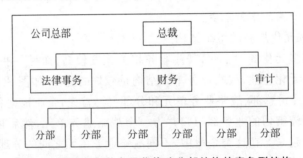

图 8.7 实施不相关多元化战略分部结构的竞争型结构

说明:
(1) 公司总部的架构很小。
(2) 财务与审计是总部的主要职能,控制分部的现金流向,及时获得经营绩效的有关数据。
(3) 当公司采取并购行动或者变卖资产的时候,法律事务就将成为比较重要的职能。
(4) 对各个分部的财务评价是相互独立的。
(5) 战略控制由分部执行,但资金由总部控制。
(6) 各个分部之间获得的资源互相竞争。

实施不相关多元化战略的基础在于高效的内部资本市场,它使得组织在安排上强调分部间的竞争,通过竞争优胜劣汰,给企业带来灵活性,激发动力,并有效地分配资源。

为了强调各分部间的竞争,公司总部与各分部之间应保持一定的距离,除了对业务分部进行必要的经营审计和对主要管理者建立规范严密的考核管理制度外,不干预业务分部的经营管理,总部以投资回报率作为考核目标,并以此作为各业务分部资金等资源分配的基础。因而,总部领导的工作集中在业绩评价、资源分配和长期规划方面,以确保企业的业务投资组合带来更高的效益。

分部型结构的三种主要形式各自与特定的公司层战略相关,表8.3列出了这些特点。我们可以从集权化程度、业绩评价的注重点、整合机制运用以及激励性报酬机制等方面来进行比较。在三种形式中,集权化程度最高和最昂贵的组织形式是合作型结构;集权化程度最低且组织成本最少的是竞争型结构;战略业务单元型结构居中。

表8.3 三种多元化战略组织结构的特点

结构特点	结构形式		
	相关约束战略（合作型分部结构）	相关联系战略（战略业务单元结构）	不相关战略（竞争型分部结构）
运作的集中	集中在公司总部	部分集中（在战略业务单元）	向分部分权
整合机制的使用	广泛使用整合机制	适当使用整合机制	不用整合机制
分部绩效的评价	强调主观标准	使用主、客观相结合的混合标准	强调客观（财务或投资报酬率）标准
对分部的奖惩	与整个公司的绩效相联系	综合考虑整个公司、战略业务单元和分部的绩效	仅与分部的绩效相联系

3. 国际化战略的组织结构

在经济全球化的今天,国际化战略对保持长期竞争战略越来越重要,国际化战略的好处之一,是使公司获得新的市场、资源、核心竞争力和技术,以此超越竞争者。

对于实行国际化战略的企业来说,需要独特的组织结构来帮助它们成功地实施。国际化战略与组织结构的恰当匹配能推动企业全球业务的有效合作和控制。

1) 实施多国化战略的组织结构

多国化战略是指企业在每个国家市场的各个部门实施各自的战略和营运决策以使产品能适应当地市场。实施多国化战略的企业为了与全球竞争势力隔离,通常会在国家间差异最大的行业细分市场上建立市场地位或进行适度竞争。全球地理区域结构(worldwide geographic structure)用于实施多国化战略,它强调当地国家的利益有利于区域公司致力于满足当地文化差异。施乐公司就运用地理区域结构支持其多国化战略。

由于实施多国化战略不要求各国市场之间有太多的协调,在地理区域结构中各部门不存在整合机制,因而制度化程度很低,且各单位之间的协调也是非正式的。在这种结构下,主要业务通常由公司总部派朋友或家人去他国开办分支机构,与总部间通过"家庭成员"式的非正式沟通发生联系。

这种结构的主要缺点在于它不能带来全球整体效率。随着国际市场日益强调低成本,对追求规模经济和范围经济的需求也不断增强,这促使企业推行全球化战略(global strategy)。

2）实施全球化战略的组织结构

全球化战略是指向各个国家市场提供标准化产品，并由公司总部规定相应的竞争战略。公司的成功取决于其全球范围内规模经济和范围经济的发展。为了追求发展规模经济，公司会将部分组织职能外包给全球最佳服务公司。

全球产品分区性结构（worldwide product divisional structure）支持实施全球化战略，它赋予公司总部以决策权来协调和整合各个分离的业务部门的决策和行动，如图 8.8 所示。对于高速发展的公司，为寻求有效管理，其多样化的产品线应选择这种组织结构。雅芳公司就是运用全球产品分区性结构的典型代表。

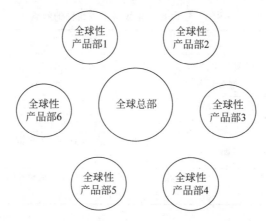

图 8.8　实施全球化战略的全球产品分区性结构

说明：
（1）全球总部的圆圈指代在全球产品中进行信息流的协调和集中。
（2）公司总部运用许多内部协调机制来获得全球性的规模经济和范围经济。
（3）公司总部同样以合作方式来分配财务资源。
（4）整个组织形同集权式的联邦。

产品分区性结构通过对个人交互作用的互相调整而达成有效协调来实现整合机制，该机制包括经理间的直接接触、部门间的联络、临时的任务小组或永久团队，以及整合人员等。实施全球化战略及其伴随的全球产品分区性结构存在两大主要缺陷：一是协调决策和跨国行动比较困难，二是对当地需求和偏好缺乏有效与快速的反应。

3）实施跨国化战略的组织结构

跨国化战略（transnational strategy）是指公司既寻求多国化战略所具有的当地优势，又注重全球化战略带来的效率。因而运用这种战略的企业在本土化响应和全球效率上都能获得优势。混合结构（combinational structure）具有强调地理和产品结构的特点与机制，它既强调地理区域，又强调产品分区。跨国化战略通常有两种可行的混合结构：全球矩阵结构和混合全球设计。

全球矩阵结构将当地市场和产品技能相结合，并将职权赋予负责开发全球市场的团队。全球矩阵结构促进产品开发和回应客户的灵活性。

图 8.9 介绍了混合设计结构。其中有些部门指向产品，有些部门指向区域。当地理

区域更重要时,部门经理就会更加倾向区域导向;当全球的产品协作和效率更重要时,部门经理就会更加倾向产品导向。每一个经理在共同履行其地理导向或产品导向的职责时,最重要的是通力合作。

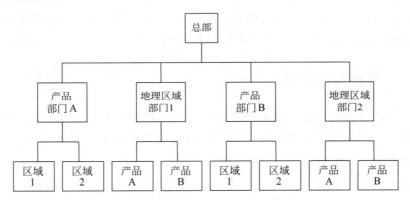

图 8.9　用于实施跨国化战略的混合结构

8.3　战略实施与资源配置

军马未动,粮草先行。战略实施不能离开相应的资源基础。资源不仅是战略执行的保障,也是促使人做事的激励因素。通常人们在考虑资源配置时,更容易想到的是有形资源,而忽视无形资源。但在知识成为经济增长的主要推动力的今天,无形资源的作用显得越来越重要。如品牌延伸问题、高层管理者及关键研发人员的时间与精力的分配问题等,都应引起企业的高度重视。

扩展阅读 8.4　如何评价广博的收购灵云传媒?

8.3.1　战略与资源

在战略实施过程中,企业必须对其所拥有的资源进行优化配置。战略与资源的关系主要表现在以下几个方面。

1. 资源是战略实施的重要保障

企业在战略实施过程中,应当有必要的资源保证,这是战略与资源相适应的最基本关系。战略选择必须考虑资源条件的限制,战略决策必须建立在相应资源的基础上。任何脱离企业所能达到的资源条件的战略,都是一厢情愿的。同样,战略实施也需要一定的资源基础。

2. 战略的目标之一是提高资源的利用效率

资源短缺是一个永恒的课题,对于企业来说资源不是绝对短缺也是相对短缺。好的战略不仅能够使资源得到有效利用,使其效用最大化,还能促使企业充分挖掘并发挥各种资源的潜力,特别是无形资源的潜力。

3. 战略应该促进资源的有效储备

好的战略可以使企业对必要的资源以低成本、快速度、在适应的时机进行储备。其途径一是战略推行的结果可以附带产生新的资源,二是新资源可以成为其他战略必要资源而被经常性地及时使用。有效战略在执行中,通过现有资源的良好组合和有效利用,可以在变化中制造出新的资源,从而为企业战略储备资源。

8.3.2 战略资源分析

企业在制定战略时是建立在资源分析基础上的,但在确定了战略之后,仍需要进一步分析资源和能力与战略的匹配情况,以便优化配置企业资源,培育企业欠缺的资源。

1. 战略资源分析方法

分析企业战略资源状况的方法很多,其中价值链分析方法是一种比较系统的方法。通过此方法一方面可以分析一项成功的业务中,哪些价值活动是重要的,哪些是次要的;另一方面,可以判断在重要的价值活动上企业资源是否足够,在次要的价值活动上如果企业资源不足,是否可以实施业务外包,企业怎样才能将优势资源集中在重要的价值活动上,等等。表 8.4 列出了在价值链的各主要活动上应该进行资源分析的方面。

表 8.4 利用价值链分析战略资源

物流的输入:
新产品或改造产品的原料从哪里获得?公司应该依靠一家还是多家供应商? 供应成本是多少?是否可以降低?现有的供应商合适吗?有必要增加营运资本吗? 是否有必要考虑"自产还是购买"的问题?应采用何种政策管理公司的供应商? 资金如何分配?
生产运营:
怎样才是生产能力的理想水平?企业应在何地建厂?企业应在何时对所需厂房投资? 新战略需要什么技能?企业需要何种水平的人力资源?企业的生产设备有足够的灵活性吗? 企业需要招聘和培训员工吗?或者裁员?
物流的输出:
企业的运输和仓储系统是否有效?企业采用何种订货制度? 企业是否具备合适的库存和管理设施?分销渠道是否有效?
营销和销售:
企业的产品系列是什么?对质量水准有何要求?应采用何种定价策略? 企业使用代理还是特许经营?企业应利用何种销售和促销活动? 生产和质量体系是否与营销要求相吻合?

服务：	
企业产品/服务信息质量如何？企业具备足够的技术支持吗？	
企业是否有一套有效的系统来处理客户问题？企业的维修系统有效吗？	

此外，企业还可以结合拟定的竞争战略对企业资源的需要状况，分析战略与所需要资源的匹配程度。表 8.5 给出了三大基本竞争战略对资源的特殊需求。

表 8.5 三大基本竞争战略对资源的特殊需求

基本竞争战略	对资源的特殊需求
成本领先战略	高水平的采购管理；对设备大规模的投资能力；完善的质量保证体系和完好的设备状态；高效率的成本管理；低成本的营销渠道等
差异化战略	高水平的研发能力；对促销活动的投资能力；高水平的营销专家和完善的营销调研系统等
集中战略	与目标市场相吻合的资源和能力

2. 战略资源评估

战略资源评估是对企业适应战略程度的数字化度量。战略资源评估可以采用价值评估法(Evaluating by Value, EBV)。它使用重要度(importance)和价值(value)两个指标，"重要度"是指各项资源对战略的影响程度，取值 1~5，值越大，表明企业在这一资源上的供应越充分。

设 V_i，I_i 分别为资源 i 的价值和重要度得分，令

$$C_i = V_i / I_i$$
$$D_i = I_i \times (V_i - I_i)$$
$$C = \sum_{h=1}^{n} X_i \times C_i \left(X_i = I_i \Big/ \sum_{n=1}^{n} I_i \right) \quad (n \text{ 为资源的种类数})$$

式中：C_i 指单项资源供求系数，反映各资源的供求情况。$C_i = 1$ 表示供求平衡，$C_i < 1$ 表示供小于求。D_i 同样可反映短缺的紧张程度，当 $D_1 = -1$，$D_2 = -5$ 时，表示企业对资源 D_2 的短缺更为紧迫。C 指资源的供求指标，它可以综合反映企业战略资源的供求状况。

8.3.3 资源的优化配置方法

无论企业具有怎样的资源优势，资源的稀缺性总是存在的。在资源配置过程中，企业的决策者总能感觉到来自不同部门或项目的资源竞争的压力。有限资源在众多的"资源渴望"中分配时，需要遵循一定的原则。

1. 集中资源

资源的稀缺性要求企业将宝贵的资源集中运用到战略重点上去，使资源发挥最大的

效益。因此,应从集用和专用两方面作出努力。

(1) 集用。集用即将资源与能力集中使用。在战略实施过程中,最忌讳的就是四处出击,将资源分散使用。企业必须按照战略行动计划,将资源与能力集中运用于各个阶段的战略重点上,并保证战略目标的逐步实现。例如,调集各方面的人才及物力,组织项目攻关团队,突破新技术,开发新产品,开拓新项目等。

(2) 专用。专用即将资源与能力专心使用。企业必须发挥专门人才及专项资源的作用,创造更高的价值,绝不能将这些资源随便挪作他用。例如,一个科研专家应该专门在科研第一线发挥作用,绝不能为了提高干部队伍的学历而安排其不擅长的行政工作。

2. 积累资源

战略实施需要以资源为基础,但有效的战略在实施的过程中能够为企业形成和积累新的资源,企业可以通过善用和学用来达到积累资源的目的。

(1) 善用。善用即资源的妥善利用。企业妥善地使用其资源,使其充分发挥作用。如将一个人才放在适当的岗位上并授予其适当的权力,对设备进行及时的维护,对购置的电脑软件很好地利用等。企业善用资源力争做到人尽其才、才尽其质、物尽其用、地尽其力、时尽其效等。

(2) 学用。学用即要求组织学习别人善用资源的经验。企业在实施战略过程中,有效学习和借鉴外部知识,加强知识管理,将别人的隐性知识显性化,使自己积累更多的经验。如企业引进高新技术,努力消化、吸收、大胆创新等。

3. 互补资源

在战略实施过程中,综合使用各种资源,追求资源动态乘数效果。企业可以通过资源的混用和均用来实现目标。

(1) 混用。混用即把不同形式的资源混用,使得每一个别资源的价值都得到提高。如企业将具有不同专长的人才有效组合成攻关小组,可以开发新产品,所谓"三个臭皮匠,顶个诸葛亮",将有形资源与无形资源合理搭配,形成更强的生产力等。

(2) 均用。均用即要求组织在每一个方面的能力与资源不会被平庸的资源浪费。企业的资源使用不合理,再优秀的资源也可能发挥不了作用。比如企业引进再好的设备,如果操作人员技术达不到要求,也不可能形成优良的生产能力。最能造成优秀资源浪费的是人力资源。如果企业最高管理者是一个庸才,那么再有什么人才也会被埋没的。由此可见均用资源的重要性。

4. 节省资源

企业在实施战略的过程中,可以通过复用、谋用和惜用来使宝贵的资源发挥最大的效用。

(1) 复用。复用即把资源重复利用到不同的领域。企业将成功的技术、经验移植到其他方面,提高其价值。通过加强知识管理,提高知识的共享范围,这些都可达到资源复用的目的。

(2) 谋用。谋用即运用影响力来利用别人的资源,以实现组织目标。如企业与高等院校、科研院所合作进行产品开发、人才培养,使内外知识资源融为一体,发挥最大的效用；与其他企业形成企业联盟,扩大自己的市场和效益；将部分业务进行战略外包,使企业可以集中力量提升自己的优势等。这些都是谋用资源的途径。

(3) 惜用。惜用即珍惜地使用资源。企业对自己拥有的资源,必须珍惜,切不可滥用和浪费。惜用资源的另一层含义就是企业在做任何决策时,都必须谨慎,因为决策失误将造成极大的资源浪费。

5．速用资源

速用资源,即缩短介于资源的耗用和它们经由收益而收回的时间。企业获取某些资源后,应立即让它发挥作用。如企业对新产品应快速研发、快速商品化、快速推向市场,尽早取得效益。企业学到了新的知识、技术应立即运用,争取"立竿见影"。

8.3.4 战略与资源的动态组合

战略制定的基点之一是企业资源,战略的目标也包括不断积累和扩大企业资源。当企业获得新的资源之后,就提高了基于资源的战略能力。这个过程实际上就是企业战略与资源的动态组合过程。企业在战略实施的过程中,资源会逐渐向战略重点集中,不断引入新资源以支持战略发展；同时,旧资源与新资源之间也逐步融合,从而形成进一步推进企业战略发展的基础。此时,高层管理者必须考虑资源的再调整和组合,使资源与战略之间动态相辅相成并发挥乘数效应。

扩展阅读 8.5　点亮最后一公里

1．战略与资源的动态相辅相成状况分析

业务的资源配置和战略的动态相辅效果,可以通过战略与资源配置效果分析矩阵来分析,可划分为四个方面：资源优势整合型、资源选择协调型、资源退出型、资源保持型。如图 8.10 所示。

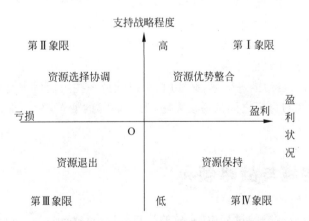

图 8.10　战略与资源配置效果分析矩阵

第Ⅰ象限：支持战略并有盈利。在这一象限中,资源配置符合战略发展方向,而且能够产生盈利,表明资源使用效率较高。如果企业继续投入资源,可能会放大这种效果,从而进一步优化资源配置,推动战略执行,提高竞争能力。在此区域的资源应发展成为企业

的核心资源。

第Ⅱ象限：支持战略但尚未盈利。在这一象限中，资源的整体组合尚存在问题，需要调整资源组合，以尽快实现盈利。其一般有两种可能：一是如果业务规模发展符合战略预期，那么最可能的是某些资源投入过多，没有发挥应有效益，应当调出；二是如果业务规模没有达到战略预期，那么可能是关键资源投入不足，应当增加这些资源，推动业务向第Ⅰ象限转变。

第Ⅲ象限：不支持战略也没有盈利。这一象限中的资源配置既不符合企业长期发展战略，又不能为其他业务发展提供资源，应该果断退出。

第Ⅳ象限：不支持战略但有一定盈利。这一象限中的业务虽不符合企业长期发展战略，但能够产生利润，表明现有资源的运用能够为其他业务发展提供资源，应该暂时保持该业务的资源配置。

以上分析矩阵可以针对企业中不同业务，进行全面的资源分析。其横坐标用盈利状况主要是为了反映现有资源使用状况，也可以调整为其他指标，如用净现金流来代替。

2. 战略与资源的动态乘数效应

战略与资源的动态乘数效应，是指企业在执行发展战略中产生的资源集聚效应，其中既有有形资源集聚产生的规模效应，也有无形资源与有形资源叠加而产生的强有力的乘数效应。

在企业战略发展中，新旧业务的融合常需要新的文化、管理体制、机制转变、品牌价值提升等，从而使企业原有的有形资源基础发挥更大的效益。动态乘数效应的产生有两个原因：一方面是企业进入新环境、新市场中，动态重组内部资源提高了企业资源组合的效率；另一方面是新旧业务之间产生规模效应，如单位产品管理成本下降、单位市场推广成本降低等。

企业在战略推进中，要发挥动态乘数效应，需做好三方面的工作。

（1）在战略推进和业务重新组合中，注重无形资源的积累。

（2）战略推动中，新业务拓展的先后顺序应考虑与旧业务的相关性。通常，相关性较强的业务更有利于产生动态相乘效应。

（3）为了提高战略的推进效率，必要时，可以选择一些短期看来与资源基础不符合的战略举措，保持现实与目标之间的适度差距，激发内部的变革动力，促进动态相乘效果的产生。

8.4 战略实施与战略领导

在成功实施企业战略的过程中，有效的战略领导力（strategic leadership）是核心和基础。战略领导者是通过制定和修正公司的战略目标与战略意图来领导公司的。战略领导者不仅要制定适合公司的发展战略，更要考虑如何去实施这些宏伟计划，如图8.11所示。这是使公司具有战略竞争力和获得超额利润的必经之路。

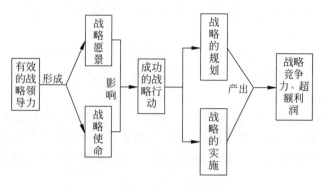

图 8.11　战略领导力和战略管理过程

8.4.1　战略领导力及其类型

战略领导力是一种可以进行预期、想象、保持灵活性并促使他人创造所需要的战略改变的能力。战略领导力是多功能的,包括管理他人、管理整个组织,并处理 21 世纪竞争环境下不断产生的变革。

吸引并管理人力资源的能力是战略领导者技能中最关键的。尤其是在当前竞争激烈的市场环境下,如果不能找到有足够才能的人来胜任公司的关键职位,将限制公司成长。

21 世纪,战略领导者应具备知识管理、商业化创新的能力以及创造可以使公司与利益相关者以最高效率运行的环境的能力。以上这些能力是非常关键的,因为战略领导力的核心就是能够高效地管理公司的运营及持续地保持公司良好的业绩。

变革领导力(transformational leadership)是最为有效的一种战略领导力类型,它能够激励员工去超越公司对他们的期望,促使他们继续提升自己的能力,将公司的利益放在个人利益之上。变革领导者可以为公司勾画出一幅美好的愿景,并制定战略来实现它。他们会使员工意识到自己对企业发展的价值,并鼓励员工不断向更高的目标冲刺。此外,变革领导者往往拥有较高的情商和有效的沟通技巧。

战略领导者是处在企业中最高位置的人,主要包括 CEO(首席执行官)、董事会成员、高层管理团队以及各事业部经理等。

高层管理者是企业制定并实施战略的一种重要资源,其制定的战略决策会影响到如何进行企业规划和完成企业的既定目标。高层管理者还为企业打造合适的组织结构以及薪酬体系,同时影响着企业文化。因此,企业成功的一个关键因素是拥有一个有高超管理技能的管理团队。

大多数企业面对复杂的挑战,需要大量的信息和知识辅助决策。所以企业往往会建立一个战略领导团队来迎接挑战。他们需要掌握全面的企业内部管理知识,以及企业外部环境的三个关键部分——宏观环境、产业环境和竞争环境。

高层管理团队应该是一个异质性的团队(heterogeneous top management team),这种团队由拥有不同背景、经历和教育的个人组成。高层管理团队越异质化,就越可能具有更加多样化的技能和知识,在形成战略方面就越有能力提供有效的战略领导力。

高层管理团队的异质化可以促使团队成员间的不同观点的讨论,这种讨论提高了团队决策的质量。因为异质化可能迫使团队或其中一些成员换个角度思考,因此在制定战略上就能表现得更有创造力。

但高层管理团队和异质化可能会导致成员间的沟通难度增加,这将影响战略的有效实施。因此,加强沟通和合作对于高层管理团队十分重要。电子通信技术的高速发展,大大促进了这种沟通。

团队成员是否掌握公司核心职能和业务部门的专业技术,对于提高决策效率十分重要,特别是在高科技行业和实施增长战略时,一个具有异质化的背景和专业技术的管理团队,在面对变化的环境和企业需要改变战略时,会为企业作出更突出的贡献。

8.4.2 战略领导的工作内容

有效的战略领导主要包括确定战略方向、有效管理企业的资源组合、维持一种有效的组织文化、强调伦理准则以及建立平衡的组织控制五方面的工作。

1. 确定战略方向

确定战略方向是决定公司未来数年的长期发展战略,即详细地说明随着时间的推移,公司要想建立的形象和特质。

理想的长期战略方向包括两部分:核心意识形态和愿景。核心意识形态通过公司的传统激励员工,而愿景鼓励员工扩展他们对成就的预期,它的实现要求显著的变革和实施过程,愿景指导企业战略实施过程的许多方面,包括激励、领导、员工授权和组织设计。

战略领导者从众多拥有各种技能的人那里获得信息,以分析公司的内外环境,构思公司长期的愿景。

2. 有效管理企业的资源组合

对于战略领导者而言,最关键的任务就是有效地管理企业的资源组合。企业拥有的多种资源可划分为以下几种:财务资本、人力资本、社会资本(social capital)和组织资本。最为重要的是,战略领导者通过组织这些资源形成竞争力,依据这种竞争力来构建企业,并发展和实施战略来平衡这些资源,从而取得一个竞争优势,以此确定公司的发展战略,使企业的竞争优势能成功地转化为给客户创造价值。特别地,战略领导者必须探索和维持企业的核心竞争力,并且发展维持企业的人力资本和社会资本。

1) 探索和维护核心竞争力

核心竞争力是使一个公司拥有竞争优势的资源和能力,它通常和组织的某项职能绩效相关。公司在许多不同的职能领域建立和发展核心竞争力以实施其战略,战略领导者必须证实战略的实施强化了公司的能力。在许多大型的,尤其是业务多元化的公司,战略领导者通过在不同组织单元中运用和发展核心竞争力,从而使其作用得到有效的发挥。

2) 发展人力资本

人力资本指的是公司整体劳动力的知识和技能,从人力资本这一角度来看,员工被看作一种需要投资的资本资源。有效的人力资源管理是一个公司成功制定和实施其战略的能力和决定因素。

有效地培训和发展项目增加了经理人成为成功战略领导者的机会，随着知识在获取和保持竞争优势中越来越重要，这些项目也越来越重要。此外，这些项目培训了知识和技能，并提供了对组织的系统性观点，以构筑公司的愿景和组织和谐。这些项目还对公司形成核心竞争力产生了积极的贡献，并且帮助战略领导者提高那些对有效战略领导非常有用的技能。由此可见，发展人力资本，对于有效实施战略是非常重要的。

3）发展社会资本

社会资本包括企业的内部和外部关系，这些关系有助于企业完成任务和为客户及股东创造价值。对于一个企业来说，社会资本是一种关键资本。在企业内部，员工和企业部门必须合作才能完成工作。在跨国企业中，不同部门经常在研发活动等层面上进行跨国合作，从而获得企业所需的结果。

外部的社会资本日益成为企业成功的关键。因为必须通过企业外部的帮助来拥有在市场竞争中所需要的全部资源。在这种情况下，公司可以利用合作战略来发展公司的社会资本。为了获得互补资源，公司和其他拥有互补资源的企业建立联系。这种联盟关系必须得到有效管理，从而确保伙伴间彼此信任，并且愿意共享所期望的资源。

许多公司的成功都要部分地归功于它们的社会资本。大型跨国企业为了进入一个新市场，必须建立与其他企业的联盟；同样，创新型企业为了获取风险资本或其他类型的资源，也必须建立企业联盟。

3. 维持一种有效的组织文化

组织文化是整个公司共有的一套复杂的思想体系、企业标志和核心价值观的系统，这套系统同时也会影响企业如何进行商业活动。一个公司可以通过它拥有的组织文化的作用采取战略行动来发展核心能力。因为组织文化影响着企业如何开展业务，并有助于管理和控制员工的行为，所以它是竞争优势的一种来源。

鉴于它的重要性，一个充满活力的组织文化可以视作一个组织取得成功的最有价值的差异化竞争因素。因此，如何塑造一个成功的组织文化也是战略领导者的主要课题。

1）创业型导向

组织文化经常鼓励追求创造机会。尤其是在大公司里，创业机会是增长和创新的主要来源。一种鼓励创新的方法是公司真正把钱投资到一些机会上，以期在未来某个机遇中取得优势；或者公司加入一些战略联盟，以为未来建立更好的合作关系奠定基础。一个公司的创业型导向取决于五个方向：自主权、创新性、风险承受性、探索性和侵占性竞争。

2）变革组织的文化和企业重组

变革一个公司的组织文化比维持它更加困难，但有效的战略领导者会认识到什么时候必须进行变革。当企业选择了实施与从前完全不同的战略时，就要进行文化变革。在这个过程中，形成和强化一个新的文化需要有效的沟通和解决问题的能力，以及选择合适的人员，有效的绩效评价和合适的薪酬系统的支持。只有获得公司总裁、高层管理团队和中层经理的支持，文化革命才能成功。为了影响这种变革，特别需要对各级管理者进行严格的训练，以激发企业文化，并培养战略思想能力。

4. 强调伦理准则

当执行战略的过程适于伦理准则时,其有效性会增加。遵守伦理的公司鼓励并使其各个层次的员工能够实行伦理判断。另外,如果在组织内发生不符合伦理的行为,这些行为就会在组织内迅速传播。为了正确引导员工的判断和行为,伦理准则必须成为公司战略制定过程中考虑的因素,并成为组织文化整体的一部分。事实上,一个基于价值观的文化能最有效地确保员工符合公司的伦理要求。

战略管理者面临着挑战,即如何采取行动来增加实行伦理文化的可能性。公司倾向于在组织内引入一种管理伦理证实项目,虽然这种项目操作起来十分像控制系统,却有助于组织建立价值观,一般可以从以下六种方法入手:①树立目标来描述公司的道德标准,并使其在公司内部得到沟通;②以公司的全体员工和相关利益者的情报和意见为基础,不断修改和更新公司的行为准则;③发布行为标准给所有的利益相关者;④发展和实施可实现公司道德标准的方法和程序;⑤创造和使用清晰的奖酬系统来鼓励组织希望的行为;⑥创造一种人们重视自尊的工作环境。

5. 建立平衡的组织控制

组织控制是资本系统的基础,很长一段时间以来,一直被视作战略实施过程中的一个重要组成部分。在确保公司取得理想的效果方面,控制是必需的。控制可以帮助战略管理领导者树立可信度,表现为公司利益相关者创造的价值并促进和支持战略变革。最为重要的是,在需要调整时,控制提供了实施战略和采取修正措施的信息。

我们把控制的重点放在两种组织控制上——战略控制和财务控制,这是因为战略领导者对这两种控制的发展及有效运用负有责任。财务控制的重点在于短期的结果,但过分强调财务控制会导致更短期和回避风险的管理决策。与此相反,战略控制的重点在于战略行为的内容而不是其结果。战略控制鼓励较低层的管理者制定含有较少或适度风险的决策。

8.4.3 战略领导与战略实施的匹配

在战略实施中,战略与领导的匹配构成战略和企业内部要素配合的一个主要方面。由于不同的战略对战略实施者的知识、价值观、技能及个人品质等方面有不同的要求,因此战略要发挥最大的功效,需要战略与领导者特点相匹配。例如,当企业实施增长战略时,需要具有创业型的经理人员;当企业实施巩固地位的战略时,需要一个管家型的经理人员等。一般,要从对企业或管理的熟悉程度、产业经验、管理职能的背景情况、冒险性、自主性或被动性、人际关系的能力六个方面来考察总经理的特征,从而判断领导与战略要求的匹配性。

战略实施模式是指企业领导者在战略实施过程中所采用的手段。大卫·布罗德温(David Brodwin)和布尔乔亚(L. J. Bourgeois)研究了许多企业的不同实践,确定了五种战略实施的模式。

1. 指令型

在这种模式中,企业的战略领导者考虑的是如何制定一个最佳的战略。在实践中,计划人员要向战略领导者提交企业经营战略的报告。根据该报告,战略领导者将运用严密的逻辑分析完成战略的制定。一旦战略制定好了,就会强制下层管理人员执行。

这种模式的运用要有以下约束条件。

(1) 战略领导者要有较高的权威,靠其权威发布各种指令来推动战略实施。

(2) 战略比较容易实施。这要求战略制定者与战略执行者的目标比较一致,战略对企业现行运作系统不会构成威胁;企业组织结构一般都是高度集权制的体制,企业环境稳定,能够集中大量的信息,多种经营程度较低,企业处于强有力的竞争地位,资源较为宽松。

(3) 企业能够准确、有效地收集信息并能及时将信息汇总到战略领导者的手中。因此,这种模式对信息条件要求较高,不适应高速变化的环境。

(4) 有较为客观的规划人员。因为在权力分散的企业中,各事业部常常因为强调自身的利益而影响企业总体战略的合理性。因此,企业需要配备一定数量有全局性眼光的规划人员来协调各事业部的计划,使其更加符合企业的总体要求。

这种模式的缺点是把战略制定者与执行者分开,即高层管理者制定战略,强制下层管理者执行,因此,下层管理者缺少执行战略的动力和创造精神,甚至会拒绝执行战略。总之,在战略实施阶段,该类型的战略领导者没有起到积极作用。

2. 变革型

在这种模式中,企业的战略领导者考虑的是如何实施企业战略。此时,通常一个好的战略已经建立。在该战略实施过程中,战略领导者需要对企业进行一系列的变革,如改变组织结构、改变管理人员、改变组织优先考虑的事情、改变计划和控制系统等,以促进战略的实施。为进一步增加战略成功的机会,战略领导者往往采用以下三种方法。

(1) 利用新的组织机构和参谋人员,向全体员工传递新战略优先考虑的战略重点是什么,把企业的注意力集中于战略重点所涉及的领域。

(2) 建立战略规划系统、效益评价系统,采用各项激励政策以支持战略的实施。

(3) 充分调动企业内部人员的积极性,争取各部分人员对战略的支持,以此保证企业战略的实施。

这种模式在许多企业中比指令型模式更加有效,但它并没有解决指令型模式存在的如何获得准确信息的问题,也没有解决各事业单位和个人利益对战略计划的影响问题以及战略实施的动力问题,而且产生了新的问题,即企业通过建立新的组织机构及控制系统来支持战略实施的同时,也失去了战略的灵活性,在外界环境变化时使战略的变化更为困难。从长远观点来看,具有环境不确定性的企业,应该避免采用不利于战略灵活性的措施。

3. 合作型

在这种模式中,企业的战略领导者考虑的是如何让其他高层管理人员从战略实施之初就承担有关的战略责任。为利用集体的智慧,战略领导者要和企业其他高层管理人员一起对企业战略问题进行充分的讨论,形成较为一致的意见,制定出战略,并进一步落实和贯彻战略,使每个高层管理者都能够在战略制定及实施的过程中作出各自的贡献。

协调高层管理人员的形式多种多样,如有的企业成立由各职能部门领导参加的"战略研究小组",专门收集在战略问题上的不同观点,并进行研究分析,在统一认识的基础上制定出战略实施的具体措施等。战略领导者的任务是组织好一支能够胜任制定并实施战略的管理人员队伍,并使他们能够很好地合作。总的来说,该类型战略领导者的主要作用是协调整个管理团队的力量,并鼓励具有不同观点的人员作出各自的贡献。

合作型模式克服了指挥型模式及变革型模式存在的两大局限性,使战略领导者接近一线管理人员,获得比较准确的信息。同时,由于战略的制定是建立在集体考虑的基础上的,从而提高了战略实施成功的可能性。

该模式的缺点在于战略是不同观点、不同目的的参与者相互协商折中的产物,有可能会使战略的经济合理性有所降低,同时仍然存在着战略制定者与执行者的区别,仍未能充分调动全体管理人员的智慧和积极性。

4. 文化型

在这种模式中,企业的战略领导者考虑的是如何动员全体员工都参与战略实施活动,即战略领导者运用企业文化的手段,不断向企业全体成员灌输这一战略思想,建立共同的价值观和行为准则,使所有成员在共同的文化基础上参与战略的实施活动。一旦战略已经制定,战略领导者就作为一个教练,帮助和鼓励不同的职能与工作区对实现战略目标的具体细节作出决策。由于这种模式打破了战略制定者与执行者的界限,力图使每一个员工都参与制定和实施企业战略,因此企业各部分人员都在共同的战略目标下工作,使企业战略实施迅速,风险小,企业发展较快。

文化型模式也有局限性,表现在以下几方面。

(1) 这种模式是建立在企业职工都是有学识的假设基础上的,而在实践中职工很难达到这种学识程度,受文化程度及素质的限制,一般职工(尤其是劳动密集型企业中的职工)对企业战略制定的参与程度有限。

(2) 强烈的企业文化可能会掩饰企业中存在的某些问题,企业要为此付出代价。

(3) 采用这种模式要耗费较多的人力和时间,而且可能因为企业的高层不愿意放弃控制权,从而使职工参与战略制定及实施流于形式。

5. 增长型

在这种模式中,企业的战略领导者考虑的是如何激励下层管理人员制定和实施战略的积极性及主动性,为企业效益的增长而奋斗。战略领导者要认真对待下层管理人员提出的一切有利于企业发展的方案,只要方案基本可行,符合企业战略发展方向,在与下层管理人员探讨解决方案中具体问题的措施以后,就应及时批准这些方案,以鼓励员工的首创精神。采用这种模式,企业战略不是自上而下地推行,而是自下而上地产生,因此,战略领导者应该具有以下的认识。

(1) 战略领导者不可能控制所有的重大机会和威胁,有必要给下层管理人员以宽松的环境,激励他们帮助自己从事有利于企业发展的经营决策。

(2) 战略领导者的权力是有限的,不可能在任何方面都把自己的愿望强加于组织成员。

(3) 战略领导者只有在充分调动并发挥下层管理者积极性的情况下，才能正确地制定和实施战略，一个稍微逊色但能够得到人们支持的战略，要比那种"最佳"却根本得不到人们热心支持的战略有价值得多。

(4) 企业战略是集体智慧的结晶，靠一个人很难作出正确的战略。因此，战略领导者应该坚持发挥集体智慧的作用，并努力减少集体决策的各种不利因素。

在 20 世纪 60 年代以前，企业界认为管理需要绝对的权威，这种情况下，指令型模式是必要的。60 年代，钱德勒的研究结果指出，为了有效地实施战略，需要调整企业组织结构，这样就出现了变革型模式。合作型、文化型及增长型三种模式出现较晚，但从这三种模式中可以看出，战略的实施充满了矛盾和问题，在战略实施过程中只有调动各种积极因素，才能使战略获得成功。上述五种战略实施模式在制定和实施上的侧重点不同，指令型更侧重于战略的制定，而把战略实施作为事后行为；变革型、合作型、文化型及增长型则更多地考虑战略实施问题。实际上，在企业中上述五种模式往往是交叉或交错使用的。

和上述五种战略实施类型相对应，企业的战略领导者也可以归纳为以下五种类型：决策者、制定者、协调者、动员者和激励者，如表 8.6 所示。

表 8.6　战略实施的五种模式及与之对应的领导者类型

战略类型	领导者研究的企业战略问题	领导者扮演的角色
指令型	如何制定出企业的最佳战略	决策者
变革型	如何将制定好的战略推行实施	制定者
合作型	如何使战略管理人员从一开始就对企业战略承担起自己的责任	协调者
文化型	如何动员全体员工都参与战略实施活动	动员者
增长型	如何激励企业战略管理人员和全体员工执行已制定的企业战略	激励者

8.5　战略实施的控制与评估

企业的预定战略在实施的过程中出现偏差是不可避免的，这有几方面的原因：首先，尽管在制定战略时组织对内外环境进行了深入的分析，在对未来的环境因素进行某些假定的前提下作出了战略决策，但由于环境因素的不确定性可能导致这些决策出现偏差；其次，即便决策没有问题，但由于环境不断变化，当这种变化积累到一定程度时，原有的战略便可能过时；最后，在实施战略的过程中，可能出现偏离预定战略目标的结果。因此，必须对战略实施进行评估与控制，这是战略管理不可缺少的组成部分。

扩展阅读 8.6　平衡计分卡

8.5.1　战略控制

1. 战略控制过程

既定战略的有效性建立在原有的内外环境结构的基础之上，一旦这种基础发生动摇，既定战略就需要调整。因此,战略控制与评估的一个主要工作就是对外部环境进行监控,用以判断是否应对战略进行调整。同时,战略控制与评估的内容,还包括检查企业的运作过程中有无偏离战略方向,是否完成了预定战略目标。一般来说,对战略进行选择并实施后,需按图 8.12 的流程对战略实施进行监控,并对战略方案或企业经营活动进行调整,以确保战略的实用性和高效性。

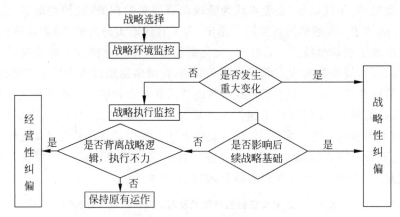

图 8.12　战略控制流程

在战略控制过程中,存在着三项基本活动:考察企业战略的内在基础,战略绩效的度量与偏差分析,采取纠偏措施。三项基本活动相互联系构成战略控制的基本功能。

1) 考察企业战略的内在基础

企业在制定规划时,是以对内外环境的分析和假设作为基础的,因此,环境的变化必然影响制定战略的准确性和实施战略的适应性。

战略控制的第一步是对企业内外环境进行考察,尤其是要关注关键战略因素的变化,为此需要进行以下工作。

(1) 检验制定战略前提的可靠性。制定战略的前提条件是对关键战略因素进行预测,并作出相应假设。如果某个关键因素预测错误,则以它为基础制定的战略的适应性与可靠性将大打折扣。这些假设包括:对外部环境及其变化走势的假设、对自身竞争优势的假设和对自身根本目的的假设等,战略控制首当其冲的就是要适时动态地检查企业对这些问题的判断是否现实。

(2) 识别关键战略因素的变化。关键战略因素包括企业内部和外部因素,它们的任何变化都有可能影响企业战略管理的效果。从外部看,阻碍企业实现目标的因素包括竞争者行动、需求变化、技术变化、经济状况变化、政府行为等;从内部看,关键战略因素包括员工素质、资源配置、动态定位、营运方式、品牌声誉和创新能力等。

(3) 将关键因素的变化与战略实施紧密联系。在识别环境战略因素变化的基础上,系统收集、分析、研究这些变量之间相互作用关系,将预测到的变化与战略实施紧密联系,对不同寻常的威胁或机会形成监察报告,提交下一程序进行控制。

2) 战略绩效的度量与偏差分析

企业战略绩效度量与偏差分析,是将战略规划中的目标与实际结果进行比较,找出实施战略规划过程中已取得的成绩,分析实际成果与控制标准间的差距及其产生原因。

发现偏差之后,首先要做的是分析偏差的性质:偏差是否可接受,是否可以通过适度微调解决?偏差分析不仅要与企业自身的标准比较,还应与竞争对手比较,这将有助于企业发现自身的弱点。

发现偏差后,还应分析偏差产生的原因,以此作为纠偏工作的依据。造成偏差的原因是多方面的:由于战略本身的问题,即战略制定过程不科学;由于环境发生了始料未及的变化,使原定的战略不再适应新的环境;由于在战略实施过程中执行不力,偏离了方向。总之,必须在分析清楚产生偏差的原因之后,才能制定出切实可行的纠偏方案。

3) 采取纠偏措施

战略控制的最后一个步骤,是采取纠正偏差的行动。针对产生偏差的不同原因,战略领导者在控制中可以采取的措施有以下三种。

(1) 对于因工作失误造成的问题,控制的办法主要是通过加强管理和监督,确保工作符合目标。

(2) 如果目标或者战略不切合实际,控制工作则主要是按实际情况修订目标或战略。

(3) 若是因为环境出现重大变化,致使战略的基础发生动摇,那么相应的控制措施就是制定新的战略。

2. 战略控制类型

战略控制类型一般涉及两类问题:一是变化的环境中,战略是否还适应?二是既定战略方案执行效果如何?即战略的正确性和适用性两方面的控制。具体来说,战略控制可分为以下四种类型。

1) 避免型控制

避免型控制是在战略实施中对战略行动的结果趋势进行预测,并将预测值与既定的标准进行比较和评价,发现可能出现的偏差,从而提前采取纠偏措施,使战略推进始终不偏离正确的轨道,保证战略目标的实现。这也称为事前控制。事前控制对战略实施中的趋势进行预测,对其后续行动起调节作用,能防患于未然,因而是一种卓有成效的战略控制方法。

具体的预测因素包括以下几种。

(1) 投入因素,即战略实施投入因素的种类、数量和质量,将影响产出的结果。

(2) 早期成果因素,即依据早期的成果,可预见未来的结果。

(3) 内部和外部环境的变化对战略实施的制约因素。

2) 开关型控制

开关型控制是在战略实施控制过程中,按照既定的标准检查战略行动,确定可行与否,类似开关的止与通。这也称为事中控制。事中控制方法一般适用于实施过程标准化的战略控制。其具体操作方式包括以下几种。

(1) 直接领导。管理者对战略活动进行直接指挥和领导,发现差错及时纠正,使其行为符合既定标准。

(2) 自我调节。执行者通过非正式、平等的沟通,按照既定标准调节自己的行为,以便和协作者配合默契。

(3) 共同愿景。组织成员对目标、战略宗旨认识一致,在战略行动中表现出一定的方向性、使命感,从而实现目标。

3) 诊断型控制

诊断型控制也称事后控制,即战略管理者在战略实施过程中对行动的结果与期望的标准进行衡量,然后根据偏差大小及发生原因,对行动过程采取纠正措施,以使最终结果能符合既定标准。事后控制方法在战略控制中控制监测的是结果,纠正的是资源分配和人的战略行动;根据行动的结果,总结经验教训来指导未来的行动,将战略执行保持在正确的轨道上。但是,事后控制存在时滞性,会给企业带来一定的损失。事后控制具体方式如下。

(1) 联系行为。对员工战略行为的评价与控制直接同他们的工作行为相联系,员工对此比较易于接受,并能明确战略行为的努力方向,使个人行为导向和企业经营战略导向接轨;同时,通过行为评价的反馈信息修正战略实施行为,使之更加符合战略的要求;通过行动评价,实行合理的分配,从而强化员工的战略意识。

(2) 目标导向。让员工参与战略行动目标的制定和工作业绩的评价,既可看到个人行为对实现企业目标的作用和意义,又可从工作业绩的评价中看到成绩与不足,从中得到肯定与鼓励,为战略执行增添动力。

4) 互动型控制

互动型控制是介于开关型控制和诊断型控制之间的一种动态控制。它是指企业高层管理团队基于战略环境的不断变化和大量的管理信息,结合战略实施情况进行控制。互动型控制不同于诊断型控制的特征有四个方向。

(1) 互动型控制关注的是高层管理团队认为具有战略意义的不断变化的信息。

(2) 这些信息的重要性足以引起各级管理者的不断关注。

(3) 互动型控制系统可生成的数据最好由上级、下级当面讨论分析。

(4) 互动型控制是关于潜在数据、假设和措施计划持续讨论的一种催化剂。

3. 战略控制与财务控制的关系

战略实施中的控制指明该如何比较现实结果和期望结果,并在两者差别较大时建议采取正确的行动。现实结果与期望结果的差别越小,就说明控制越有效。没有有效的控制,企业成功开发出自身的竞争优势是很困难的。正确的控制行为能使企业洞察自身行为并提高企业业绩,在这个过程中,企业需要通过战略控制(strategic controls)和财务控制(financial controls)双管齐下来支持企业战略的实施。

战略控制主要指利用一些主观标准来评价企业在外部环境和竞争优势的条件下,战略运用是否恰当。因此,战略控制关注的是评判企业应该做的(由外部环境机会指出)和企业可以做的(由自身竞争优势表明)是否相符。有效的战略控制能帮助企业了解做什么能取得成功。战略控制过程中,负责判断企业绩效的中层管理者和负责实施企业战略的一线管理者之间需要深入地进行信息交流,这些信息交流可以是正式的,也可以是非正式的。

战略控制还可以用来对战略执行所需条件的集中程度作出评价。例如,就业务层战略来说,战略控制被用于研究价值链中的主要业务和辅助业务,以确保成功实施业务层战略。与公司战略相关的战略控制用于检验如贯穿业务的知识、市场和技术这样的战略资源是否被恰当分配。在评价相关多元化战略时为了有效运用战略控制，CEO必须对每一个业务层战略单位有深入的了解。在不断变化的环境中，为了"获得更大的利润增长"而不断接受挑战。

财务控制主要是用一些客观的标准来比对之前制定的量化标准。财务控制的指标有会计指标，如投资回报率、资产回报率（ROA），还有市场指标，如附加经济价值。对于多元化战略，在一些情况下战略控制难以实施，而更适合于财务控制，尤其是在非相关多元化的情况下。因为非相关多元化战略关注的重点是财务，要求运用标准的财务控制指标来比较各战略单位和经理的业绩表现。

利用财务控制评价当前的业绩时，既要与前期成果比较，也要与竞争者以及行业平均业绩相比较。在经济全球化的今天，人们利用不断进步的技术发展出更为复杂的财务控制，使企业有可能更彻底地分析自身的业绩，并确保与规划一致。

战略控制和财务控制对于每个企业都是非常重要的，任何组织的有效性都取决于战略控制和财务控制的结合。然而，随着战略类型的变化，要运用不同的控制手段。例如运用成本领先战略的多元化公司和业务单位强调财务控制（如定量的成本目标），而运用差异化战略的公司和业务单位强调战略控制（如对产品设计团队效率的主观衡量）。在公司范围内，关注业务单位之间的共享（如相关多元化战略）导致了对战略控制的强调，而那些行动与能力无须共享的非相关多元化公司更强调财务控制。

公司在权衡控制之时，很重要的一点就是要平衡战略控制和财务控制的关系。不应过分地强调一种控制而忽视另一种，因为这样会导致企业业绩下滑。如戴尔公司曾因为过分追求短期业绩的财务控制引发了现在公司业绩困难。如今，戴尔正在重组公司，力图在长期发展和短期业绩上找到平衡点。而这次重组引发了公司对于战略控制更大的重视。

8.5.2 战略评估

1. 战略评估概述

1）战略评估的基本概念

战略评估贯穿于战略管理的全过程。大体上我们可以把战略评估概括为战略分析评估、战略选择评估和战略绩效评估三个层次。战略分析评估，即事前评估，它是一种对企业所处现状环境的评估，其目的是发现最佳机遇；战略选择评估，即事中评估，它是在战略执行过程中进行，及时获取战略执行情况并及时处理战略目标差异，是一种动态评估；战略绩效评估，即事后评估，它是在期末对战略目标完成情况的分析、评价和预测，是一种综合评估。因此，战略评估是以战略的实施过程及结果为对象，通过对影响并反映战略管理结果的各要素的总结和分析，判断战略是否实现预期目标的管理活动。

（1）战略分析评估。战略分析评估指运用SWOT分析法，评估企业内部和外部环境状况，以发现最佳机遇。此种评估也可称作现状分析评估，它一方面要检查企业现行战略是否能为企业带来经济效益，如果不能增效，就要重新考虑这种战略的可行性；另一方面通过考察外部环境，判定在现行环境下企业是否有新的机遇。最后结合两方面的结果，企业或继续执行原战略，或采取适应环境要求的新战略。战略分析评估主要包括以下几个方面的内容：企业的现行战略和绩效的分析；不同战略方案的评估；对企业相关利益备选方案的评估；竞争力的评估，即产品、市场、技术、人才、制度的竞争力的评估。

(2) 战略选择评估。战略选择评估指战略执行前对战略是否具有可行性的分析。这里涉及很多的评估模型，如SAM(分割一切模型)、定量战略规划模型、Eletre方法(E方法)、战略规划评估模型(SPE)等。它们都是首先对环境因素进行分析，然后制定判断标准并打分，最后计算出结果。其中，SAM包含的数学方法主要有层次分析法、熵权系数法、主观概率和效用理论等。QSPM模型是针对不同战略方案可行性的研究，是用数学方法对不同的战略方案所面临的机会与威胁设定标准，计算机会与威胁的权重，并以所得风险与收益的结果选择最优的战略方案。

(3) 战略绩效评估。战略绩效评估是在战略执行的过程中对战略实施的结果从财务指标、非财务指标进行全面的衡量。它本质上是一种战略控制手段，即通过战略实施成果与战略目标的对比分析，找出偏差并采取措施纠正。为大多数人所熟悉的平衡计分卡(balanced score card, BSC)就是实行战略绩效评估的一种有效手段，它被认为是一种新的战略评估和管理系统。

与一般管理控制评估不同的是，战略评估不仅评价经营计划的执行情况，更重要的是时刻保持对企业内外部环境的监控，确认企业的战略基础是否发生了变化，以保证企业对环境变化的感知和适应，增强企业抵御风险的能力。

2) 战略评估与战略控制的关系

战略评估是企业管理层能进一步采取措施、实施战略控制的前提和依据。企业通过定期开展的战略评估活动达到对战略设计的调适和对战略执行的纠偏。战略在实施中会发生偏差，所以需要通过评估来控制。偏差的原因通常有目标无法实现、为实现企业目标而选择的战略错误、用以实施战略的组织机构错误、主管人员或作业人员不称职或玩忽职守、缺乏激励、组织内部缺乏信息沟通、环境压力等。

战略评估与战略控制的关系可以概括如下。

(1) 战略评估是战略控制的基础和前提。只有通过恰当的评估和有效的反馈，战略设计的合理性和战略执行的有效性才能依靠相应的管理人员通过采取战略控制措施来实现。所以，选择什么评估工具和方法取决于战略控制的对象和策略。

(2) 战略控制本身也是战略评估的对象和客体。战略评估的范围非常大，包括战略分析的评估、战略选择的评估和战略执行的评估，也包括对战略控制措施本身的评估。只有通过战略评估来不断完善战略控制的有效性，才能保障战略目标的实现。

3) 战略评估流程框架

战略评估是一项系统的工作，当要进行评估时，首先要把所涉及的问题、过程、部门或体系等看成一个系统，研究其结构、输入、输出、环境以及环境与结构的交互作用、整体运行等方面，接着通过分析和改造，建立以下功能性的子系统。

(1) 评估者模块。

(2) 评估对象模块。

(3) 评估方法、指标、标准模块。
(4) 评估系统组织机构模块。
(5) 数据资料及专家咨询系统模块。

经过以上构建，最后便得以进行综合评估。所谓综合评估，就是通过定量分析与定性评判两种手段达到全面评估的目的。定量分析通常是用计算机加权综合分析来实现的，而定性评判则是根据评估工程中的各种信息（包括定量分析结果），对评估对象以往的表现、以后应该注意改进的问题以及希望达到的状态给予判断性的描述。

战略评估在本质上是一种战略控制手段，即通过战略实施成果与战略目标的对比分析，找出偏差，并采取措施纠正。

2. 一种战略评估工具——平衡计分卡

在诸多的战略评估工具之中，平衡计分卡是目前全球最为流行的战略管理工具之一。美国高德纳咨询公司的调查表明，在《财富》杂志公布的世界排名前1 000家公司中，有55%的公司采用了平衡计分卡系统，并创造了良好的绩效。《哈佛商业评论》更是将平衡计分卡评为75年来最具影响力的战略管理工具。

1) 平衡计分卡的基本框架

传统的企业业绩评估是以财务指标为核心，即以会计报表所提供的数据为基础，计算出有关的财务指标，对企业的经营绩效进行评估。这种评估模式只能发现问题而不能提供解决问题的思路，只能考评而难以改善企业的状况。在现代市场竞争环境下，各种不确定因素对企业前景有着众多的影响，仅仅对一些财务指标进行审计，难以评价企业经营管理工作的经济性与效率性以及效果性，难以满足企业经营管理需要。传统的企业绩效评估重静态上财务业绩考评、轻动态业绩考评，重财务指标、轻非财务指标，重短期业绩、轻长期业绩，重过去的财务成果、轻未来的价值创造，重局部业绩评价、轻整体效益评价，重所有者利益评价、轻顾客导向评价。这不仅不能适应未来经济发展的要求，而且将成为企业发展的严重障碍。因此，为了适应世界经济一体化的新格局，对企业经营业绩的审计必须采用财务指标与非财务指标相结合的多元化指标体系。

美国哈佛大学教授罗伯特·S.卡普兰(Robert S. Kaplan)和复兴全球战略集团创始人戴维·P.诺顿(David P. Norton)通过对12家在绩效测评方面处于领先地位的企业进行了为期一年的研究后，发明了平衡计分卡。它是一个把组织战略目标转换成一套平衡的、相互关联的财务与非财务指标相结合的指标体系，以促进组织战略实现的管理工具。从本质上说，平衡计分卡是一套提供企业战略信息的框架，它强调平衡的理念，包括内部环境与外部环境的平衡、业绩驱动因素与结果的平衡、财务指标与非财务指标的平衡、短期指标与长期指标的平衡、管理业绩与经营业绩的平衡等。它把战略置于中心地位，将企业战略目标在财务、顾客、内部流程和学习与创新四个方面依次展开，使之成为具有因果关系的局部目标，并进一步发展对应的评估指标。它使战略在组织上下进行交流和学习，与各部门和个人的目标联系起来，使战略运作达成一致。它将组织力量集中在战略目标上形成种种改革方案，通过定期的不间断的反馈和学习，鼓励员工就如何实施蓝图和战略提出建议，使员工为企业的未来出谋划策，参与制定并执行战略，修改和发展战略。平衡计分卡的基本框架如图8.13所示。

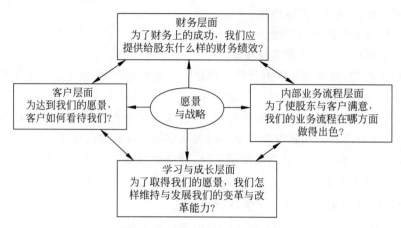

图 8.13　平衡计分卡的基本框架

从图 8.13 可以看出，平衡计分卡把大量的指标归纳于四个层面，分别是财务层面、客户层面、内部业务流程层面以及学习与成长层面。每个层面下，又设了多个指标。选择适当的指标来反映企业在各层面的状况，如表 8.7 所示。

表 8.7　平衡计分卡四个层面的衡量指标

绩效变量	衡量指标			
财务层面	经营利润率 销售增长率	销售率 资本收益率	利润率 现金流量	资产利用率
客户层面	客户满意率 客户获取率	潜在新客户需要 目标市场占有率	客户保留率 客户利润贡献率	
内部业务流程层面	生产周期 成本和劳动生产率	流程错误率 新产品开发速度	产量 出勤率	合格率
学习与成长层面	员工满意度 新产品导入	员工的流动比率 新产品订货量	员工的培训时间 新产品订货率	

平衡计分卡的构成维度之所以被称为"平衡"，是因为它能够帮助战略领导者对所有具有战略重要性的领域做全方位的思考，具体体现在其保持了财务指标与非财务指标之间的平衡、长期目标与短期目标之间的平衡、成果与成果的驱动因素之间的平衡、内部衡量与外部衡量之间的平衡、管理业绩与经营业绩之间的平衡。平衡计分卡能够保障公司业绩管理体系的稳健性和平衡性，因为它保留主要财务指标的同时，引入了未来财务绩效的动因，从四个不同的视角，提供了一种考察价值创造的战略方法。

平衡计分卡是一种使战略领导者的战略控制与财务控制保持恰当平衡的有效工具，通过采用平衡计分卡使企业明白如何看待股东（财务角度），顾客如何看待企业（顾客角度），为了成功地使用竞争优势所必须强调的过程（内部角度），为了增长，怎样改善自己的绩效（学习和增长的角度）。一般而言，当企业从学习和增长的角度评估它的绩效时，倾向于强调战略控制；当从财务角度评估企业的绩效时，倾向于强调财务控制。对顾客和内部业务过程角度的研究，经常是通过同等地强调财务控制和战略控制而完成的。

保持战略控制与财务控制的恰当平衡，无论对于单一的公司还是多元化的公司都是重要的。因为在这种情况下,企业既可以保持目前的财务稳定在一个恰当的水平上(通过财务控制),又可以为未来的生存确定恰当的投资(通过战略控制)。这样,企业可以通过结构重组将资源聚焦到公司的核心业务中去,使企业的高层领导者能够重新建立他们对独立业务单元的控制。

2)平衡计分卡对企业战略的支撑

平衡计分卡作为企业的战略管理工具,被运用于企业的战略实施中,并取得了巨大成功。平衡计分卡具有四个新的管理程序,它们可以单独或共同地把企业长期战略目标与其行为联系起来发挥作用。

(1)说明愿景。它是将企业的愿景转化为一套为所有高层管理者所认可的业绩评价指标的过程。这个过程一般包括如下环节:根据愿景确定企业的使命,通过内部条件和外部环境分析确定企业战略目标,明确实现战略目标的关键成功因素,设计出计量这些关键成功因素的关键业绩指标,形成业绩评价指标体系。

(2)沟通和联系。其指管理者将战略目标上下沟通,使各个部门及个人都能理解企业的战略目标,并且使部门及个人目标与之保持一致。在这个过程中,在激励机制与业绩评价指标体系之间建立联系。传统上,激励机制都是短期财务目标和指标相联系,容易造成各部门过度关注本部门目标而忽视企业战略目标的情况。因为非财务指标能够反映出那些关系到企业长远发展的关键成功因素,易于为各部门及个人理解,因而弥补了财务指标的不足,使沟通和联系过程更为容易。

(3)业务规划。业务规划使企业能实现业务计划与财务计划的一体化。每个部门都有各自的关键业绩指标和改革措施,通过平衡计分卡,管理者将所有关键业绩放在一起考虑,从而增强企业核心竞争力的不同改革措施同时出现在一份管理报告中,针对各个关键业绩指标,管理者制定业绩评价标准,并以此作为确定资源分配优先顺序的依据。因为战略管理的核心是竞争战略,因此业绩评价标准为竞争标准。评价标准的建立,有助于企业采取可以推动长期战略目标实现的改革措施,并注意各种改革措施之间的协调。

(4)反馈与学习。它赋予企业一项战略性的学习能力,现有的反馈和考察都注重公司及其各部门、员工是否达到了预算的财务目标。当管理体系以平衡计分卡为核心时,企业就能从非财务角度来控制业务过程,监督短期结果,并根据业绩评价的结果为管理者提供决策信息,评价战略目标的实现情况。因此,平衡计分卡能使公司及时修改战略,以随时反映学习心得。

3)平衡计分卡制度的评价指标分析

(1)财务方面。财务指标用来反映企业组织如何满足股东需要,即如何实现股东价值最大化。平衡计分卡制度将财务目标定为企业的长期目标及其三方面目标评价的焦点,也就是说其他方面努力的结果最终要体现为财务绩效的提高和丰厚的投资回报。财务目标与企业的战略目标紧密相关,因而当企业在生命周期的不同阶段,不同的战略目标将导致不同的财务目标。平衡计分卡制度将企业的生命周期简化为三个阶段:成长阶段、维持阶段、收获阶段。

在成长阶段,企业处于初始投资阶段,投资回报率低,现金净流量甚至是负数,它的目标是提高生产能力、销售能力,与供应商、客户建立良好的关系并进一步发展。与此相关的财务指标是销售收入增长率及目标市场、顾客群体和地区销售增长额。

在维持阶段,企业仍继续增加投资,但投资主要是为了提高生产能力,改进设备性能,消除"瓶颈",以期在这一阶段获取丰厚的利润,不断扩大市场份额。与此相关的财务指标是营业收入、毛利、投资报酬率、经济附加值。

在收获阶段,企业处于成熟期,不再大量投资,即使有投资行为,也是为了维持设备正常运转,企业要尽可能地回收前期投资,获得稳定的现金流入并使其最大化。这时,它的财务目标与现金流量紧密联系在一起。

不论在哪一阶段,财务目标均包含三个方面:收入的增长(包括产品组合的优化);降低成本/提高生产率;资产的利用/投资导向。

进一步细分上述财务目标,可制定出相应的标准,并据此较深入地分析财务目标与经营成果产生差异的原因。

(2)顾客方面。顾客指标用来反映企业组织如何满足客户的需要。随着产品市场竞争日趋激烈,大多数产品市场及生产资料市场已逐步演化为买方市场,顾客成为市场的主导,成为决定企业成败的关键。以顾客为导向,为顾客增加价值,提供个性化、多样化产品或服务等经营理念全面渗透到企业管理实践之中。对现有和潜在顾客进行管理成为企业管理越来越重要的部分。

顾客方面的平衡计分卡制度帮助企业进行市场细分,确定目标市场,分析和选择目标顾客群体,并对现在及以往重要顾客的消费效用、消费倾向进行全面的衡量。

(3)内部流程方面。内部流程指标用来反映企业组织是否较好地完成了内部经营活动。平衡计分卡制度将企业内部经营过程划分成改良过程、经营过程和售后服务过程,各阶段的评价指标不一样。

① 改良过程的特点与评价方法。改良过程是指企业以顾客为导向,发现和培育新市场、新客户,同时兼顾现有顾客的当前需要及潜在需要,在此基础上研究开发新的产品及服务,将新的产品及劳务推向市场。改良过程是企业进行研究开发、走向市场的过程,该阶段研究开发费用高、失败风险大。特别对高科技企业——比如软件企业来说,其设计、研究开发周期长,甚至贯穿产品生命周期的始终。因此,平衡计分卡制度十分强调改良过程的重要性,其管理绩效评估十分必要。

② 经营过程的特点与评价方法。经营过程始于企业收到订单,直到向客户提供产品与服务为止,其管理目标是及时、有效、连续地为客户提供产品与服务。经营过程在企业价值创造中是一个相对短暂的过程,其特点是重复性,其业绩评价指标包括时间、质量、成本三个方面。一些传统财务方法可以对该过程的成本和费用开支进行评估与监控。时间与质量方面的评价内容包括企业经营的灵活性、生产周期、对顾客需求的反应时间、对顾客提供产品的多样性、产品质量的优劣等。常用的指标有产品制作周期、单位成本、收益率、废品率、机器利用率、生产准备时间、生产能力利用率等。

③ 售后服务过程的特点与评价方法。售后服务过程包括为客户提供质量担保、对产品进行修理、与客户完成结算的过程。对售后服务过程的评估也是采用时间、质量成本方面的指标:服务反应周期、人力成本、物质成本、售后服务的一次成功率等。服务反应周期是指从接到客户请求到最终解决问题的时间,可衡量出企业对产品故障作出反应的速

度。人力成本与物质成本可反映出工作的效率。售后服务一次成功率是指客户的服务要求一经提出即可得到满足,而没必要多次提出要求的比率。

(4) 学习与创新方面。管理创新的一个重要方面就是强调人本管理,重视人力资源投资,因为员工素质的高低直接影响到企业的创新能力和经营业绩。企业的学习与创新,以提高员工能力、拓展企业信息系统功能、激发员工积极性为中心,通过衡量企业在基础设施方面的投资业绩,如人力资源系统及业务流程等方面来达到提升企业核心竞争力的目的。如前所述,片面使用财务评价指标常常引发经理人员的短期行为,通过削减在人力资源方面的投资来提高企业短期绩效,这将损害企业长期发展创新能力。平衡计分卡制度在一定程度上避免了这种短期行为的发生。学习与创新方面的主要评价指标有员工满意程度、员工留住率、员工工作能力、员工劳动生产率、员工意见采纳百分比、员工的培训与提升、企业内部信息沟通能力。

4) 战略地图

战略地图由罗伯特·S.卡普兰和戴维·P.诺顿提出。2004 年 1 月,两位创始人的第三部著作《战略地图——化无形资产为有形成果》出版。

战略地图是在平衡计分卡的基础上发展来的,与平衡计分卡相比,它增加了两个层次的东西,一是颗粒层,每一个层面下都可以分解为很多要素;二是增加了动态的层面,也就是说战略地图是动态的,可以结合战略规划过程来绘制,如图 8.14 所示。

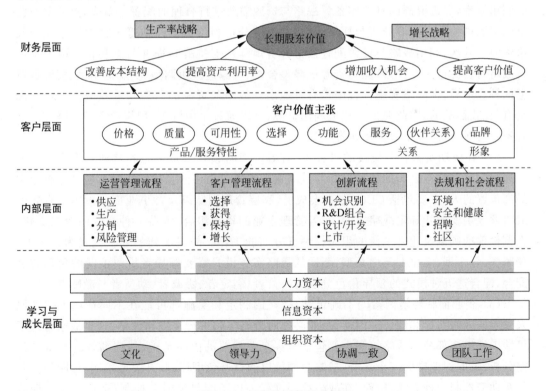

图 8.14 战略地图的基本框架

结尾案例

本章小结

（1）战略阶梯理论提出了一种循序渐进的滚动式发展的思想，它强调战略与人力的发展应该是有计划和有先后顺序的。战略实施不应同时进行不同的目标和活动，目的是使企业避免造成资源及活动的冲突、矛盾和分散。

（2）企业的战略只有与其内部因素之间相互适应和匹配时，战略实施才会取得成功。战略实施需要组织的保证和支持。企业的组织设计必须符合企业的战略意图，为企业战略服务，才能使战略有效实施。企业随着战略的调整和改变，组织结构必须随时作出相应的变革。

（3）企业的资源是企业战略实施的保障，而企业战略制定的目标之一就是提高资源的利用效率，促进资源的有效储备。战略与资源需要进行合理的配置。首先，企业要对已有的资源进行战略资源分析与评估，利用价值链分析和价值链评估等工具识别企业的战略资源。其次，利用战略与资源配置效果分析矩阵从支持战略程度与盈利状况两个维度将战略与资源进行匹配，匹配为资源优势整合型、资源选择协调型、资源退出型、资源保持型四种。最后，在战略实施过程中也有可能出现战略与资源的动态乘数效应。企业资源是有限的、稀缺的，因此要最大化地利用资源，可以通过集中资源、积累资源、互补资源、节省资源、速用资源五个原则优化资源配置。

（4）在成功实施企业战略的过程中，有效的战略领导力是核心和基础。战略领导者是通过制定和修正公司的战略目标与战略意图来领导公司的。战略领导者是处在企业中最高位置的人，主要包括CEO、董事会成员、高层管理团队以及各事业部经理等。有效的战略领导主要包括确定战略方向、有效管理企业的资源组合、维持一种有效的组织文化、强调伦理准则以及建立平衡的组织控制五方面的工作。战略实施的五种模式为指令型、变革型、合作型、文化型与增长型，不同的战略实施模式需要领导者扮演不同的角色与之配合，配合这五种模式的领导角色分别为决策者、制定者、协调者、动员者与激励者。

（5）企业面临环境因素的不确定性，战略的制定和实施都可能在不同环境下偏离原来预定的战略目标和结果。因此，企业必须对战略实施进行控制与评估，这是战略管理不可缺少的组成部分。战略控制主要包括考察企业战略的内在基础、战略绩效的度量与偏差分析、采取纠偏措施三个部分，战略控制可以通过避免型控制、开关型控制、诊断型控制与互动型控制四种方式进行。在战略控制过程中也不能忽视财务控制，企业要在长期战略与短期利益之间找到平衡点。战略评估可以分为战略分析评估、战略选择评估和战略绩效评估三个阶段，它们贯穿战略从制定到落地实践的全过程。战略评估的主要工具有平衡计分卡,平衡计分卡能够从财务层面、客户层面、内部业务流程层面、学习与成长层面对战略进行综合评估。战略控制与评估是相辅相成的,战略评估是战略控制的基础和前提,战略控制本身也是战略评估的对象和客体。

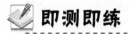

第 9 章　战略转型

本章学习要点

1. 理解战略转型的内涵。
2. 掌握战略转型的特点以及分类方式。
3. 掌握战略转型的动因与面临的风险。
4. 理解和掌握战略转型实施的基本前提、基本过程、实施路径以及支撑条件。

开篇案例

9.1 战略转型的内涵

战略转型的基本内涵可以表述为：企业与其环境的一致性随着时间的变化在形式、内涵和状态上所表现出来的差异。所谓企业与其环境的一致性就是企业用于达到其基本目标的最基本的资源分配以及同环境交互作用的方式。这种一致性的变化包含两方面的内容：一是企业战略内容的变化，也就是其经营范围、资源分配、竞争优势的变化；二是带来企业战略转型的企业内外部环境的变化。其中，公司层的战略转型可理解为"企业选择产品、市场领域并在它们之间进行资源分配的重新组合"；业务层的战略转型可理解为"在特定的产品、市场领域内竞争决策的改变"。

扩展阅读 9.1　让一碗面也有"感情"

企业战略转型的主要特性包括：①不确定性。战略转型是联系当前战略与未来战略状态之间的桥梁，它并不是预先制定的，其发展方向也不是预先可知的，因而具有不确定性。对于不确定的未来发展变化来说，那些精确的细节是不可能准确预测的。②前瞻性。战略转型不是消极观察竞争环境的变化，也不是坐视竞争对手在自己采取行动之前的抢先行动。战略转型提倡尽早分析变化的趋势，并在可能的情况下主动引导变化。③连续性。战略转型是一组连续的行动,而不是一些分散的措施。④多样性。战略转型是一系列形形色色的、不同规模、不同风险程度的战略性行动。因此,成功的战略转型并不是某个战略、某种竞争力或是某一次惊人的举措,而是一系列强有力、多种多样的战略行动的组合。在这些战略转型行动中,有些是正确的,效果良好,但也有一些可能会失败。

1. 战略转型的近似概念

与转型(transformation)相近的名词包括调整(adjustment)、更新(renewal)、转换(turnaround)、创新(innovation)等,这些概念的内涵之间存在一定的差异。

(1) 战略转型与战略调整。大部分学者认为,战略转型和战略调整之间的差异只是程度上的问题,关键是这个程度如何衡量。普遍得到接受的观点是,如果企业的基本环境取向(environmental orientation)没有发生变化,也就是基本的战略类型没有发生变化,那么就不能看作战略转型,而只能看作战略调整。而明茨伯格的观点是,对两者的区分不能只依赖于事物的状态(Where you sit),而更要看你看事物的时间(When you sit)。

(2) 战略转型与战略更新。战略更新的概念出现在战略转型之后。简单讲,战略更新就是革命性的战略转型或者是战略重新定向(strategic redirection),也就是彻底脱离现在的状态而进入新的状态。由于战略更新强调的是要改变现在的战略且提出新的战略,因此它特别强调惯性(inertia)和压力(stress)因素。所谓惯性就是指对目前战略的承诺或投入的水平,包括个人对战略的认可、机制建设和物质投入等方面。所谓压力就是由于现有战略和内外部条件的不适应所带来的人们要改变战略的愿望。战略更新一般情况下不像战略转型一样是企业必须不断考虑的一个问题,而是问题解决措施或行动的最后一部分。也就是它不像战略转型要考虑变化的动因、过程等诸多问题,而更关心在确定了变化以后如何实现脱离现有战略而转向新的战略。

(3) 战略转型与战略转换。战略转型概念的出现有其特殊的背景,主要解决的是在企业绩效或者行业整体收益水平大幅度下降的情况下,企业如何通过战略的重新定向来摆脱困境的问题。因此,战略转型的影响因素除了要考虑企业内外部条件等其他因素外,重点考虑绩效因素对战略转型的影响。早期的组织理论认为,企业只能通过消减成本、缩小业务范围来渡过难关,提高企业绩效;而战略管理的理论认为,企业绩效的下降往往是因为错误的战略定位造成的,企业只有通过战略的转换才能实现绩效的提高。

(4) 战略转型与战略创新。从价值创造角度来看,战略创新可定义为:通过为顾客创造新的价值使竞争者步调不合,为了增加所有利益相关者财富而重新构思已经存在的产业模式。战略创新就是随着环境变化打破旧有的战略模式,形成新的价值创造模式的战略行为,主要包括:战略思维创新、战略形成创新、战略控制创新、战略评估创新等方面。因此从内涵上来看,战略创新和企业的技术创新、组织创新一样是一种持续存在的、基本的、系统的企业行为,而战略转型往往是内外部环境变化的现实需要。从研究的内容上来看,战略创新的研究着重于企业内部创新机制、创新方法、创新规律的研究,更加强调战略模式、思维方式、战略形成机制的变化,而战略转型更主要强调战略内容的变化。从动因上来看,战略创新强调推动,而战略转型强调适应。从内容上来看,战略创新强调的是创新,而战略转型强调的是适应,适应新的环境需要。

2. 不同战略流派下战略转型内涵的差异性

战略转型的定义就不能脱离战略的内涵或概念而存在。因此,不同战略理论流派对战略转型的认识角度存在一定差异,如表 9.1 所示。

表 9.1 不同战略理论流派下的战略转型概念

战略流派	战略的概念	战略转型的概念	战略转型的特点	所适应的环境
设计学派	基于内外部环境评估、寻求内部能力同外部环境相匹配的系统方案	战略决策基础的变化以及战略措施的变化	偶然的量变	可描绘(经济、技术、社会等方面)和稳定
计划学派	存在于企业各个层次包括长期、中期和短期的规划系统	规划、计划的内容发生变化	周期性,渐进性	简单和稳定(所以可预测),可理想地控制
定位学派	在企业外部环境中或者市场中的有利于企业生存和发展的位置	企业目标市场等因素的变化或者相对竞争对手位置变化	逐个的,经常性	简单、稳定和成熟(因而是结构化的并且是可以的)
企业家学派	基于企业领导人个人能力和经验的对企业发展方向和总体思路的远见	领导人对客观因素的认知和判断的变化以及其行动纲领的变化	偶然性,机会性,革命性	动态但简单(所以可被领导所领会)
认识学派	对存在于人们外部的信息的处理和认知,相关的概念和框架	对重要决策信息的处理和认识过程的基本特征的变化	不经常(抵制或思想上构建)	不可领会
学习学派	组织成员为了面对当前的客观环境而形成的一种应急的工作行为模式	由学习导致的企业能力的提高所带来的企业运作方式的渐进变化	持续不断的,逐渐或者逐个的,带有偶然的量变	复杂、动态(所以不可预测),新颖的
权力学派	基于企业内部权力系统平衡的定位和策略以及同外部利益相关者的制衡	内外部权力系统的变化以及相应的定位和策略的变化	经常性,逐个。变化的内容同说明性学派一致,但原因不同	制造不和、恶意的(微观),可控的或协作的(宏观)
文化学派	基于组织成员共同信念之上的以竞争优势为核心的认知和行为系统	文化系统诸要素的变化以及对应的竞争优势策略的变化	变化是缓慢的和困难的,不经常(思维方式上抵制)	理想的波动,可能变成苛求的
环境学派	对客观环境的一种被动的反应以及为适应环境所采取的措施	完全基于环境变化的经营策略变化	很少,量变。内容同说明性战略的相同,差异在于战略形成和变化的过程	准备好的,竞争性的,描绘出的
结构学派	企业状态转变过程的结果,具体形式可能是任何一种以上战略	战略转型的过程就是战略制定和形成的过程	偶然性,革命性(其余时间是渐进的)	只要无条件,以上均可

9.2 战略转型的特征与类型

9.2.1 企业战略转型的特征

由于战略转型首先表现为观点、定位、策略的变化,其次表现为结构、资源、组织的变化,因此我们着重从战略和组织两个角度来分析战略转型的特征和分类。

扩展阅读9.2 变革不止创建未来:东软战略转型之路

1. 战略转型的幅度

战略转型的幅度即企业新战略相对旧战略的变化程度如何。从战略定位的角度来看,"幅度"可理解为企业涉足的业务数量的变化程度以及不同业务重要性的变化程度或者企业投入职能领域资源强度的变化程度;从战略认知的角度来看,"幅度"可理解为影响企业的业务范围、生产过程、管理系统的原则和价值观的作用强度的变化程度或者影响企业业务范围、生产过程、管理系统的原则和价值观的构成的变化程度。依据"幅度"特征可简单将战略转型划分为大幅度战略转型和小幅度战略转型,而更多情况下需要将此特征与其他特征相结合来对战略转型进行划分。

2. 战略转型的速度

战略转型的速度即战略转型从开始设计到措施到位和目标达成的整个过程所需要的时间。在企业战略转型的设计幅度固定的情况下,时间越短,战略转型的速度越快;时间越长,战略转型的速度越慢。速度快的战略转型常理解为激进式的战略转型,速度慢的战略转型常理解为渐进式的战略转型。与速度相关的特征还包括节奏等,节奏即对不同战略转型环境所投入的时间的控制方式。"渐进式变革"(incremental change)的观点认为战略转型的典型节奏是"缓慢经历大规模的战略转型",而"激进式变革"的观点则认为战略转型的典型节奏是"长时期小规模战略变动中穿插着短暂而紧凑的大规模变化"。

3. 战略转型的计划性

战略转型的计划性即企业在特定时间段实施的特定内容的战略转型在多大程度上是经过预先设计和准备的,在多大程度上是被动发生而没有预期的。依据此特征可将战略转型划分为有计划的(planned)和没有计划的(unplanned)两类。两类战略转型的发生动因、管理过程和预期绩效存在巨大差异。有计划的战略转型往往发生在那些在市场较有竞争力且绩效表现较好的企业身上,且战略转型的动因也多来自企业内部(如管理层的新设想),由于有较好的计划安排和资源准备,此类战略转型所面临的风险多较小,也较易取得期望的结果。

4. 战略转型的方向

正如拉贾戈帕兰和斯普雷策(Rajagopalan and Spreitzer)所说:"如果战略转型的方向错误,那么战略转型的幅度越大,变化的绩效就会越差,只有企业保持正确的变化方向才能通过战略转型提高绩效。"战略转型的方向问题就是从一种战略模式转换到另一种战略模式的问题,其研究要基于对战略类型的定义。目前比较常用的是波特的三分类法,迈尔斯与斯诺的四分类法(开拓者 prospector；防御者 defender；权衡者 analyzer；反应者 reactor)，麦迪克(Maidique)和帕奇(Patch)的四分类法(第一推动者 first mover；低成本生产者 low-cost producer；第二推动者 second-mover；利基战略 niche strategy)。其中，前两种分类方法在战略转型的研究中被广泛采用。另一种比较常用的战略类型的划分方法就是集中/不集中(focused/unfocused)的划分方法，在战略转型的研究当中也经常使用。所谓集中战略就是企业的战略只强调一两个战略维度，企业竞争优势也只体现在这一两个维度上，企业也只在这一两个维度所限定的市场中进行竞争，因此也可称作利基导向的(niche-oriented)战略或者专业化(specialized)战略。所谓不集中战略，就是不强调特定的竞争维度，企业的竞争优势建立在多个战略维度之上。集中/不集中是战略最基本的特征之一，对企业的竞争优势具有非常重要的影响，因此一直是战略管理领域研究的焦点问题。当然对集中/不集中战略的划分是相对的，不是绝对的。

5. 组织角度的战略转型特征

由于组织的特征纷繁复杂，相应地，基于组织的战略转型表现出来的特征也比较多样，如表9.2所示。

表9.2 组织角度的战略转型特征

特　　征	内　　涵	战略转型类型
变化的增量	战略转型每一步幅度大小	进化与革命性变革
变化的广度	组织中有多大范围参与了变化	零星变化和普遍变化
变化相关性	将要进行的变化活动同组织现有的活动之间的关系	相关变化和不相关变化
变化的方向	与以前变化趋势的关系	聚合变化和发散变化
变化连续性	变化是持续的还是间断的	连续和间断变化

9.2.2 战略转型的类型

9.2.1节在讨论战略转型特征的同时也对战略转型的类型进行了初步划分。而有关战略转型的大部分研究并没有基于固定的战略转型的特征进行分类，而是基于问题研究的需要和实际战略转型内容的差异来定义战略转型的类型。例如，让·巴图内克和莫奇·迈克尔(Jean M. Bartunek and M. K. Moch)提出了一阶、二阶、三阶(first order, second order, third order)的战略转型划分方法；戈莱姆比夫斯基、比林斯利和耶格尔(Golembiewski, Billingsley and Yeager)提出了阿尔法、贝塔和伽马(alpha, beta, and gamma)的战略转型划分方法；塔什曼和罗曼内利(Tushman and Romanelli)提出了汇聚(convergence)和重新定向(reorientation)的战略转型划分方法；米勒和弗里森(Miller and Friesen)提出了动量(momentum)和反转(reversal)的战略转型划分方法；克莱纳和科里根(Kleiner and Corrigan)提出了发展的(developmental)、演变的(transitional)和变形的(transformational)战略类型划分方法。另外，纳德勒和图什曼(Nadler and Tushman)利用渐进变化—激进变化、反应变化(reactive change)—预期变化两个维度形成了四种类型的战略转型：调整、适应、重新定位和再创造(tuning, adaptation, reorientation and recreation)。迈耶、布鲁克斯、詹姆斯·戈斯(Meyer,Brooks and Goes)将转型的类型(连续和间断变化)同转型的层次(组织和产业)结合起来,形成了四种转型类型:组织层次的适应、变形(adapatation,metamorphosis)变化以及产业层次的革命、进化(revolution,evolution)变化等。

9.3 战略转型动因及风险

9.3.1 战略转型的动因

战略转型的基本过程描述如图 9.1 所示,其基本过程要素有六类。环境条件和变化指企业外部的经济和非经济环境的状态及其变化,例如就竞争环境这一要素而言,长期、持续的激烈竞争状态会促使企业寻找新的战略方向,同时企业行业竞争水平和特点的变化也可能导致企业战略转型。组织条件和变化主要指企业内部条件的状态和变化,例如企业财务状况长期持续不佳会导致企业战略转型,而企业在突然获得大量的财务资源时也会考虑战略转型。管理认知即企业或管理层获得了客观的内外部环境变化的相关信息并意识到其重要性,从而为后续的战略转型奠定了基础,环境和组织状况不是客观决定的,而是管理者通过认知规定和描绘的。认知为管理行为提供了基本的逻辑,管理者对环境的认知影响了管理活动,进而影响了战略转型。管理行为即企业了解环境、预测未来、制定策略的相关行为,它是战略转型实现的重要前提之一。组织绩效包括财务绩效和战略绩效两种基本形式,它除了受到企业战略转型行为的直接影响以外,还同时受到环境状态和企业资源能力状况的影响。其中的战略绩效可以从要素市场和产品市场(市场占有率等)两个角度进行评价。

扩展阅读 9.3 NP 公司战略转型的条件

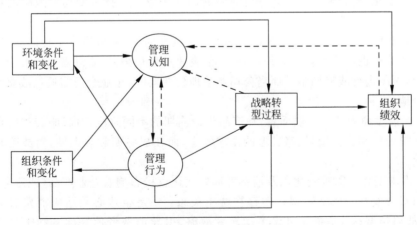

图 9.1 战略转型的基本过程

与上述战略转型过程相配合的管理过程可由以下六个环节构成:第一,审视状态:对组织本身、组织过去的成就和缺陷进行回顾、反省和检查,分析研究组织所处的内外部环境,为组织变革做准备;第二,觉察问题:总结组织中存在的问题,明确进行战略转型的必要性；第三，辨明差距：将组织的现状与所期望的状态比较，进一步探明问题，发现差距，明确转型的方向；第四，设计方法：提出和评定多种备选方法，经过讨论和继续策略，作为选择；第五，实施转型：按照选定的方法进行变革的具体行动；第六，反馈效果：检查转型的成果，找出今后改进的途径，进而使变革过程又回到第一步。如此循环，以使组织不断地得到完善。

图9.1表明，从理论上来看，企业内外部环境因素以及管理的认知和行为都可能成为企业战略转型的重要动因。从战略管理和分析的基本框架来看，任何企业战略相关的因素都可能成为战略转型的动因，而其中较有实践代表性的战略转型的综合性动因有以下几类。

1. 企业外部环境的变化

比较重要的外部环境因素包括宏观社会经济环境的变化、产业管制政策、技术变动、竞争环境、产品生命周期、需求变化等。

（1）宏观社会经济环境的变化。宏观社会经济环境的变化，如经济体制改革，会彻底改变市场竞争的规则和产品价值的取向，从而会从根本上改变企业存在的使命和价值观，改变企业的战略姿态。党的二十大报告提出：要"加快发展方式绿色转型。推动经济社会发展绿色化、低碳化是实现高质量发展的关键环节。加快推动产业结构、能源结构、交通运输结构等调整优化。实施全面节约战略，推进各类资源节约集约利用，加快构建废弃物循环利用体系。完善支持绿色发展的财税、金融、投资、价格政策和标准体系"。因此，企业会改变自己的战略，进行相应的绿色转型。

（2）产业管制政策。国家对特定产业的管制手段和水平决定了其产业内企业生产与经营的基本模式以及竞争的格局和手段，因此管制政策的变化会在很大程度上影响企业的业务战略。例如当国家为特定行业设计的准入门槛降低时，会急剧增加行业内现有企业的竞争压力，从而导致企业的经营战略进行大幅度调整。

（3）技术变动。对很多产业而言，往往是技术决定战略。因此当整个产业的核心技术发生重大变化时，企业往往需要进行战略的调整来应对。技术变动对战略的影响往往最剧烈，也最具突然性。

（4）竞争环境。当产业整体的竞争环境发生变化时，如从价格竞争转向非价格竞争，企业的整体战略也需要变化。另外，当公司的竞争地位很强时，管理者可以假设战略方向是正确的，无须进行战略调整。而当公司竞争地位变弱时，企业会急需通过战略转型来提高其竞争地位。

（5）产品生命周期。一般而言，在产品生命周期的不同阶段，对战略转型的需求也会不同。在投入期和成长期，战略转型的需求较小，而在成熟期和衰退期，对战略转型的需求则较大。

（6）需求变化。需求变化以及消费者偏好变化直接影响着企业产品（或服务）的价值实现。消费者偏好与战略转型之间存在两重关系：一是企业必须适应消费者偏好的改变，进行战略转型；二是企业可以主动转变战略，引导消费者偏好朝有利于自身的方向转变。

2. 企业内部条件的变化

可能成为企业战略转型内部动因的要素包括企业高层管理团队、先前绩效、资源状况、专家意见等。

(1) 高层管理团队。由于企业的战略往往依附于企业高层领导的未来认知和个人能力,因此不同原因导致的管理层变动都可能导致战略转型。例如高层管理团队新成员的加入易带来新的战略思想或对环境新的认识而促进战略转型。另外,管理者价值观的改变也可能带来新的战略,并对战略转型提供长期和持久的推动力。一个组织要想改革和创新,首先要改变组织成员落后的思想观念。而要改变一般成员的价值观念,首先就要组织的领导者和管理者率先示范,发挥带头作用,坚决冲破一切阻碍发展的旧思想、旧观念,树立新的价值观。

(2) 先前绩效。企业的历史绩效不尽如人意也常成为其发动战略转型的重要动因。不佳的绩效持续时间越长,企业发生战略转型的可能性越大。但此种基础上的战略转型方向往往极具不确定性。

(3) 资源状况。企业运营所依赖的人、财、物、技术、信息等重要资源的变化,无论是积极的还是消极的,都会给企业现有战略的执行带来影响,从而导致企业进行战略调整。

(4) 专家意见。专家不一定是组织的固定成员,也不一定拥有正式的职务,但他们丰富和先进的知识、理论和方法,有助于他们对战略转型的意义、步骤和前景作出科学的分析和论证,从而大大提高战略转型的前瞻性、合理性、可行性、可操作性。

以上战略转型动因的作用发挥除了受自身状况的影响以外,还会受到以下几方面因素的调节作用,如企业的规模、年龄、先前战略、治理结构、所有权等。一般情况下,企业的规模越大,发生战略转型的难度就越大;企业年龄越长,发生战略转型的可能性就越小;如果治理结构呈现董事分散化的特点,业务战略转型就较易发生;外部所有权的增加也会加大战略转型的可能。

9.3.2 战略转型风险

从理论上来讲,企业关心的任何目标未达成、任何竞争优势丧失、任何形式的财务绩效下降都可以看作风险。企业在哪一方面有可能取得收益,就也有可能面临风险。因此,本节选择较具有代表性的战略转型风险——资源流失风险来进行分析。

扩展阅读 9.4 独具"酱"心,千禾芬芳:千禾味业的战略转型之路

1. 资源流失的影响

从企业内部来看,战略转型会推动组织变革,改变员工的工作内容、薪酬体系,会影响员工的职业生涯规划,会给员工的未来发展带来更多不确定性,这都可能引致人力资源等关键内部能动性资源流失。从企业外部来看,战略转型会带来产品变化,而新产品的市场接受度可能会不甚理想;会改变销售渠道,阻隔企业和现有客户之间的联系;会推动开拓新市场,降低对原有目标市场的投入和承诺水平等,这些都可能引致客户资源等关键外部能动性资源流失。总之,战略转型必然会对包括客户和人力资源在内的多种具备自身能动性的资源的存在环境和条件产生影响,从而带来资源流失。柯达的经营战略由传统业务向数字领域转型,更换产品标识面临品牌价值流失;东风汽车战略重点转向和日产合作导致技术人才的集体流失,这都是战略转型导致企业资源流失的典型表现。

资源流失对企业的负面影响显而易见,最先流失的员工往往是企业最优秀的员工,最

先流失的客户往往是最有价值的客户。据统计,重要岗位人才流失的再培训成本大概与此岗位的年薪相当,如果人才流向的是竞争对手,其直接损失可能是人才市场价格的三倍。更严重的是,人才流失可能进一步导致技术等资源流失。研究表明,每吸引一个新客户的成本是留住一个当前客户的 5～7 倍;企业需要支出 16 倍的成本才能把一个新客户培养成与当前客户具有同样盈利水平的客户。因此,实施战略转型的企业必然期望避免资源流失风险。

2. 资源流失的内容界定

一般情况下,只有具备主观能动性、企业缺乏对其直接控制力的资源才能流失。其中,人力资源、品牌资源和客户资源最具有代表性且得到了学者们的普遍关注,而且三类资源相互之间存在密切联系,因此可将以上三类资源作为主要分析对象。关于人力资源流失具体内容的界定,部分文献强调结合特定行业进行研究,较少进行类型划分;部分文献强调可依据范围标准和领域标准进行划分。前者常将人力资源流失划分为个人和集体流失两种情况,后者常将人力资源流失划分为销售人员和技术人员流失两种类型。从企业运营的实际状况来看,同时基于以上两个标准来进行人力资源流失类型划分更有意义。"品牌资源"亦被更多学者称作"品牌资产",但两者的实质内容没有差异,在后续论述过程中不对二者做严格区分。关于品牌资源的价值构成,从影响因素角度来看,主要包括品牌定位、品牌形象、产品质量、服务体系、知名度、忠诚度、品牌联想、品牌创新、渠道支持、品牌维护等;从利益相关者角度来看,涉及的利益相关者包括供应商、消费者、管理者、雇员、分销商等。关于客户资源流失的具体内容界定,国内相关研究多基于特定行业背景(如通信和银行),较少进行客户资源划分。

3. 资源流失过程

企业战略转型对三类资源的直接影响过程具有不同的机理。战略转型对人力资源流失的影响表现为:首先,战略转型会带来内部人员调整并导致缺乏统一的管理标准,造成管理上的混乱,致使员工形成过度抵触情绪,最后引致人力资源流失;其次,战略转型引致的企业发展前景不乐观、工作内容变化会导致人力资源流失;最后,战略调整产生的不确定性也会带来人力资源流失。战略转型对品牌资源的影响表现为:首先,如果企业进入和目前目标市场相关性很差的市场会损害企业的品牌形象,导致资源流失;其次,与战略转型相关的产品延伸等行为极易影响产品的品牌形象或者降低产品质量,甚至改变消费者的感情因素从而影响品牌价值,形成资源流失;最后,从品牌价值保持和维护的角度来看,与战略转型相关的产品标识变化、广告和沟通策略变化、管理高层变化等也容易造成品牌资源流失。战略转型对客户资源的影响表现为:一方面,与企业保持密切关系的供应商及销售渠道成员对竞争优势有重要影响,亦可看作一种重要的资源,因为企业战略的变化往往需要改变对供应商和渠道商的要求,从而可能失去优秀供应商和渠道成员,造成资源流失;另一方面,战略转型会通过以下三条路径导致客户满意度下降:公司产品的变化、渠道调整、企业人员流动,从而最终导致客户流失。

战略转型对资源流失的间接影响源于流失资源间的交互影响。就品牌资源流失环节而言,企业品牌或者产品品牌流失意味着品牌价值创造力下降,部分消费者满意度降低,可能造成客户流失。由于品牌关注者主要是消费者,所以一般情况下品牌流失与人力资源流失之间不存在直接关系。就人力资源流失环节而言,人力资源流失特别是销售人员流失会带来严重的客户流失,尤其对销售工业产品的企业而言。当然,人力资源流失不会对品牌价值流失产生直接影响。就客户资源流失环节而言,显然客户资源流失会从认知基础上影响企业的品牌价值,造成品牌价值流失。客户资源流失也可能导致营销人员由于先前工作经验和市场关系失效而流失,但影响程度较弱。

9.4 战略转型的实施

9.4.1 战略转型实施的基本前提

企业在决定进行战略转型之后,还需要对实施战略转型所必需的基本条件进行考虑,以保证战略转型的顺利实现。

扩展阅读9.5 李宁:战略转型之下的破茧成蝶

(1) 公司战略的共享程度。战略的共享程度比较高,说明员工对于企业战略的认同度高,意味着企业的战略能保持整体一致性,企业的各种战略决策容易得到员工的认同和支持。因此,战略决策的实施就会更加容易成功。但目前企业存在的普遍情况是,企业的战略活动往往被割裂封闭在高层,战略共享度低,即使依靠自己有战略洞察能力的领导人制定了正确的战略,也很难在企业中得到有效实施。

(2) 是否有组织结构支持。战略转型往往意味着要打破旧的组织结构,触及旧的组织部门的利益,这势必会招致组织各个部门的反对,这是影响组织变革成功与否的最重要的因素之一。因此,在变革之前,必须预测变革对组织结构的影响,是否在未来能够得到各部门的支持。

(3) 转型的设计是否包括早期的胜利。这会影响变革参与者的士气。无数变革失败的案例告诉我们,无论变革的远景多么令人向往,领导者如果不能把员工对未来的热忱很快转化成近期可以实现的结果——早期的胜利,员工不能从变革中看到自身的更好发展的机会,看不到变革的希望,他们的激情将很快流失,挫折感就会越积越多。变革的过程是一个马拉松式的漫长过程,要想鼓励员工不断地参与到变革工作中来,就需要将未来的胜利分为若干阶段。

(4) 是否调整了日常的活动。变革意味着原有的日常活动会被打乱,计划、组织、协调、创新、决策等日常管理活动都有可能被重新调整和安排。变革之前,领导者要考虑变革会涉及哪些日常管理活动的调整,调整的幅度有多大。

(5) 能否有效排除障碍。毫无疑问,变革将会面临重重障碍,如果不能准确地预测到这些障碍并采取有效的计划和对策给予排除,组织变革很可能半途而废,功亏一篑。因此,考虑实施变革之前,组织的领导者先要清楚是否有足够的能力去排除未来可能的障碍。

(6) 是否有象征性的活动支持转型。通过举办一系列象征性的活动,来奏响变革前奏。这样可以鼓舞员工的士气,使其对变革后的胜利充满憧憬,为日后的变革塑造一种相配合的氛围。

（7）沟通是否成为转型过程中不可缺少的组成部分。由于变革期间充满了不确定性甚至不安定，人际关系处于紧张状态，如何成功地做好人际沟通是领导者有效应对变革的一项至关重要的措施。通过沟通，大家分享情报资料，不仅带来相同的认识，而且在组织成员中形成一种感觉，即他们在计划变革中发挥着作用，从而使所有员工都有责任感。通过沟通也可以改变员工对变革的错误认识，从而降低变革的阻力。

9.4.2 战略转型实施的基本过程

美国心理学家库尔特·卢因(Kurt Lewin)认为，成功的转型和变革要对现状予以解冻，然后变革到一种新的状态，并对新的变革予以冻结，使之保持长久。卢因提出了一个包含解冻、变革、再冻结三个步骤的有计划组织变革和战略转型模型，用于解释和指导如何发动、管理和稳定转型过程。

1. 解冻——创造转型动力

这一步骤的焦点在于创设变革的动机。鼓励员工改变原有的行为模式和工作态度，采取新的适应组织战略发展的行为与态度。为了做到这一点，一方面，需要对旧的行为与态度加以否定；另一方面，要使干部员工认识到变革的紧迫性。可以采取比较评估的办法，把本单位的总体情况、经营指标和业绩水平与其他优秀单位或竞争对手一一加以比较，找出差距和解冻的依据，帮助干部员工解冻现有态度和行为，迫切要求变革，愿意接受新的工作模式。此外，应注意创造一种开放的氛围和心理上的安慰，减少变革的心理障碍，提升变革成功的信心。

2. 变革——指明改变的方向

变革是个学习过程，需要给干部员工提供新信息、新行为模式和新的视角，指明变革方向，实施变革，进而形成新的行为和态度。这一步骤中，应该主要为新的工作态度和行为树立榜样，采用角色模范、导师指导、专家讲演、群体培训等多种途径。卢因认为，变革是个认知过程，它由获得新的概念和信息完成。

3. 再冻结——巩固变革成果

再冻结阶段，利用必要的强化手段使得新的态度与行为固定下来，使组织变革处于稳定状态。为了确保组织变革的稳定性，需要注意使干部员工有机会尝试和检验新的态度与行为，并及时给予正面的奖励和强化；同时，加强群体变革行为的稳定性，促使形成稳定、持久的群体行为规范。

9.4.3 战略转型的实施路径

实施路径在管理的不同层次具有不同的内涵，以企业的业务战略转型为例，从战略层面（不包括组织层面）来看，其涉及的实施路径如下。

1. 发展新业务

（1）内部培育。内部培育即新业务从种子期到培育期再到成长期完全依靠企业自身资源和能力。采取该方式的企业可以在一定程度上实现对新业务发展的全程控制,且企业能较早预测转型的必要性和可行的转型方向。这种转型方式蕴藏较高的失败风险,相应的转型成本也较高。但同时该方式对于培育转型后所应具备的企业核心竞争力非常有利,该方式往往适合于那些具备较强资源和能力的大型企业实施战略性扩张,并且新建业务与现存业务存在着较强的关联性。

(2) 并购。随着资本市场尤其是证券市场的不断发展以及大量新型企业的不断诞生,并购已经成为企业尤其是上市公司进行资产重组和实现企业扩张的一种最为流行和广泛的方式。鉴于资产重组往往是企业实现业务转型的重要手段,因此从这个角度来讲,并购也就成为企业实现业务转型的一种重要方式。无论是兼并还是收购,对于并购方来讲,通过并购活动的完成,都可以在短时间内获取先前不具有的相应资源和业务。因此,这对于寻求业务转型的企业来说,若为了能较快地抢占市场先机,且市场上也存在相应可并购对象,则可选择此路径。

(3) 联盟。联盟尤其是战略性联盟,是 20 世纪 70 年代以来,随着全球竞争的日益加剧,企业间广泛采用的一种合作发展模式,尤其是在新市场拓展、新技术开发等方面应用得最为普遍。采取该方式,合作双方可通过"资源共享、优势互补"实现双赢,同时还可共担风险。因此,对于那些寻求业务转型的企业来说,在转型初期阶段可以通过与其他企业进行"联盟"来共同促进新业务的培育、成长,尤其是那些资源和能力比较匮乏的企业,更是可通过"联盟"促进"转型",进而实现跨越式发展。

2. 旧业务退出

(1) 剥离。剥离是企业用得较多的一种业务退出方式,具体包括出售、分离和置换三种方式。剥离又可以分为主动剥离和被动剥离两种。其中,出售是指将某业务直接卖给某购买方,实际上往往是通过相应资产出售来实现其对应业务退出的。分离与出售类似,也是将企业某业务及相关资产转让给其他企业的行为,但是与出售不同的是,它还包括相应的人员分流,这主要发生在该业务是作为企业的一个子公司或分公司独立存在的情况下。置换是指企业以优质资产或现金交换企业的呆滞资产,或以主营业务资产交换非主营业务资产等情况。

(2) 战略性暂时停业。战略性暂时停业是一种"业务储存"策略,并不意味着一定要实质退出。这往往指那些具有较强周期性波动的业务,这类业务并不属于处在"夕阳行业"中的业务,而只是暂时性衰退,待宏观经济好转,其又会恢复其成长势头(如中国的钢铁行业、房地产行业)。因此,对于这类业务,企业可以暂时停止对其投资甚至是停止经营,而等到其好转时再继续经营。

(3) 收割。收割也是企业对处于衰退行业的业务普遍采用的一种"退出"方式,该方式与剥离不同,其退出是渐进的,最后让该业务在企业中自然消失。因此,该方式往往对那些已实质性进入衰退期的业务比较合适,企业可以采取相应策略但不对其进行再投资,而且应尽量把其"榨干",以最大限度地收回先前"投资"。

9.4.4 企业战略转型的支撑条件

战略转型不能在真空中进行,它必须在一定的支撑条件下实施。为保证战略向预定

扩展阅读 9.6　一碗河南味儿能否坚守？

的目标转型，企业必须创造出适合的环境——一个能够推动与支持战略转型的体制环境。只有当组织结构、激励、人力资源政策与文化得到改变和协调时，战略转型才能顺利实现，这四个因素构成了战略转型的体制环境，如图 9.2 所示。

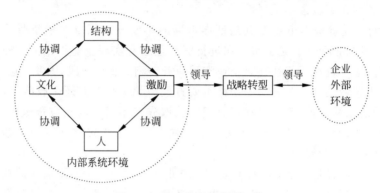

图 9.2　战略转型的体制环境

1. 有效的战略转型领导者

有效的战略转型领导者为企业战略转型提供愿景、方向和动力。战略领导的作用领域遍及战略转型的一体化过程。战略领导能力具体表现为对环境变化及趋势、组织存在的问题、潜力、优势与劣势及其转化的洞察力、应变能力和对企业运行的控制能力。组织变革过程中需要有一批人尤其是高层管理者坚定地拥护组织变革，支持组织变革的管理者权力越大，组织变革成功的可能性越大。因为只有组织的高层领导才能最清楚地告诉员工组织变革的重要性和必要性。组织的最高领导层不能仅仅确定组织变革将要达到的目标，为了实现组织变革的目标，他们还应该规划并管理变革过程。只有这样，才能在表明变革的重要性的同时有助于变革目标和变革过程间的协调统一。组织变革要成功，必须保证各领导层不仅在思想上支持变革，更在行动上与组织变革保持一致。因此，企业还应当适当地改变企业的制度，如绩效考核、绩效管理和薪酬制度，以强化和鼓励领导者支持改革。组织的领导者负责向所有的高管陈述变革的目标和理由。每个高层管理者都要从整体利益来理解他们在组织转型中的角色，而不是只关注自己负责的部门或业务相关的那一小块。这要求每个人都跨出自己的领域，从自己日常执政的工作中心走出来，因此合理的激励很重要。战略领导能力从以下几个方面对企业战略转型提供支持：首先，领导者需要定位战略转型的愿景、使命和目标，并将这些关键要素传达给企业不同层级的管理人员，使其在企业全体员工的头脑中生根、发芽。其次，领导者必须从高层管理团队开始开发人力资本。在动态和复杂的竞争环境下，转变战略需要由不同的人组成的管理团队来操作。具有不同专有经验和知识的高层管理团队更有可能迅速地识别环境变化和改变战略方向。最后，领导者必须培养管理人员的非线性的思维能力。非线性思维隐含着对不同的并且可能是矛盾的信息进行概念化的能力。这些能力的整合为组织提供了战略柔性和竞争优势的源泉。

2. 组织结构及人力资源

首先,有效的组织结构规定了各个层次管理者分配和使用企业资源的权力,确立了必要的管理控制权限,从而明确企业各个管理人员各自的职责,有利于组织内部建立起管理控制秩序。其次,有效的组织结构规定了企业内部各单位、各岗位之间的分工合作,从而能够增强全体员工协作完成企业目标的可能性。最后,有效的组织结构规定了企业内部各单位、各成员之间的联系沟通渠道,从而确保企业各类信息准确、快速传递,有利于提高企业的应变能力。

战略转型的主体是人,企业要通过人力资本的开发为战略转型创造条件。选择与聘用、业绩考核与评价、报酬与补偿、培训与开发等必须能为战略转型提供推动力。企业中的人必须具有在新竞争环境中进行战略转型所需要的知识和技能。为此,必须对人力资源开发进行大量的投资,这种投资是获取动态核心能力和促进组织学习所必需的。例如,英特尔(Intel)公司是对人力资本投资较高的企业之一,它提供免费的员工自愿发展项目(例如语言培训、技能培训),很多英特尔公司的员工利用了这些机会,后来当英特尔公司的某些业务遇到需求衰退时,它能够将90%的员工派到其他(通常是新的)业务部门,这主要是因为员工从自愿开发项目中获得了新的技能。可见,开发人力资本有助于创造战略动态转换的条件。

3. 激励

战略转型必须经过全体员工的齐心努力才能实现。然而,除非员工明确战略转型带来的"收益",否则他们很可能并不积极和乐于为既定的新战略而努力。激励是战略转型实施过程中极为关键和困难的问题。战略所需要的变化越大,有效激励起的作用就越重要。管理者必须广泛地考虑激励,为良好的绩效制定货币和非货币的奖赏。激励在整个战略转型过程中要灵活地应用,因为在转换过程中目标可能发生变化,激励也就随之改变。高层管理者必须在同时适应目标和激励中具有柔性,以确保转换战略尽可能有效地实施。

激励机制与企业文化存在密切联系。在战略转型的实施过程中,以员工价值观念为核心的企业文化创造了一种内部"长期环境",在根本上制约了短期激励机制的形成、运行及其显效。短期激励机制以企业活动或战略实施过程中的短期变动为关注对象,会直接影响企业员工的日常士气和处理问题、应付变化的方式。短期激励机制既可作为企业文化的表现"窗口",又不断地积累,为企业文化补充新的内涵,并最终导致旧文化的质变。企业文化与短期激励机制"长""短"结合,为企业战略转型的实施提供支持。

4. 文化

战略转型方案制订出来以后,可以利用企业文化所具有的导向、约束、凝聚和激励等功能,统一员工的思想和行为,共同为有效地贯彻新战略而努力。但是,在许多情况下,企业文化表现为与战略的转换不相适应。这是因为企业文化具有刚性和惯性,它难以迅速对战略的变化作出相应的变革。此时,原有的文化就可能成为战略转型的障碍。因此可以说,企业内部新旧文化的更替和协调是战略转型成功的保证。

5. 资源和能力

企业资源理论和能力理论都认为企业资源和能力既是其生存与发展的重要基础及动力源,也是其发展的主要约束。因此,对拟进行战略转型的企业来说,资源和能力状况不仅决定了转型空间的大小,也决定了可选择的转型途径。例如对于新业务拓展来说,若企业具有较多的富裕资源和能力,可采用基于内部和外部的多种方式;但若企业资源和能力匮乏,则只有选择联盟。

结尾案例

本章小结

(1) 企业不可能长时间地维持在一种状态之中,必然要面临战略转型。战略转型不仅表现为观点、定位、策略的变化,而且表现为结构、资源、组织的变化。战略转型的特性主要有不确定性、前瞻性、连续性、多样性。

(2) 战略转型的特征包括五个方面:战略转型的幅度、战略转型的速度、战略转型的计划性、战略转型的方向和组织角度的战略转型特征。由于战略转型的特征不是单一的,因此战略转型的分类方式也不是固定的。战略转型主要通过战略转型的特征以及战略转型内容的具体差异而进行分类。

(3) 战略转型的基本过程要素有六类:①环境条件和变化;②组织条件和变化;③管理认知;④管理行为;⑤战略转型过程;⑥组织绩效。企业内外部环境因素以及管理的认知和行为都可能成为企业战略转型的重要动因。从战略管理和分析的基本框架来看,任何企业战略相关的因素都可能成为战略转型的动因,而其中较有实践代表性的战略转型的综合性动因是来自外部环境的变化(包括宏观社会经济环境的变化、产业管制政策、技术变动、竞争环境、产品生命周期、需求变化等)和企业内部条件的变化(包括高层管理团队、先前绩效、资源状况、专家意见等)。

(4) 战略转型也会面临重大的风险,本章选择较具有代表性的战略转型风险——资源流失风险来进行分析。只有具备主观能动性、企业缺乏对其直接控制力的资源才能流失。流失资源包括企业的内部有形资源、内部无形资源,外部资源当中的人力资源、品牌资源、客户资源。这些资源的流失会造成企业竞争力的下降。

(5) 企业在决定进行战略转型之后,还需要对实施战略转型所必需的基本条件进行考虑,以保证战略转型的顺利实现。这些基本条件包括公司战略的共享程度、是否有组织结构支持、转型的设计是否包括早期的胜利、是否调整了日常的活动、能否有效排除障碍、是否有象征性的活动支持转型、沟通是否成为转型过程中不可缺少的组成部分。

（6）美国心理学家卢因提出了一个包含解冻、变革、再冻结三个步骤的有计划组织变革和战略转型模型，用于解释和指导如何发动、管理和稳定转型过程。解冻是要创造转型的动力，焦点在于创设变革的动机。鼓励员工改变原有的行为模式和工作态度，采取新的适应组织战略发展的行为与态度。变革是要为转型指明改变的方向，是个学习过程，需要给干部员工提供新信息、新行为模式和新的视角，指明变革方向，实施变革，进而形成新的行为和态度。再冻结是要巩固变革成果，必须利用必要的强化手段使得新的态度与行为固定下来，使组织变革处于稳定状态。

（7）战略转型的实施路径主要有发展新业务和旧业务退出两种路径。发展新业务的战略转型路径包括内部培育、并购和联盟三种。旧业务退出的战略转型路径包括剥离、战略性暂时停业和收割三种。

（8）战略转型不能在真空中进行，它必须在一定的支撑条件下实施。这些条件具体包括有效的战略转型领导者、组织结构及人力资源、激励、文化、资源和能力。

 即测即练

第 10 章 国际化战略

本章学习要点

1. 了解经济全球化引发的管理变革。
2. 理解国际化战略的内涵和特点。
3. 理解钻石模型的四种属性。
4. 简述国际化战略的动机和收益。
5. 掌握四种国际化战略的内涵、战略重点以及适用情况。
6. 掌握进入国际市场的五种模式及其优缺点。
7. 了解国际化战略面临的风险与挑战。

开篇案例

10.1 全球竞争与国际化战略

10.1.1 全球化趋势

20世纪80年代以来,特别是进入90年代,伴随着经济全球化的进程加快,跨国企业的资本多极化流动加剧,投资形式多样且丰富,国际化战略日益成为战略管理领域的重要内容。经济全球化体现的是世界经济不断整合、紧密关联的总体趋势,是在全球范围内各种贸易与生产要素大规模流动和配置的基础上凸显出来的,即各国之间在经济上的互相依赖日益加深,经济活动跨越国界,通过对外贸易、资本流动、技术转移、提供服务、相互依存和相互联系而形成全球范围的有机经济整体。经济全球化包括生产全球化、贸易全球化、金融全球化、投资全球化、区域性经济合作等,是当代世界经济的重要特征之一,也是世界经济发展的重要趋势。

扩展阅读 10.1 披荆斩棘之路——华为的国际化历程

党的二十大报告指出："依托我国超大规模市场优势，以国内大循环吸引全球资源要素，增强国内国际两个市场两种资源联动效应，提升贸易投资合作质量和水平。稳步扩大规则、规制、管理、标准等制度型开放。"

经济全球化是当今世界经济和科技发展的产物，在一定程度上适应了生产力进一步发展的需要，对不同国家都产生了越来越重要的影响，也在很大程度上改变了企业经营管理的环境与战略管理的理念，具体表现在以下几个方面。

1. 全球竞争的观念日益强化，产业边界不再止步于国家边界

经济全球化的深入发展必然推动企业的国际化转型，要求企业摒弃传统观念，以全球化战略眼光考量内外部环境并进行相应的战略部署和决策。随着经济全球化的不断深入，企业的经营更加强调国际化，战略重点逐步由局部性单一市场、机构或部门的盈亏转向对长期、整体和均衡利益的追求。以跨国公司为代表的高度国际化企业在国际贸易、跨国投资以及全球产业竞争中所扮演的角色日益突出。

2. 逐步构建全球价值链和全球生产网络，实现竞争优势

在全球竞争的格局下，企业倾向于将生产运营的各个环节分布在具有技术、资源、劳动力和市场优势的世界各地，形成基于全球价值链的高效分工体系，并在全球范围内配置、整合和协调各种战略资产与资源。

3. 组织结构的设计、变革与重构面临挑战

随着企业参与全球竞争的程度加深，环境不确定性会通过复杂性和动态性两方面对跨国企业的组织结构设计、调整与变革施加压力。环境的复杂性对组织结构的压力主要体现在经济复杂性上。经济环境越复杂，企业需要设置的岗位就越多，以此来实现对大量外部环境信息的处理与反馈。此外，企业的跨国扩张需要进一步提高组织结构设计的科学性和合理性、资源利用效率以及部门间的协同效率，这也是管理者需重点解决的问题。环境的动态性要求企业的组织架构更具柔性化的特征。随着企业国际化程度不断提高、业务范围不断拓宽，其面临的外部环境的动态性随之增强，如果继续通过刚性组织结构进行生产和经营，则会大大降低企业国际化战略的效率。因此，企业需要对组织结构进行柔性化改造，使之适应海外经营环境动态性的要求，从而实现母公司全盘调控与海外子公司局部独立灵活的平衡。

4. 全球组织学习面临挑战

跨国企业的创新能力和学习能力是其竞争优势的重要来源，主要体现为对先进技术、管理经验以及优质人力资源的吸收与整合，承担相应的知识学习成本，继而提高生产经营效率和价值。然而，复杂多变的国际市场环境对企业建立适宜的组织学习与创新模式提出了挑战。全球化环境下知识学习过程存在巨大风险，复杂的环境往往会降低知识利用的效率与产值。尤其是处于相对竞争劣势的发展中国家的跨国企业，即使承担了高昂的学习成本，也未必能获得必要的知识和经验，这不仅会影响到企业的正常经营效率，甚至可能带来巨大的战略风险。

10.1.2 国际化战略的内涵及特点

国际化战略是指企业通过在本国市场以外销售产品与服务,将业务扩展至更多国家,并与其他国家的企业进行竞争的战略。企业的国际化战略是企业在国际化经营过程中的发展规划,是跨国企业为了把企业的成长纳入有序轨道,不断增强企业的竞争实力和环境适应性而制定的一系列决策的总称。国际化战略将在很大程度上影响着企业的国际化进程,决定着企业国际化的未来发展态势。

从战略管理的核心内容和要素来看,国际化战略实质上是企业以更加广阔的全球战略视野来规划自身的产品与市场范围、增长向量与成长方向、竞争优势和协同作用,是跨国企业一系列战略决策的结果,同时也是制定中长期计划的依据。

具体来说,国际化战略具有以下几个特点。

1. 系统性与纲领性

跨国企业的国际化战略往往以全球市场为目标,从全球竞争态势出发来统筹投资、生产、营销以及研发等经营管理活动,即跨国企业为进入海外市场制定的国际化战略并非局部性的战略或战术,而是体现该企业开拓海外市场的整体性和系统性的目标体系,包含对企业行为的原则性规范和要求,同时更加强调对企业国际竞争力以及整合战略系统的效率、效果的全面提升,更加注重全球战略利益最大化和战略资产、战略资源的系统整合。

2. 风险性

参与海外竞争需要跨越多种文化系统,需要在全球范围内配置资源,所面临的是比国内环境更为复杂的不确定性,不易控制的因素和变量大大增加,从而使国际化战略决策的风险增大。

3. 动态性与柔性

由于跨国企业所面临的外部市场环境具有较大的不确定性,其国际化战略结构往往更倾向于柔性,能够根据外部环境的变化及时进行相应的战略调整,保证跨国企业内外部关系始终保持协调统一,使企业始终在国际市场中占据较为有利的战略地位。

10.1.3 国际竞争优势的获取——钻石模型

实施国际化战略的企业必须具备全球竞争力,一个企业所在的国家对其在全球市场上的竞争地位有着非常重要的影响。在一个关于国家竞争优势的研究中,迈克尔·波特提出了影响企业全球竞争力的国家或地区环境应具备的四种属性,即企业的全球竞争力受到国家竞争优势的影响,并受到这四种属性的限制。波特将这四种属性列为钻石模型的组成部分,如图10.1所示,并指出一个国家的企业在这四种属性都较为出色的产业或战略群组中最可能成功。此外,钻石模型中的属性形成了一个相互加强的体系,一种属性的效果取决于其他几种情况。

1. 要素禀赋

要素禀赋即生产要素的成本和质量,是某个国家在某个产业可能具有竞争优势的主

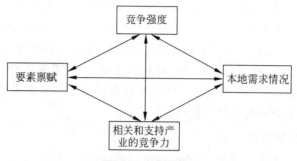

图 10.1 钻石模型

要决定因素。生产要素可分为基本要素和高级要素两种,基本要素包括土地、劳动力、资本、原料等,高级要素包括基础设施建设、技术知识、高水平管理等。波特认为,高级要素对竞争优势具有更重要的作用。

2. 本地需求情况

本地需求情况是对某一产业产品或服务的本地需求,本地需求越成熟,产品要求越苛刻,越有利于国际竞争。企业一般对与它们最为密切的顾客的需求最为敏感。因此,本地需求的特点对形成国产商品特性、创造企业创新和提高质量的压力特别重要。如果一个国家的企业所面对的国内消费者见多识广、需求旺盛且能促进本地企业达到高水平的产品质量和生产创新性产品,则这些企业更能在国际市场上获得竞争优势。

3. 相关和支持产业的竞争力

在一个产业内获得国家优势的第三个必备属性是拥有国际竞争力的供应商和关联辅助产业。一个产业的相关和支持产业对高级生产要素投资所获得的利益可以溢出到该产业,从而帮助其获得较强的国际竞争地位。

4. 竞争强度

国内企业的战略、结构和竞争强度是获得国家优势的第四个属性,包括两个方面:一是管理意识形态,不同的国家以不同的管理理念相区别,其管理理念或许能够帮助其建立国家竞争优势;二是国内竞争情况,激烈的国内竞争有助于推动企业的创新和效率提升,从而更加有益于国际竞争。

10.2 国际化战略的主要收益

有效地实施一项或多项国际化战略可以为企业带来如下几种主要收益,这些收益将促进企业获得战略竞争优势。

扩展阅读 10.2 鸿星尔克的走出去

1. 扩大市场规模

市场吸引力是跨国企业国际扩张的主要动力之一,当前以及潜在市场需求与规模会直接影响投资的预期收入,因此对海外直接投资决策有显著影响。寻求和占领更广阔的海外市场是企业国际化经营最普遍和最重要的动机。

经济一体化为企业带来发展机遇,由于贸易与投资自由化的发展,许多受国家保护的市场被进一步开放。企业将其地理目标范围由母国逐渐扩大到其他国家后,消费者人数必然会大幅度增加,绝对购买力水平会提升。当母国所在的市场规模狭小或某类产品持有量日趋饱和时,企业往往表现出强烈的对外扩张倾向,以求拓展新的客户群体,扩大潜在市场规模,在本国以外的市场上建立强有力的市场地位。一般来讲,国际市场规模越大,潜在回报越高,企业投资的风险越小。

2. 延长产品生命周期

根据国际产品生命周期理论,一个企业的国际化可以分为三个阶段:新产品阶段、成熟产品阶段和标准产品阶段。当产品发展到一定阶段时,企业就会采取国际化战略,以便获得更高的投资回报率。同时,技术的发展越来越快,产品的生命周期不断缩短。当某产品在相对发达地区已经进入成熟期或者衰退期时,将其引入欠发达地区可以充分延长该产品及生产线的生命周期,在初始投资固定的条件下,使企业获得更高的投资回报。

3. 实现规模经济和学习效应

通过国际扩张增加参与竞争的市场数量,企业可以享受到规模经济带来的成本节约,提高盈利能力,尤其是在生产运营方面。更广泛地说,企业能够不断地进行过程改进以强化降低成本的能力,同时有可能增加顾客的价值。

国际化战略带来的规模经济可能有以下几个来源:第一,通过在其全球销量中分摊与开发新产品、设立生产机构等相关的固定不变的总成本,企业可以降低其单位成本。第二,服务于全球市场,企业使用生产部门的强度可能会更大,从而导致更高的产量、更低的成本和更强的盈利能力。第三,由于在全球销售产品扩大了经营规模,企业对供应商的议价能力会有所提高,这可能会降低其关键投入的成本从而提高利润。

除了规模经济带来的成本节约,将产品销向全球市场而不是国内市场的企业,可能会通过学习效应实现更长远的成本节约。将产品销向全球市场,企业销量可能会迅速提高,因此累积生产产量也会提高,这会导致更快的学习、更高的员工生产效率以及相对于因缺少国际市场而发展缓慢的竞争者的成本优势。另外,企业在国际市场上的运营为其创造了更多的学习机会,尤其是对于研发活动,而研发能力的提高又可以进一步推动创新,这对于企业的长期发展而言是十分关键的。

4. 实现区位经济

区位经济是企业在最合适的地区开展价值创造活动而带来的经济利益。将价值创造活动定位在最适合该活动的地区可以产生以下两种效果之一:①可以降低价值活动的成本,从而帮助企业实现低成本定位。②可以实现产品差异化。可见,实现区位经济的努力与低成本和差异化的业务层战略是一致的。理论上,将各个价值创造活动安排在相应的最优地区的企业相比于将所有价值创造活动集中在一个地区的企业拥有更强的竞争能力。这样的企业比单一地区的竞争对手能更好地实现产品差异化,降低成本结构。需要注意的是,虽然在价值创造活动中直接相关的成本很重要,但在选址时也必须考虑到交通运输成本和贸易壁垒。此外,在选址时估计政治和经济风险也是尤为重要的。即使一个国家在衡量其成本或差异化标准时对生产部门选址来说非常具有吸引力,但如果该国政府不够稳定或者似乎想要贯彻不适的政治经济政策,则生产部门的选址不适合在该国家。

10.3 国际化战略的选择

10.3.1 降低成本压力与地区响应压力

在国际市场上竞争的企业会面对两种竞争压力:降低成本压力以及地区响应压力。这两种竞争压力对企业提出了相互矛盾的要求。一方面,降低成本压力要求企业使其单位成本最小化。为实现这一目标,企业可能不得不将其生产活动安排在成本最低的地区,同时向全球市场提供标准化的产品以此实现规模经济和学习效应带来的成本节约。另一方面,地区响应压力要求企业顺应由于消费者口味和偏好、商业习俗、分销渠道、竞争状况和政府政策等方面的国家间差异而形成的多样化需求,差异化其产品和营销策略。国家间的差异化将导致大量的重复建设以及缺少产品标准化,因此成本会上升。

扩展阅读10.3 海尔集团的走出去

1. 降低成本压力

由于全球性的竞争压力,成本降低通常是大多数国际企业所面临的重要问题。为了回应这些压力,企业必须尝试降低价值创造的成本。例如,企业为了实现规模经济和区位经济,可能会在最佳地区大量生产一种标准化产品,或者将某些职能外包给低成本的外国供应商,以期降低成本。

商品型产品的制造产业,非价格因素上有意义的差异化十分困难,在这种情况下,价格是主要的竞争武器,降低成本的压力会尤其强大。服务于普遍需求的产品就属于这种情况。当不同国家消费者的口味和偏好相似或者相同时就存在普遍需求。此外,在主要竞争者位于低成本地区的产业,在生产能力持续过剩的产业,以及在消费者较为强势且转换成本较低的产业,降低成本的压力也很强大。

2. 地区响应压力

消费者口味和偏好、基础设施和传统习俗、分销渠道的不同以及东道国政府的要求造成了地区响应压力。这一压力要求企业在国与国之间差异化其产品和营销策略以适应这些因素,而这些因素都倾向于提高企业的成本结构。

1)消费者口味和偏好

由于不同的文化、环境以及经济发展程度的不一致,不同国家的消费者的口味和偏好可能存在显著差异,此时强大的地区响应压力就会出现。在这种情况下,跨国公司的产品和营销信息必须定制以满足不同地区消费者的口味和偏好。

2)基础设施和传统习俗

国家之间基础设施和传统习俗的不同也会产生地区响应压力,从而有了定制产品的需要。

3) 分销渠道的不同

企业的营销策略不得不去适应国家间分销渠道的不同,可能有必要将营销职能委托给企业的海外子公司。

4) 东道国政府的要求

东道国政府强加在企业身上的经济和政治需求可能会产生地区响应的要求。

10.3.2 选择一个国际化战略

协调降低成本压力和地区响应压力,是企业在国际竞争中的主要战略目的。根据这两个维度,可将国际化战略分为全球战略、跨国战略、国际战略和本土战略四种战略态势,如图10.2所示。

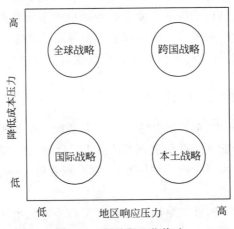

图 10.2 四种国际化战略

1. 全球战略

企业全球化经营战略是指在不同国家的市场中,销售标准化的产品并由企业母国总部制定全球统一的竞争战略。该战略意味着降低成本的需求较高,而地区响应的压力较小,其核心是在不同国家的市场上销售标准化程度较高的产品,通过大规模生产降低单位产品成本来获得全球性经营效率。换言之,全球战略实质上是在全球规模上实施成本领先战略,利用其成本优势来支持在世界市场上的侵略性定价。

实行全球战略,前提是存在全球性市场,并能开发和生产出满足全球性市场需求的全球产品。由于企业假定全球的顾客具有类似的需求,因而向所有顾客提供相同或本质上相同的产品,从而使企业实现规模经济。因此,全球战略更加适用于不同市场和顾客的需求没有明显差异的情况。

全球经营战略由母公司统一控制,故而可在一定程度上避免在本土化经营中可能出现的业务单元各自为营的局面。但是,这类经营会由于产品的标准化而忽略提供满足当地市场需求的产品的机会,也会由于跨国间协调管理的时效性而对当地市场的反应变得迟钝。

2. 跨国战略

鉴于全球竞争的加剧,以及同时实现低成本和高产品差异化的压力,企业必须尽其所能去回应降低成本压力和地区响应压力才能生存,因此,越来越多的企业开始寻求采用跨国战略。跨国化经营战略是指企业寻求同时实现高效的全球化和敏捷的本土化市场反应的一种战略,是能够同时保证企业获得低成本和差异化优势的最佳选择。实施跨国战略的企业试图从全球产量中实现区位经济和规模经济,在企业内部转移特殊竞争力和技术能力,同时要注意到地区响应压力。

当企业面临的降低成本的压力以及地域差别的压力都很高时,采用跨国战略是最适宜的。然而,实施这一战略并不容易,地区响应压力和降低成本压力对企业提出了互相矛盾的要求。企业需要在全球范围内进行协调和合作,并且给予海外子公司充分的本土化市场运作权力。实施跨国战略,关键是能创建一个把相关的资源和能力联系在一起的网络,使得母公司与子公司、子公司与子公司之间形成双向的联系。跨国战略能够使企业充分发挥经验曲线效应,积极响应本土顾客,提供差异化产品,并在全球化学习中获益,但面临更高的组织要求和管理要求。

3. 国际战略

国际战略是垄断地位的企业在国际中的战略,这些企业不需要面对降低成本与地区响应的压力,换言之,它们销售普通产品,但却依旧没有竞争者。采用国际战略的企业将自身有价值的企业竞争力转移到缺乏这些竞争力的外国市场,把在本国开发的各种不同的产品推向新的国际市场,从而创造价值。相应地,这些企业把产品开发功能放在本国进行,目的是在世界范围内通过充分利用母公司的创新能力和开发出的技术获取更多利润。因此,国际战略的侧重点是通过全球范围的技术扩散和适应性调整,利用母公司的知识和技术能力来展开跨国经营活动。该战略的核心是确定如何使母公司不断地保持技术更新能力和开发能力,在产品生命周期的哪个阶段通过跨国经营方式把技术、产品或设备转移到国外,转移到哪些国家更有利于跨国经营的发展。

通常情况下,如果企业拥有国外企业不具备的有价值的核心能力,并且所面临的地区响应压力和降低成本压力均较小时,选择国际战略是较为有利的。在这种情况下,国际战略能够给企业带来丰厚的利润。然而,当地区响应压力较大时,选择国际战略的企业可能会输给那些更加重视产品和营销战略本地化的企业。不仅如此,由于生产设施的重复性建设,采取国际战略的企业将付出更高的经营成本。因此,当成本压力较高或地区响应压力较高时不适合采取国际战略。

4. 本土战略

本土战略又称多国战略,是指企业将战略和经营业务的决策权分配到海外市场的各个战略业务单元,由这些业务单元向当地市场提供更加本土化的产品。本土战略需要企业对每个市场的异质需求的反应最大化,由于各个国家、地区的客户需求、社会文化、政治经济环境、法律制度以及行业状况(竞争者的数量和类型)等各不相同,因而为满足当地顾客的特殊偏好,企业需要对各个国家或地区的管理者授权,以使企业的产品更加个性化和多元化。企业实施各个业务单元的本土化经营是最大化响应顾客需求的经营模式,能够对市场需求作出快速准确的反应并最大限度地满足不同顾客的需求和偏好。

采用本土战略的企业致力于最大限度地顾及各国的差别,通过提高对各东道国的经营环境和市场需求的适应能力,提高在国外市场的占有率和销售收入。与国际战略型企业相同的是,本土战略型的企业也倾向于把在本国所开发的技能和产品向海外市场转移。不同的是,采用本土战略的企业广泛地调整它们的产品和营销战略,使之适应各国不同的情况,同时还倾向于在有业务的主要国家建立一整套的价值创造活动(包括生产、营销和研究与开发等)。因此,本土战略的核心内容是确定各国市场的需求特征,生产什么样的产品才能满足各国市场的需求,怎样从组织结构、决策机制、人力资源、经营方式等各方面提高子公司对各国市场的适应能力等。

当企业服务的市场和顾客间存在显著的区别且降低成本压力较小时,采取本土战略较为合适。通过使产品供应适应本地需求,企业能够扩大自身在当地市场的份额,提高产品在当地市场的价值。然而,不利的一面是,由于牵扯到一些职能部门的重复设置和生产线的缩短,客制化服务限制了企业通过大规模生产标准化产品供应全球消费来降低成本的能力,并且不同文化中的企业管理可能会消耗企业很多精力。然而,如果地区客制化服务增加的价值支持较高的定价,或者客制化服务带来地区需求大幅增长从而使企业能够通过在地区市场实现规模经济来降低成本,则本土战略仍然是有效的。

表10.1列出了四种国际化战略的主要特征。

表10.1 四种国际化战略的主要特征

特征	全球战略	跨国战略	国际战略	本土战略
战略侧重点	通过集权、全球规模的经营,建立成本优势	同时建立全球效率、经营灵活性和世界范围内的学习能力	通过全球范围的技术扩散和技术性调整,利用母公司的知识和能力	依靠企业家的开拓能力,提高东道国子公司的自主经营灵活性,适应不同国家市场的异质需求
资源和能力的配置	全球规模的集权经营管理	企业在全球范围内协调合作,给予海外子公司本土化市场运作权利	核心技能集中在母公司,其他分权给国外子公司	国外子公司分权管理,实行适当自给自足经营

10.4　国际市场的进入模式

扩展阅读10.4　OPPO国际化征程又跨出重要一步

企业可以采取五种模式进入国际市场,分别为出口、特许经营、战略联盟、收购以及建立全资子公司。模式的选择会影响其实施国际化战略的成功度。许多在多个市场中参与竞争的企业,可能会采用一种或多种进入模式。

10.4.1　出口

多数制造业企业以出口来开始它们的全球扩张。出口是指企业将本国市场上生产的产品输送到国际市场。对于小公司而言,出口是启动国际化战略的一种流行进入模式。选择出口模式时,企业不必在东道国建立业务部门,但是必须拥有自己的产品营销和分销渠道。出口的成本主要包括运输成本以及根据进口国的政策征收的关税。

出口有两个明显的优势:①省去了在东道国建立工厂的大量花费;②出口有可能与规模经济和区位经济保持一致。在集中的地点生产,之后出口到其他国家,企业有可能从全球销售量中实现巨大的规模效益。

然而,出口也具有一些缺点:首先,高额的运输成本会使出口变得不经济,特别是对于散装产品。一种解决方法是将散装产品在某一地区集中生产,从而在大量生产获得经济效益的同时控制运输成本。其次,关税壁垒也会使出口变得不经济,而政府利用关税壁垒的威胁将使出口战略变得更加危险。最后,出口模式缺乏对产品营销和分销的有效控制。企业可能将每一个国家的市场活动委派给当地的代理商,但却不能保证代理商会根据企业的最大利益来行动。通常海外代理商也会代理竞争对手的产品,结果是代理商不可能达到与企业自己管理市场一样的效果。一种解决方法是在东道国建立完全属于自己的子公司来管理当地市场。在这种情况下,企业可以通过在单一区域制造产品而获得成本优势,并在东道国对市场营销战略进行严密控制。

10.4.2　特许经营

特许经营是指通过签订协议允许外国企业在其所在国或其他多个国家的市场上生产和销售企业的产品。许可者对每一件生产和销售的产品收取一定的特许权使用费,被许可者则要承担风险并进行设备投资,遵守严格的商业模式,生产、营销和分销产品。因此,特许经营可能是成本最低的国际扩张方式,对于小公司和新成立的公司而言,是一种相当具有吸引力的进入模式。

特许经营的一个潜在优点是,企业通过在国际市场和本国市场销售创新产品,可以提高企业盈利的可能性。企业能够为其创新产品获取一个更大的市场,相比于仅仅在国内市场销售,特许经营能够使开发创新产品所付出的研发成本得到回报,并且更快地获取创新回报。

特许经营模式也有缺点,一旦企业将自己的产品或商标授权给其他企业,它将会失去对销售和分销渠道的控制。通过签署保护授权双方利益的特许经营许可协议来巩固双方的关系,将有助于克服这一缺点。另外,国际化企业将有可能通过授权而掌握一部分产品技术,在协议终止之后,它们就可以自行生产和销售相似的竞争性产品。鉴于这些缺点,只有在双方都确信自身利益得到保障的情况下,才能最终敲定特许经营协议。

10.4.3　战略联盟

战略联盟是将不同背景下的企业连接在一起,企业间共担风险、共享资源,共同进入一个或多个市场。战略联盟能够促进核心能力的开发和学习，这正是企业选择战略联盟作为进入模式的主要原因。

需要注意的是，联盟成员之间的相互信任对于战略联盟开发和管理以技术为基础的能力是非常关键的。并非所有为进入国际市场而形成的战略联盟都会取得成功。合作伙伴之间的矛盾和冲突是战略联盟失败的主要原因。随着合作伙伴间信任的不断加深，战略联盟成功的可能性也逐步增加。信任的建立至少受到四个方面的影响：合作伙伴的最初关系、达成协议的谈判过程、合作伙伴间的互动以及外部事件。另外，国际化战略联盟的管理难度也会更大，这些问题都需要引起企业的格外重视。

10.4.4 收购

如果战略联盟的内部冲突得不到有效的控制，那么收购将是进入国际市场的更好选择。当企业通过收购其他企业进入国际市场时，所完成的就是跨国收购。具体来说，跨国收购是指一个国家的企业购买另一个国家的企业的股权或者是将其全部购买。随着自由贸易在全球范围内的不断扩展，跨国收购的数量也与日俱增。跨国收购为企业提供了快速进入新市场的能力，这也是企业得以成长的关键原因。实际上，在五种进入模式中，收购是企业进入国际市场最为快捷的手段。

虽然跨国收购越来越流行，但是这种进入模式也具有一些缺点：首先，跨国收购的企业需要进行债务融资，这会造成额外的成本。其次，与本土收购相比，跨国收购的协商过程更加复杂。例如，需要处理被收购企业所在国的相关法律法规问题，以及需要获取协议谈判所需的适当信息。最后，与本土收购相比，跨国收购中新企业的合并过程也更为复杂，这是因为企业不仅要面对企业文化上的差异，还要处理好社会文化和习俗方面的不同。这些差异使企业收购之后的整合过程面临更多的挑战，一旦整合因文化差异而拖延或陷入困境，企业将很难获得潜在的协同效应。因此，虽然跨国收购作为进入国际市场的快捷方式越来越流行，但企业在选择实施时，还是需要特别注意该战略的潜在成本和风险。

10.4.5 建立全资子公司

这种进入模式是指企业直接向其他国家或市场进行投资建立全资子公司。这是个复杂且成本很高的过程，但能够最大限度地控制子公司的运作，对企业提高战略竞争力有非常大的潜在作用。尤其是当企业拥有很强的无形能力，而建立全资子公司又能平衡这种能力的时候，这种模式的潜在作用将会更大。当企业拥有产权技术时，对国外市场上的运营进行全面控制将更有利于企业的发展。

建立全资子公司具有如下三个优点：第一，当企业的竞争优势建立在对某项技术的控制基础上时，全资子公司模式能够降低技术泄露的风险。第二，全资子公司能为企业提供对不同国家业务的严密控制，当需要时能够使企业进行全球战略协调。第三，如果企业期望通过一家或有限的制造工厂生产出标准的产品来实现区位经济和规模经济，全资子公司可能是最好的选择。当成本降低压力很大时，企业能够通过配置价值链使每个环节上的价值最大化。一个国家的子公司可能仅仅生产产品链的某一部分或者最终产品的某些零件,然后在企业的全球系统内与其他子公司交换这些零件或产品。要建立这样一个全球产品系统,需要对各个国家子公司的运营高度控制,不同国家的子公司要随时做好准备接受母公司关于怎样生产、生产多少和产品的价格是多少等的决策。

建立全资子公司需要支付高额的费用。相比于其他进入模式,全资子公司模式是成本最高的国际市场打开方式,母公司要承担建立海外业务所需的所有成本和风险。当国家风险较高时,企业更倾向于建立战略联盟而不是全资子公司。然而,如果企业之前已经在该国获得了一定的经验,则更有可能选择建立全资子公司模式。

10.5 国际化战略面临的风险和挑战

国际化战略总是伴随着各种风险,尤其是那些使企业地理区域更加多元化的战略。当企业进入一个新国家时,会遇到大量复杂的制度风险,在这些风险中,政治风险和经济风险尤其不能忽视。

扩展阅读10.5 本土企业应对跨国公司的竞争战略

政治风险是指由东道国、本国的政治势力和政治事件,或者国际环境变化所导致的国际化企业运营瓦解的可能性。如果企业在实施国际化战略时遇到大量的问题,包括政府法规修改带来的不确定性、可能存在众多冲突的法律机构或腐败以及私有资产国有化的潜在可能性等,那么企业就有可能面临运营的瓦解。在其他国家进行投资的企业需要关注这些国家的政府的稳定性,以及动荡和不稳定可能对其投资或资产所造成的影响。

经济风险是指国家和地区的经济中存在的对企业成功实施国际化战略造成不利影响的根本性缺陷。国际化战略的主要经济风险是不同货币汇率的差异和波动,尤其是对于那些需要进行多种货币交易的地域多元化企业。因此,政府对本国经济和金融资本的监管和控制,不仅会影响本国经济活动,还会影响外国企业在本地的投资。

尽管有效地实施国际化战略会给企业带来收益,有助于企业获得战略竞争力,但是,国际化战略也面临着一些挑战。

(1) 国际化战略管理的复杂性。国际化战略会导致企业规模不断扩大,运营变得更加复杂,这又进一步增加了企业管理的难度。在某种程度上,大规模和复杂性都可能使企业变得难以控制,或者使企业的管理成本超出国际化战略所能创造的回报。另外,政府机构相关规制的差异也给企业的管理带来很多的困难。

(2) 国际扩张的限制。学习如何有效地管理国际化战略,将有助于提高企业获得积极回报的可能性。然而,随着国际化战略带来的地域和产品多元化程度的不断加深,当达到某一程度时,企业得到的回报会逐渐减少,直至回报值为负。许多原因可以解释国际化战略带来的积极回报常会受到限制。首先,地理区域的不断扩大增加了不同部门间的协调成本和产品分销的成本。当企业遍布在拥有多个行政等级体系的国家中的多个区域时,这一点尤为明显。其次,贸易壁垒、物流成本、文化差异以及不同国家间的其他差异(如获取原材料和员工技能水平的差异)增加了国际化战略实施中的复杂性。制度和文化差异是影响企业核心竞争力在不同市场间转移的主要障碍。当企业向新市场扩张时,经常需要重新制定营销计划,建立新的分销渠道。另外,企业可能还会面临不同的劳动力成本和资本费用。总之,随着地域多元化的增加,有效地实施、管理和控制企业的国际化运营将变得更加复杂。此外,实施国际化战略的企业与东道国政府之间的关系也是一种限制。原因在于东道国政府的政策法规可能与本国存在巨大的差异,因此,企业需要学习如何处理这些差异。有时,这些差异会给企业带来过多的问题,以至于无法取得成功。战略联盟是企业处理这些限制因素的一种途径。与不同国家的企业建立合作伙伴关系,有助于从外国进入的企业依靠合作伙伴来处理当地的法律、法规和顾客的问题,但这种合作关系也有一定的风险,管理起来也具有相当的难度。

结尾案例

本章小结

(1) 对于许多企业而言,国际扩张是通过将来源于独特竞争力的技术和产品转移到那些当地竞争者缺少这些技术的市场来获取更多回报的一种方法。随着国际贸易壁垒的降低,产业扩张已经超出了国家的边界,国际化战略日益成为战略管理领域的重要内容。

(2) 国际化战略是指企业通过在本国市场以外销售产品与服务,将业务扩展至更多国家,并与其他国家的企业进行竞争的战略,具有系统性与纲领性、风险性、动态性与柔性的战略特点。波特认为,企业的全球竞争力受到国家竞争优势的影响,并受到四种属性的限制,分别是要素禀赋、本地需求情况、相关和支持产业的竞争力以及竞争强度。

(3) 有效地实施一项或多项国际化战略可以为企业带来如下几种主要收益:①扩大市场规模;②延长产品生命周期;③实现规模经济和学习效应;④实现区位经济。

(4) 国际化战略包含全球战略、跨国战略、国际战略和本土战略四种战略态势,对企业而言,选择何种国际化战略取决于自身需要应对的压力:降低成本压力或是地区响应压力。在生产日用品等产品的行业中,降低成本的压力最大,因为价格是最主要的竞争武器;在顾客需求和偏好差异化严重,或者在基础设施、传统习惯、分销渠道以及政府需求等方面差异较大的地方,地区响应的压力会上升。

(5) 企业进入国际市场主要有出口、特许经营、战略联盟、收购以及建立全资子公司五种模式。进入模式的选择是多种因素共同作用的结果,主要包括行业竞争状况、国家情况和政府政策、企业的独特资源以及核心竞争力等。为了进入国际市场,企业应选择最合适的进入模式。在某些情况下,企业可能会依次选择不同的模式,例如开始时采用出口模式,而最终采用全资子公司模式。另外,企业也可能会对不同的市场选择不同的进入模式。

(6) 国际化战略总是伴随着各种风险,当企业进入一个新国家时,会遇到大量复杂的制度风险,其中,政治风险和经济风险尤其不能忽视。国际化战略也面临着一些挑战,企业规模的不断扩大进一步增加了管理的成本和复杂性。另外,国际扩张带来的积极回报常常会随着地域和产品多元化程度的不断加深而逐渐受到限制。

 即测即练

参 考 文 献

[1] JOYCE P. Strategic management and governance: strategy execution around the world[M]. London: Routledge,2022.

[2] CZAKON W. Strategic management and myopia: challenges and implications[M]. London: Routledge,2022.

[3] KUMAR V,GUPTA G. Strategic management during a pandemic[M]. London: Routledge,2022.

[4] SOEKKHA H M. Aviation safety, human factors-system engineering-flight operations-economics-strategies-management[M]. Boca Raton: CRC Press,2020.

[5] WATERS D. Global logistics and distribution planning: strategies for management[M]. London: Routledge,2018.

[6] WANG H K H. Business negotiations in China: strategy,planning and management[M]. London: Routledge,2017.

[7] THIND R. Strategic fashion management: concepts, models and strategies for competitive advantage[M]. London: Routledge,2017.

[8] JANSSENS P, YUN-CASALILLA B. European aristocracies and colonial elites: patrimonial management strategies and economic development, 15th-18th Centuries[M]. London: Routledge,2017.

[9] WALLE A H. Rethinking business anthropology: cultural strategies in marketing and management[M]. London: Routledge,2017.

[10] DU J, WANG J N, KEUNG K K, et al. Chinese currency exchange rates analysis: risk management,forecasting and hedging strategies[M]. London: Routledge,2017.

[11] KINNETT S J. How to win at CRM: strategy, implementation, management[M]. London: Routledge,2017.

[12] BEHNAM B. Post-earthquake fire analysis in urban structures: risk management strategies[M]. Boca Raton: CRC Press,2017.

[13] BARCLAY C, OSEI-BRYSON K M. Strategic project management: contemporary issues and strategies for developing economies[M]. London: Routledge,2015.

[14] LEE K. Strategic winery tourism and management: building competitive winery tourism and winery management strategy[M]. Boca Raton: CRC Press,2016.

[15] GALLIERS R,LEIDNER D E. Strategic information management: challenges and strategies in managing information systems[M]. London: Routledge,2014.

[16] ROBBINS P T. Greening the corporation: management strategy and the environmental challenge[M]. London: Routledge,2010.

[17] THOMAS P. Strategy talk: a critique of the discourse of strategic management[M]. London: Routledge,2000.

[18] WIRAEUS D, CREELMAN J. Agile strategy management in the digital age[M]. London: Palgrave Macmillan,2019.

[19] PORTER M. Competitive advantage: creating and sustaining superior performance[M]. New York: Free Press,1985.

[20] THOMPSON A,STRICKLAND A J, GAMBLE J. Crafting and executing strategy: text and readings[M]. New York: McGraw-Hill,2007.

[21] MONTGOMERY C,COLLIS D. Corporate strategy: resources and the scope of the firm[M].

New York:McGraw-Hill,1997.

[22] RUMELT R P. Strategy,structure and economic performance[M]. Cambridge:Harvard Business University Press,1974.

[23] 刘翼生.企业战略管理[M].2版.北京:清华大学出版社,2003.

[24] 李玉刚.战略管理[M].4版.北京:科学出版社,2019.

[25] 李庆华.战略管理[M].北京:中国人民大学出版社,2009.

[26] 戴斯,拉普金.战略管理:创建竞争优势[M].邱琼,刘辉峰,译.北京:中国财政经济出版社,2004.

[27] 王德中.企业战略管理[M].4版.成都:西南财经大学出版社,2016.

[28] 安德森 L A,安德森 D.组织变革路线图[M].彭政策,译.北京:中国劳动社会保障出版社,2005.

[29] 马作宽.组织变革[M].北京:中国经济出版社,2009.

[30] 余治国.转型力——企业竞争力的转型策略[M].北京:中国时代经济出版社,2006.

[31] 彭维刚.全球企业战略[M].北京:人民邮电出版社,2007.

[32] 逯宇铎,刘辉群.企业全球化经营与管理[M].大连:大连理工大学出版社,2007.

[33] 戴维.战略管理:概念与案例[M].徐飞,译.13版.北京:中国人民大学出版社,2012.

[34] 希特,爱尔兰,霍斯基森.战略管理:概念与案例[M].刘刚,等译.12版.北京:中国人民大学出版社,2017.

[35] 杨立杰.企业战略管理[M].北京:科学出版社,2020.

[36] 伯克.组织变革——理论和实践[M].燕青联合,译.北京:中国劳动社会保障出版社,2005.

[37] 马春光.全球化与企业组织变革[M].北京:中国财政经济出版社,2007.

[38] 李烨.企业业务转型——理论和实证分析[M].北京:经济管理出版社,2007.

教师服务

感谢您选用清华大学出版社的教材！为了更好地服务教学，我们为授课教师提供本书的教学辅助资源，以及本学科重点教材信息。请您扫码获取。

≫ 教辅获取

本书教辅资源，授课教师扫码获取

≫ 样书赠送

企业管理类重点教材，教师扫码获取样书

 清华大学出版社

E-mail: tupfuwu@163.com
电话：010-83470332 / 83470142
地址：北京市海淀区双清路学研大厦 B 座 509

网址：http://www.tup.com.cn/
传真：8610-83470107
邮编：100084